風と航跡

Kitazawa Masakuni
北沢方邦

藤原書店

風と航跡　目次

風と航跡

I　世界の形成

狭霧《さぎり》のなかからたちあらわれる風景のように、知覚のきらめく無数の破片のなかから世界は仄かにたちあがってくる。記憶について語っているのではない。幼児の意識の鏡はそのように世界を映しとり、またその多くを無意識の闇にひそかに蓄積する。

だが、ひとはふたたびこのような世界の形成にたちあうことはできない。はるかにへだたった時が記憶の壁となり、その新鮮な影像と経験をそのまま再現することを妨げる。しかし、試みてみよう。それはおそらく、試みるに値することにちがいない。

……はじめにあらわれるのは、灰色の壁、摺りガラスのはまった格子戸、三和土の玄関、路地に面した畳の部屋……多分それは、生まれた家の記憶のようだ。そこには母や父の姿もまだない。彼らがにこやかにあらわれるのは、磯の香りがただよい、明るい陽射しにみちた海辺の家の記憶からだ。生まれた町については、私の子供時代のオデュッセウスでふたたび触れることとなるから、手はじめにこの海辺の町の生活を語ろう。それは、幼児にとってひとつの楽園であった。

海辺の家

庭の木立を越して磯の香がただよい、潮騒が聞こえる小さな家の、玄関をでた通りの先にはひろびろと海がひろがっていた。枝振りのよい黒松の並木のつづく海沿いの道は、石垣のうえにあったが、その下には砂浜が陽射しに映え、ところどころに石積みの船着場の突堤が海中にせりだし、さらにその先には引き上げられた幾艘かの漁船や干された魚網のみえる一角があった。海の彼方、遠景には知多半島の山影が青くかすみ、半田や武豊の町並みが小さな塊となってみえ、中景、つまり海上には白帆の舟が行き交い、ときおり対岸の町々に出入りする貨物船が、ゆったりと航行する姿がみられた。

わが家のあたりは中産階級の住宅と畑が入り混じり、海沿いには広い庭をはべらせた資産家たちの夏の別荘が軒をつらね、その生垣や鬱蒼とした庭木が並木の松とみごとな調和を奏でていた。そのあいだを抜け、ゆるやかな坂道を昇ると、それが幹線道路と出会うところに、門構えに車寄せのある二階建ての白亜の洋風建築があったが、それが父の勤務する税務署であって、昼には母のつくった温かな弁当を届けにいったものである。裏口を入るとそこに小使い部屋があって、顔なじみの小使いさんがいつも「感心な北沢さんの坊ちゃん」を笑顔で迎えてくれたものである。父の執務室は二階にあり、何人かの同僚と連ねた机のうえには書類が山積みされていた。昼休みに子供が弁当を届ける習慣はあまりなかったとみえ、同僚のからかいに父は半ば照れ、半ば自慢げであるようにみえた。ただ夕食時、私が好きでない惣菜などに不満をもらすと、父は厳しい表情で「小使いさんの弁当のおかずは塩ジャケと沢あんだけだぞ」と叱るのをつねとしていた。社会には《もてる者》と《もたざる者》とがあることを知ったはじめての経験であった。

社会には階級や格差があるという経験はそれだけではなかった。現在と違い、昔は国家官吏は、とりわけ田舎ではかなり特権的な階層であり、私はつねに《北沢の坊ちゃん》であった。酒税など間接税をあつかう父は、時々運転手つきの乗用車で造り酒屋めぐりをしたが、そのおり私をつれていき、行く先々での丁重なもてなしに、子供ながらその特権を感じることとなった。その頃、どういうきっかけで知りあったのかさだかではないが、ある少女としばらくつきあったことがある。いつもわが家に遊びにきていて、その折り目正しい立ち居振る舞いに、母はお行儀のよい子だと感心していた。だがある日少女の家に行きたいというと、困惑したような表情を浮かべ、話題を変えたりしてなかなか承知しなかったが、何度目かのある日、とうとう承知して案内してくれた。それは町はずれの奇妙な一角であった。黒塗りの門と板塀に囲まれた幾棟かの傾きかかったような長屋であって、その一軒が彼女の家であった。家のひとたちが温かく迎えてくれたことはいうまでもない。いま考えれば、父母がこの少女との付き合いを認めてくれたのは、驚くべきことだと思う。おそらくそれは被差別部落であったのだ。

その頃まだ二十代の父は、休日ごとに自転車の幼児用の籠に私を、荷台に母を乗せ、かなり遠くまで遠足にでかけた。ある日、菜の花畑の見渡すかぎりの黄色のさざ波を縫い、花の香にむせ、蜜蜂の唸りにとりまかれながら、矢作川の河原にでかけたことを覚えている。当時の矢作川は、真っ白な砂のうえをあくまで透明な流がせせらぎ、春の日にきらきらと輝くえもいわれぬ美しい川であった。その河原の砂地で、集めてきた枯れ枝で火を起こして魚を焼き、川の水でといで炊いた飯盒飯を味わったが、その光景と味はいまでも忘れることはできない。

そのうえ手先が器用でまめであった父は、私のためにさまざまな遊び道具をつくってくれた。竹とんぼはおろか、庭に的をおいて射る弓矢、ボール紙でつくり美しく彩色した五月の節句の兜や菖蒲刀などであったが、とりわけ傑作はいまでいう実物投射器であった。木の箱の内部に白熱灯をさげ、絵葉書などの写真を焦点調節のできる筒状のレンズでスクリーンに投影するものである。家中の灯りを消して彩色した珍しい外国の風景や白黒写真などを映しているうちに、いつのまにか家の窓や塀のうえに子供たちがむらがり、覗き込んでいるのに気がつくこととなった。父は全員を招じいれ、もういちどはじめから映しなおすこととした。それいらいわが家の週末の「幻燈会」は、しばらくのあいだ近所の子供たちの楽しみとなった。

白砂青松

楽しみといえば、海辺の生活ほど楽しいものはなかった。あの頃は生態系がゆたかで、海は魚介類の宝庫であった。父のつくってくれた釣り竿に庭の隅を掘ってとったミミズをつけ、突堤からたらすだけで面白いようにハゼやフグが釣れた。早朝に地引網を手伝いにいくと、マダイやクロダイをはじめ網が破れんほどの大漁で、日焼けした精悍な漁師たちが持参したバケツ一杯に魚をわけてくれた。ときには沖のかぐろい海面が白く泡立ち、カモメの群れが舞いはじめると漁師たちが舟を漕ぎだし、舟が転覆するのではないかと思われるほどのイワシを積んで帰ってきた。「ほしいだけもっていけ」と、これもバケツ一杯のイワシに、母が「こんなに食べきれないじゃない」とこぼすほどであった。

父は釣りが好きで、かなり離れた港の堤防に夜釣りにでかけては、大きなクロダイやイシダイを釣ってきた。また港に流れ込む川の上流で、前夜にしかけた籠にウナギをしとめて帰ってきて、みずから千枚通しと包丁でさばき、私たちに蒲焼を焼いてくれたりした。こうした経験は味覚をゆたかに鋭くしないわけはないし、お蔭でのちに東京にでてきたとき、すっかり魚嫌いになる原因となったのだと思う。

春浅い冷たい海水に膝まで浸かっての海苔とりなど、海の幸の物語にはきりがない。ただもっとも楽しく印象深かったのは、矢作川の河口からひろがる白砂青松の玉津浦での舟遊びであった。父や同僚たちの家族と海水浴を楽しんだあとで貸し切りの屋形船に乗りこみ、浅瀬の沖でハゼやアナゴを釣りながら、片端から天麩羅に揚げてもらい、ハマグリの澄まし汁などとの早い夕飯をとったことである。料理をするのは漁師たちで、父たちの振るまい酒でご機嫌の彼らのお国訛りが船室に飛び交っていた。

夜の玉津浦はとりわけ印象的であった。松林はそれほど深くはなかったが、そこにある素朴なヤシロの石灯籠に蝋燭の火がともり、月明かりに映える白い砂浜に夜目にも鮮やかな白い波頭が砕け、群れた夜光虫が波間にきらめき、沖合いには夜釣りの漁船の漁り火がまたたいていた。

もっとも夏は、そんな遠くまででかけるまでもなかった。わが家の下の砂浜ではいつでも海水浴ができたし、そこに繋留された幾隻かのボートは自由に使用できた。近くには涼み台と称する木製の橋とその突端の東屋が仮設され、海沿いの道からだれでもが入っていけるようになっていた。日が沈むと浴衣姿のひとびとが団扇を片手に三々五々とやってきて、東屋の縁台に座り、世間話に興じたり、子供たちがうちあげる花火にみいっていたりした。足許に砕ける波の音、満天の星、対岸の町々の灯り、赤・青・黄色・橙色と飛び、波間に反射する花火、ひとびとの笑い声……時間はゆったりと流れ、星々とともに宇宙はゆるやかにめぐり、永遠なものはすぐそこ、手に届くところにあるようにみえた。

たしかに子供の世界は、神々の世界のすぐ隣りにある。七夕の竹笹にさげる短冊の願いごとは、いつか必ず女神に聞き届けられると信じていたし、七五三や正月の初詣に正装して社頭にぬかずくとき、拝殿の奥から神々の厳かな声が聴こえるような幻覚にとらわれたものである。この永遠なものについての経験の頂点が、船旅による伊勢参りであった。

五月の美しい朝、港の波止場に横付けになった白い遊覧船に父とともに乗り組み、あくまでも青く穏やかな海にむかった。まばゆい陽射しに映える甲板、のどかなエンジンの音、伴走するカモメの群れ、近づいては離れる半島の陸地、緑の色濃いかたちよい島々、伊勢湾にでると波の背はひときわ高まったが、恐怖をおぼえるほどではなかった。鳥羽の港から陸路伊勢の外宮と内宮にむかったが、とりわけ内宮の印象はすばらしかった。落葉樹の燃え立つような新緑と松や杉の鬱蒼とした緑が入り混じる木立、玉砂利のうえをせせらぐ五十鈴川《いすずがわ》の澄みきった甘い水、同じく新緑と濃緑のみごとなまだら模様をみせる原生林の山々、のちに知ることとなった西行法師の《なにごとがおはしますかは知らねども、かたじけなさに涙こぼるる》の歌の心を、子供ながらに味わうこととなった。これこそが永遠なものの風景、すなわち、これものちに知ることとなった海の彼方の神々の世界、常世の風景ではないか、と。もちろん参拝の後で、門前町の茶店であじわった味噌田楽や柏餅が子供心をくすぐったことはいうまでもないが……

死の影

奇妙なことにわが家では、当時の田舎町ではまったくみられなかったキリスト降誕祭の祝もおこなわれていた。母方の祖父がバプティスト派のキリスト教徒であり、母が洗礼を受けたかどうかたしかではないが、よく子守唄がわりに賛美歌を、しかもときにはあやしげな英語で歌ってくれたのをみると、彼女の教養の一部がキリスト教であったことは確実である。もっともキリスト降誕祭といっても樅の木などもなく、ただイヴの夜靴下を枕元においておくと、サンタ・クロースが贈り物を詰めておいてくれるという趣向だけであった。母が申し訳程度にキリストやサンタ・クロースの話をしてくれたが、私にとって彼らは、異国的ではあったが神々のひとりにすぎなかった。

その祖父の死去の知らせがきて、私たちは母の実家のある田舎町におもむくこととなった。すでに祖父の生前、その家を訪ねたことがある。昔の東海道の宿場町で、旧道があまりにも狭いため開発された新しい国道に面した家で、南にひらけた裏庭からは一望の稲田で、青々とした夏の稲特有の香りが微風に乗ってただよい、はるか地平線には東海道線の蒸気機関車に牽引された列車の長く小さい影が、白い煤煙をたなびかせながら現れては過ぎていった。その帰り、もの心ついてはじめての汽車の旅にはしゃぎすぎ、疾走する列車の窓から白いピケ帽を飛ばしてしまったことを覚えている。

今度は祖父の死であった。玄関の柱に電話が掛けられ、庭に面した畳の部屋には絨毯が敷かれ、籐製の洋風椅子が置かれているという当時としては洒落た家の居間の布団のなかに、祖父は横たわっていた。特徴のある白い口髭と知的な鼻が、彼が学校の教師や校長をつとめ、一時期、日本楽器を設立した山葉寅楠《やまはとらぐす》とともに教育用オルガンの開発にたずさわったという経歴を物語っていた。地元に住んでいた長男である伯父や京都からかけつけた伯父、東京の伯母、そして末子である私の母が祖父の身体を清め、白い帷子を着せて棺に移したが、それはじめてみる死の姿であった。

もうひとつの死は、妹の誕生と死、ほとんど死産といってよい死であった。ある冬の朝、父も役所を休んで待機していたが、助産婦や近所の主婦たちが母の寝ている部屋にあわただしく出入りし、緊迫した雰囲気をつくりだしていた。私は産声を聴いたような気がしたが、妹は生き延びることができなかった。数時間後、暗い顔の父からその事実を告げられ、顔も姿もみなかったものの死に直面して、なぜ自分はそうした運命ではなく、いまここに生きているのか、一瞬不思議な気分にとらえられた。

このようないくつかの死に面したのがきっかけになったわけではないが、この頃よく悪夢にうなされたり、夜半にふと目覚めて世界が異様にゆがむという知覚の異常に襲われた。悪夢のきっかけは、父につれられてみた映画であった。鈴木座という正面が破風づくりの古風な芝居小屋で、ときどき映画がかかった。下足を預け、札を手に茣蓙《ござ》敷きの桝席に座り、暗い銀幕に映しだされる白黒のフィルムをみるのだが、その不鮮明さがよけいに想像力をかきたてるのであった。ほとんどは時代劇であったが、その白刃のきらめく場面が悪夢の源泉であったようだ。

知覚の異常はまた別であった。目が醒めると、ふだんみなれた部屋の天井がはるか彼方に高くひろがり、柱も畳も斜めに傾き、柱時計の音が異様に大きく雷鳴のようにとどろき、かなり離れて寝ている父母の寝息が耳許でひびきわたる。助けを求める声をだしているつもりだが、だれも起きてくれず、ただ柱時計の時をきざむ音のみが、永遠につづくかのように私の意識を圧迫していた。

それとともにもうひとつの異常は、読書であった。つまりいったん活字や劇画などの世界に引き込まれてしまうと、自分がいまいる場所も時間も意識からすっかり脱落してしまうことである。当時『幼年倶楽部』という雑誌があり、定期購読していたが、それでそれほどの意識の脱落を経験したことはなかった。だがある日、友人の家に遊びにいき、その土造りの蔵のなかで、友人の兄が購読していた『少年倶楽部』の山のようなバック・ナンバーを目にし、読みはじめたところまでは記憶があったが、暗くなって心配してむかえにきた父に揺り起こされるまで、そのなかに展開する物語以外に世界は存在しなかった。父に起こされたその一瞬も、自分がいまどこでなにをしているのか、記憶がよみがえるまでに数秒かかる始末であった。

かなりのちまでこの癖は直らなかった。ある正月、京都の伯父の家にひとりで遊びにいったことがある。映画のシナリオ作家をしていた伯父の家には振袖姿の若い女優たちの一団が訪れ、カルタ取りなどに興じて華やいだ雰囲気を振りまいていた。前日お年玉代わりに買ってもらった『昭和遊撃隊』という本を炬燵で読みはじめたところ、意識を失ってしまったらしい。夕食だと伯母に起こされた瞬間、ここはいったいどこなのか、しばらく認識することができなかった。女優たちはお酒の勢いも手伝って、「ひとりでクスクス笑ったり、興奮したり、ほんとに気味の悪い子よ」と私をからかった。そのときようやく私は、彼女らの異性としての魅力に惹かれるふだんの自分をみいだしたのだ。

異性たち

幼時から異性の魅力にはきわめて敏感であるようであった。すでに述べたように、家のまえには資産家の夏の別荘があった。柴垣と屋根の乗った冠木門の奥に芝生がひろがり、ふだんは雨戸を閉ざしてひっそりとした純粋な和風の平屋であった。夏になると雨戸があき、家族がやってきた。家族といっても男の姿はほとんどなく、母らしきひとや祖母らしきひと、女中さんらしきひと、そしてふたり姉妹の子供たちであった。

水着を着た姉妹が門をでて海にむかうと、私もそのあとを追い、砂浜に降りた。妹のほうは私と同じ年頃で、水遊びで嬌声をあげたり、姉の世話をやいたり、いささか派手な性格のようであったが、私の関心はもっぱら姉のほうであった。ほっそりとした面差しで憂いを含むかのようなたたずまいに、成熟した女性にも似たあこがれをいだいたのだ。彼女らが海に入ると私も泳ぎ、砂浜に敷いた茣蓙《ござ》の席にもどると、私も熱い砂にじかに腰をおろし、彼女らのしぐさにみいっていた。彼女と同じ空間や同じ水を共有しているだけでしあわせな気分をあじわっていた。

夜の涼み台でも、母らしきひとにつれられた浴衣姿の彼女らに出会ったが、側に近づくことができず、離れた縁台に坐って彼女らを眺めるだけで満足していた。活発な妹のほうは、花火をする子供たちや団扇を使いながら世間話に興ずる大人たちのあいだを縫って歩きまわり、私ともことばを交わしたが、姉のほうとはひと夏ついにことばを交わすことはなかった。秋、ふたたびひっそりと雨戸を閉ざしたその家を、柴垣のあいだから覗きながら、深い溜息をつくのみであった。来年の夏は、はるか彼方の未来、めぐってくるかはきわめて不確かな未来に属していた。

だがそんな遠い未来も、たしかな足取りでやってきた。翌夏のある朝、別荘の戸が開き、芝生の庭で彼女らの声が聴こえたときの驚きと喜びはご想像にまかせよう。問題は私の内気であった。夏には早朝、近くの神社の境内でラジオ体操の会が催されていた。毎朝そこに通っていたのだが、彼女らの到着を知った日の朝は、体操の手順を間違えてばかりいる自分を発見することとなった。しかし、そのように思い乱れれば乱れるほど、彼女らに近づく勇気は失せていくのだった。その年も前年同様、彼女らを遠くから見守るほかはなかった。

海辺の遍歴

彼女らがいなくなり、張りつめた気分が消失すると、ふたたび日常性がもどってきた。近所の子供たちと当時流行の主人公、片目・片腕の剣客丹下左膳に扮した剣戟《けんげき》遊びや、同じ竹の棒を小銃にしての戦争ごっこをしたりもしたが、遠くにでかけてひとりで遊ぶことのほうが多かった。海沿いの道を港と逆の方向へ歩いていくと、小さな火力発電所とひろびろとした石炭置き場、そして石炭を運ぶ艀専用の小さな埠頭があった。桟橋に身を伏せてみおろすと、底までもみえる澄みきった海水に藻がゆれ、無数の魚たちが群れをなして泳ぎまわり、一日観察していても飽きなかった。春には石炭置き場の草原に土筆《つくし》が芽をだし、埠頭の外壁の岩場には、牡蠣や海苔が付着し、ポケットからナイフをとりだしてその場で味わったりした。発電所の建物は常時シャッターが開けられていて、金網のフェンス越しに、黒くなったつなぎの仕事着の労働者が手押し車で石炭を運ぶ姿や、ボイラーに赤々と燃える炎、ゆっくりと回転する巨大な蒸気タービンなどがみられ、これも一日中みていても飽きなかった。

あいかわらず左手に海を眺めながら発電所やその社宅の一画を過ぎ、さらに畑のつらなりを進んでいくと、小さな川をはさんで、行く手にこんもりとした松林がみえた。玉津浦ほどの白砂青松ではなかったが、新須磨という名称の遊園地風の海水浴場であった。玉津浦より遠浅で安全だとして、夏にはかなりのにぎわいをみせ、沖に艀を浮かべたり、仕掛用の足場を組んだりして花火大会が行われたりした。父母とともに毎年みにいった覚えがあるが、帰りには疲れていつも父の背で眠ってしまったようだ。季節はずれの公園はしずかで、さまざまな遊具も独り占めであったし、猿をはじめとする檻の動物たちも所在なげにひっそりとしていた。ベンチに坐って猿たちを眺め、そのしぐさを観察するのをつねとしていたが、あるときふと、なぜ自分は自分であっていまここにいるのか、なぜあの檻のなかの猿の一頭ではないのか、という疑問がわきあがった。それはまったく不思議な感覚であった。猿でもなく、足許をはいまわる蟻でもなく、また人間であるとしても、『少年倶楽部』で読んだ獅子や象にかこまれたアフリカの黒い少年でもなく、なぜこの自分以外のなにものでもないのか、と。この疑問と不思議な感覚は、生涯つきまとうものとなった。

ひとりでいるのが好きだったことは確かであったが、他方、子供たちの集団が行う行事に参加するのもひとつの喜びであった。初冬の一日、この地方で恵比寿講とよばれていた集まりがあった。この日のためにつくってもらった大きな白木綿の袋を手に手に、男の子たちが消防団の詰め所に集まり、畳の間に置かれた恵比寿・大黒の像に参拝したあと、オホクニヌシのように袋を背負って家々を回り、大人たちからその袋に駄菓子を入れてもらうのである。何十軒も訪ねているうちに袋は重くなり、あたりは暗くなる。三々五々と詰め所に帰ってくると、子供たちはたがいにその重さを競いあい、自慢しあったあとで、駄菓子をひろげ、珍しいものを分けあったり、試食したりしたすえに、夜道をわが家へと帰っていった。

当時はまだこうした伝統行事が盛んであったし、ひとびとは見知らぬ子供にさえきわめて親切で気前よく振る舞っていた。あの頃のことを思いだすと、ひとびとの心の温かさに感動しないではいられない。それぞれの家の祝儀や不祝儀の宴では、たまたま通りかかっただけでも招じられ、ご馳走を振る舞われたものである。節句やお盆でもそうであった。女の子のいなかったわが家でしたはずのない桃の節句の思い出は、思いがけず多い。つまり子供たちはこの家からあの家へと、知っている女の子の家であろうとなかろうと、いわゆる梯子をしたのだ。お彼岸のおはぎをご馳走になった見知らぬ家も数多くある。

その頃、父方の祖父母が近くに越してきた。父は次男であったが、長男夫婦との折り合いが悪くなったからにちがいない。しかし子供にとってはそんなことはどうでもいいことであった。怒られないことをいいことに、わが家ではしたことのない悪戯までして、大いに彼らを困らせたりした。祖父は信州の山村の出身で、郷里では《ホラ岡さん》の愛称で知られていたようだ。なぜなら、蓼科山麓のこの寒村と小諸・上田方面を結ぶ道路を建設して、村の特産物を運んだり、製糸工場を誘致したりして村をゆたかにしようなどと、夢のような計画を建てては壊し、村人に笑われていたからである。大ボラ吹きの岡蔵さんというわけである。父やその兄弟姉妹がかなり大きくなってからだが、なにかの相場に手をだして失敗し、家屋敷や田畑を売り払って、夜逃げ同然に東海地方にやってきたのだ。幸いにして父は、旧制諏訪中学を卒業した後であったので、税務署に就職できたわけである。いまと違い、大学卒や高専卒はエリート中のエリートであったが、旧制中学の卒業者もかなりのエリートであり、庶民の大部分は義務教育である二年制の高等小学校を卒業するにすぎなかった。

祖父はなかなかの美男であり、後にきいた話では、相場で儲けていた頃、諏訪温泉の芸者衆と派手なうわさを振りまいていたようだ。後年村を訪ねたとき、遠い親戚のお婆さんたちはうっとりとした口調で、「ホラ岡さんはいい男だったよ」ともらしてくれたものである。お蔭で祖母は、女のことや遊び人の留守をまもる畑仕事、あるいは破産などで大いに苦労し、祖父に比べかなり老け込んでいた。だが私に感銘をあたえたのは祖母のほうだった。つまり彼女は、毎朝早く起きて、かならず手や口をすすぎ、東から昇る太陽にむかって手をあわせ、祈りのことばを口にしては柏手を打っていた。また近所から頼まれた繕い物の針仕事をしながら私の話し相手になり、よく「人間はな、どんなことやっても食っていけるだに、われ（おまえ）もオテントウサマ（お天道様=太陽）に顔向けのできねえようなことだけはするな」とやさしくさとしてくれるのだった。この祖母は祖父の死後も長生きし、いつも私のよい話し相手をしてくれた。私が大学の講師となった頃、「方邦が心配するといけねえから、おれが死んでも絶対に知らせてくれるな」という遺言で、ひっそりと渥美半島の伯母の家で息をひきとったという。彼女の死を知ったのは、だいぶ後になってからのことであった。

黄色い水上機群

毎夏ラジオ体操が行われる神社の境内に接して幼稚園があり、私はそこに通うこととなった。幼稚園に行くことは世界がひろがることであり、はじめて組織的な社会生活をすることであった。保母のお姉さんたちに世話を焼いてもらうことには官能的なこころよさがあったし、遊戯や踊りは得意というわけで、とにかく幼稚園は私のお好みの場所となった。

ある初夏の日、幼稚園の屋根をゆるがすばかりの轟音が頭上にとどろきはじめた。「あっ、きたっ」と私はあわてて靴をはくと、幼稚園を飛びだし、海岸になだらかに降る路地を夢中で走っていった。海辺にはすでにかなりの人垣ができ、五月の陽射しにまばゆそうに手をかざし、空を眺めていた。上空には胴体よりも大きくみえるフロートをつけた黄色い塗装の複葉の水上練習機が十数機、超低空で町から海のうえを旋回していた。やがて一機ずつ、穏やかな波に飛沫をあげて着水し、砂浜めがけて海上を滑らかに走り、百メートルほど手前からエンジンを切って静かに渚に停止した。また一機、また一機と着水し、渚には水上機の列ができあがっていった。太いプロペラーと八気筒の空冷発動機、それを蔽うカウリングの黒い塗装、前面に風防をつけただけのむきだしの操縦席と偵察席、支柱と針金に支えられた二枚の翼、同じく支柱に支えられた機体の下の大型フロートと、左右の翼下にさげられた二つの小型フロート、かなり大きな垂直尾翼と水平尾翼……波のまにまにゆれる機体、まだあたりに漂っているガソリンの排気のさわやかな香り、群集のざわめきのなかで、待ちうけていた白い作業服の整備員たちが、フロートのうえに降り立った搭乗員たちを背負い、砂浜まで歩いて降ろしおえると、すばやく砂浜に杭を打ち、ロープで飛行機を繫留する。茶色の飛行帽と大きな飛行眼鏡、同色の搭乗服と救命胴衣のうえに襷に掛けられた緑色のベルト、金属の輪でそれを接続している折りたたまれて臀部に吊り下げられた落下傘の袋、赤革の短長靴といったいでたちの搭乗員たちが砂浜に整列し、海軍式の敬礼をすると、ひとりひとり大声で飛行結果を報告し、やがて答礼した教官が「よし、ご苦労だった、では解散」と叫ぶと、一同は石垣の階段を昇り、黒松の並木道に面した「海月」という名の大きな割烹旅館の玄関に吸い込まれていった。

大人たちはそれぞれの家にもどっていったが、子供たちにとってはそれからがお楽しみの時間であった。整備員たちに「これはなにするものなの」などと部品を指して尋ねたり、触れないまでも素足で海に入り、大きな機体をまじかにみあげたり、磯の香に混じる黄色い塗料の匂いをかいだりと、何時間過ごしても飽くことはなかった。日が西に傾き、旅館からは宴席の笑い声や三味線の音が聞こえるようになってはじめてわれに帰り、家路につくのだった。私はといえば、幼稚園の授業中に抜けだしたことを思いだし、とぼとぼと校舎にむかって歩きはじめた。かなり暗い校舎は森閑としていて、私のためにひとり残っていた保母のお姉さんが、弁当箱などを入れた私の手提げをもってむかえてくれたのだった。

翌早朝の出発飛行をみるために海辺にかけつけ、幼稚園に遅れるのも忘れて熱中したことはいうまでもない。これは毎年繰りかえされた霞ヶ浦海軍練習航空隊の遠距離卒業飛行であったのだが、この熱中は軍隊や戦争とはほとんど関係のない、男の子にありがちな機械や技術に対する強いあこがれや好奇心であって、いまでさえあの離水時の全開した空冷発動機の轟音や排気ガスの香り——当時の添加剤の入らない純粋ガソリンの排気ガスはさわやかな香りがしたものである——を思いだすと、心がさわぐのだ。もっともそれは、まだ人間が機械や技術を統御することが可能だった時代のあこがれであって、逆に人間が機械や技術の従順な奴隷にさせられている現在の高度技術時代の機械には、ほとんど関心をもつことはない。ただ、あの若い搭乗員たち、そして整備員たちの何人が、約十年後に起こった第二次大戦で生き残ることができたのか、それを思うと心が痛む。

歴史の糸

子供心に映じたあの時代のことを思いだすと、社会には、旧いものではあったが、法と秩序が整然と支配し、ひとびとは礼儀正しく、勤勉であった。田舎では家に鍵を掛けるという習慣はほとんどなかったし、町で犯罪があったと聴くこともほとんどなかった。恐ろしいのは火災であって、とりわけ北西の風が吹き荒れる冬は、火事が起きないことを願いながら寝床に入ったものである。

ある夜、けたたましい半鐘の音で目が醒めた。庭先にでると町の中心部の方向が赤く、風下にむかってきらきらする火の粉が渦を巻いて流れていた。そのうちに風の方角が変わったとみえて、わが家の庭にも大量の火の粉が舞い落ちはじめた。延焼の危険があると判断した父母は、井戸水を汲みあげてありとあらゆる器に水をため、布団袋や柳行李をだして荷造りをはじめた。やがて幸いにして火の勢いは衰えたらしく、舞い落ちる火の粉もかぞえるほどとなった。

翌早朝海辺にでると、手押し車に乗せられた旧式のガソリン・ポンプが煙を吐きながらエンジン音をひびかせ、海水を汲みあげていた。そこからつながれた何本ものホースは坂を昇り、まだ白煙をあげる鈴木座の黒焦げの残骸に達していた。放水をしたり、鳶口で残骸を整理したり、紺地に白と赤で消防団の名を背に入れた刺し子半纏の消防団員たちがかいがいしくはたらき、それを群集がとりまき、眺めていた。集まったひとびとの断片的な話では、宿直の従業員の煙草の火の不始末らしく、あっという間にフィルムに引火し、爆発したので、手の施しようがなかったという。

こうした恐ろしい経験はめったにはなかった。手押しのリアカーでやってきては、毎月新聞紙や空き瓶、あるいはさまざまな不要品を、わずかな金を払って引き取っていく礼儀正しい屑屋さん、取立ての野菜を満載した荷車を引いてくる生真面目な八百屋さん、あるいは列車に乗ると妙齢の婦人たちは袖やハンカチ、また扇子などで顔を隠して居眠りしていたし、駅のプラットホームでは、ひとしきり駅弁やお茶、アイスクリームなどを売った紺の詰襟服の売り子たちが、出発する列車にむかって整然と並び、紺の帽子を脱いで直立不動の姿勢をとっていた。なかには三等車の車内で、新聞を音読したり、煙管からまだ火のついた煙草を手のひらに落とし、転がして、煙管に詰めた新しい煙草の火種にしたりと、奇妙な芸当をするひとびともいたが、日常生活はとにかく平穏で整然としていた。

だがその一方で、たしかになにものかの巨大な影が、ひそかに忍びよってきていた。

器用な父はどこからか部品を買ってきて鉱石ラジオを組み立て、私たちに聴かせてくれたが、そのはるか宇宙の彼方からひびくようなかそけき音に満足しなくなり、大きな朝顔型のスピーカーが乗った新型の受信機を購入することとなった。ラジオ放送は私の生まれる数年前からはじまっていたが、番組はさほど面白いものではなかった。ただ夕方、一月ばかり繰りかえされては変わる子供むけの新作の歌は、いつのまにか覚えてしまってよくうたったりした。ある冬の朝、少年・少女の合唱隊のうたうにぎやかな歌声が、《……皇太子さま、お産まれなった》という繰り返しをともなって、一日中流れることになった。内親王とよばれる皇女ばかりで継承者のいなかった天皇家に、待望の皇太子が生まれたのだった。

朝や夕方のニュースの時間は、ふだんは父母も聞き流していたが、ある雪の日の朝、ふたりは異様に緊張してアナウンサーの声に耳を傾けていた。「反乱軍は興津の西園寺さんの別荘にもむかっているらしいよ」と父、「名古屋のほうは大丈夫なのかしら」と母、二人のひそひそ話に、私もなにか重大な事件が起こっているらしいことに気づいた。いうまでもなくそれは、前夜、首相官邸などを反乱軍が襲撃し、クーデタを企てた有名な二・二六事件のはじまりであった。まだ読めなかった新聞の第一面の写真が、大雪の街路に銃を構える外套姿の兵士を写していた。たしかにそれは子供にとっては遠い世界のできごとであったが、こうした無数の歴史の糸がからまりあい、やがて解きほぐすことのできない必然性となって、ひとびとの頭上に途方もない力でのしかかってくるようになるとは、大人たちにとっても夢想もしないことであった。

その年の四月、私は町の小学校に入学した。どこの小学校も類型的であったが、明るい灰青色に塗られた木造の平屋建ての校舎の、校門の内側と外の道沿いには満開の桜の花が朝の陽射しにまばゆく映え、門の石柱から二本、交差して建てられた日の丸の旗のむこうには、薪を背に本を読む、髷姿の二宮尊徳のブロンズ像が植え込みの中央にみえた。担任は、乃木将軍そっくりの銀髪の五分刈り頭と口髭の老練な教師で、子供たちのあつかいはきわめて手馴れたものであった。母は、はじめ校長か教頭かと思ったという。

国語の教科書も、《サイタ　サイタ　サクラガ　サイタ》と片仮名の習得から開始するものであったが、はじめての書き取りの時間に、私は生意気にもはやばやと平仮名で書いて提出し、内心得意になっていたが、遅々として片仮名を写しとっている級友たちを、いささか軽蔑したにちがいない。だがこの高慢のお返しは、学期末の通信簿の「操行」欄に《乙》となってあらわれることとなった。「操行」とは日頃の態度や行儀を採点するもので、当時はすべての教科を甲・乙・丙・丁で評価するようになっていた。他の教科はすべて甲であったのだから、この乙は、老練な教師が、私の生意気をいましめる頂門の一針としてつけたものであった。ただいつの学期末であったか忘れたが、近くで造り酒屋かとまがう黒塗りの板塀をめぐらした菓子工場をいとなむ家の男の子と、学校の帰途、坂道で難渋している荷車の後押しをしたが、そのとき一時荷台のうえに置いた通信簿をもち帰ってみせると、母は「あら、今度は全甲じゃない」と驚きの声をあげた。学校でみたときはそうではなかったが、とあわてて表紙をみると、それはさきほど別れたあの男の子のものであった。荷台のうえで通信簿の交換がおこなわれたのだ。

集団生活には幼稚園以来慣れていたから、違和感はまったくなかったが、体育や工作といった苦手な教科は頭痛の種であった。体育もきらいではなかったが、一度鉄棒から落ちて気を失い、保健室にかつぎこまれてから恐怖感を覚えるようになった。父とちがって手先が不器用であった私のつくる工芸は、かならずどこかが歪んだり、狂ったりした。ただ「図画」と称する美術の時間は得意であり、例の水上練習機の着水の絵などは、絶賛を博したものである。運動会の短距離競争などはいつも終わりから数える成績であったが、そんなことはいっこうに気にならなかった。私の内側には、ほかの子供たちとはちがうなにか別の世界がある、という自覚はすでにこの頃芽生えはじめていた。

しかしはじまったばかりのこうした生活も、一学期半ばで終わりを告げることとなった。父が、当時日本の植民地であった中国東北地方の玄関口、大連市に転勤することとなったからである。

ある雨上がりの初夏の朝、家の前に黒塗りの乗用車がとまり、税務署の職員たちや近所のひとびとが集まり、署長の歓送のあいさつや父の答辞といった儀式のあと、私たちは乗用者に乗りこみ、住みなれた家をあとにした。当時大浜町とよばれたその町を私たちが訪れることは、もはや二度となかった。現在碧南市とよばれるこの町は、対岸と高架橋で結ばれ、私たちの家のまえにひろがっていた海は埋め立てられ、大型の火力発電所や石油精製プラントの煙突や塔屋の林立する臨海工業地帯となっているという。幼年時代の思い出だけではなく、私の内から、そしてあの風光明媚な一帯から、なにか貴重なものが失われてしまったのだ。私がそこを訪れることも、おそらく二度とないだろう。

II　異文化との出会い

時間の矢が未来にむかっていると思われるかぎり、日々の体験はあたらしいものである。だがきわめて日常的な反復のなかでは、そのあたらしさを改めて味わうことはない。意識はなかば眠っている。そのようなときにはむしろ、時間の矢にさからい、記憶という無意識の闇の扉を開いてみることが必要だ。そのなかから新鮮な風景や出会いがよみがえり、いまここに、こうして自分がいることの不思議さが、なかば眠っている意識を揺り起こす。

とりわけその風景が異国であり、街路をよぎるひとびとのなかに、異種族の顔立ちやことばが混じるとき、人間の生涯の軌跡の偶然のゆらぎが、思いもかけぬゆたかな経験をもたらすことに、あらためて感銘を覚えるはずだ。まず、その扉を開いてみよう。

航海

船内の廊下から廊下へとけたたましい銅鑼《どら》の音が鳴りわたり、船客は桟橋側の甲板に集まり、岸壁の見送りのひとびとへと色とりどりの紙テープを投げ降ろしていた。目標のひとへと投げるのだが、多くは風に流され、他のひとのテープとからまりあい、あるいは千切れ、雑然とした色彩の渦をつくりだしていた。私たち家族も、前夜その家に泊まり、ここまで同行して見送りにきた京都の伯父の姿を群衆のなかにみつけ、紙テープを何本か投げたのだが、その一本も届かず、伯父はもういいよと手を横に振るだけであった。船内のスピーカーから「蛍の光」の旋律が流れだし、頭上の太い煙突に装着された汽笛から白煙が立ち昇り、長く太い警笛が一声鳴りひびくと、船体は静かに岸壁を離れはじめ、同時に乗船客と見送りのひとびとのあいだから、いっせいに歓声があがり、「さようならー」「元気でねー」といったことばの断片が、きれぎれに宙を舞い、船底から伝わるずっしりとしたエンジンの音、船尾に泡立ちはじめたスクリューの回転音や攪拌される海水の音にいりまじり、騒然とした雰囲気をつくりだす。しだいに岸壁や群集の姿は遠くなり、舷側の千切れた色彩テープのからまった束が風にひるがえり、傾きかかった陽を浴びた港内の何隻ものランチからは、奇妙な鳥の叫びに似た見送りの警笛が鳴り、頭上を舞う鴎たちの叫びを圧する。潮の香り、さきほどまで唸りを発していたメイン・マストの起重機の機械油の匂い、手すりや船室の外壁に塗られた白い塗料の刺激臭、五感に触れるなにもかもが刺激的であった。もはや岸壁や群集の細部もみえず、建ち並ぶ埠頭とその倉庫群、白い船橋のほか黒い船体の大部分に黄色く塗られた何本ものマストや起重機を林立させた貨物船、あるいはいま乗船している三千トン級の客船の倍以上もある欧州航路の豪華客船の停泊する後姿、しだいに全景がみえはじめた神戸の市街や青くかすむ六甲の山並み……大人たちがそれぞれの船室に引きあげ、ほとんどだれもいなくなった甲板で、私はひとり新鮮な驚きと興奮をあじわいつづけていた。これからむかう大連は遠い異国とおもっていたが、世界はもっと広大なのだ。いくつもの大洋を何十日もかけて航行するあれら巨大な客船や貨物船は、地図上の観念でしかなかった欧州に到達するのだし、そしてこの波静かな青い海も、それら大洋とつづいている。あの船に乗って、いつかそれらの海を航行し、欧州にいくことなどありうるのだろうか……と。

明石海峡を抜け、この季節特有の靄に陸地のほとんどみえない播磨灘から、船が瀬戸内の島々を縫うように航行しはじめる頃、日が沈む時刻となった。舳先の甲板からみると、海は無数の金粉を撒いたようにきらきらと輝き、沈もうとする太陽のまばゆい光を浴びて、いくつものかぐろい島影や漁船の小さな黒い影が、船にむかってゆっくりと近づき、やがて緑の山肌や漁船を繰る漁師たちの姿をあらわにしながら、真横を流れ、ゆるやかに後ろへと去っていった。甲板では、品のよい年配の男性がイーゼルを立て、この風景のスケッチに余念がなかった。私はといえば、この光景の神々しいほどの美しさに圧倒され、ほとんど口も聞けないほどの感動をあじわっていた。

夜は夜で感動はつづいていた。行き交う船の航行燈、黒い島々の影らしきもの、その影のあちらこちらで点滅する灯台の光の一閃、あるいは対岸の町々の遠い燈火、夜釣りをする漁船の漁り火、それらが近づいては流れ、船尾へと消えていく。単調に唸りつづける船底のエンジンの音、ときおりサロンからきれぎれに聴こえるラジオの、ニュースを語るアナウンサーの声、耳許をかすめる風のささやき、夜目にも白い舷側の波頭、瞬間にきらめいては流れ去り、消える夜光虫の光跡……もう寝る時間だからと父が探しにこなかったら、私は一晩中でも甲板で夜景を眺めていたにちがいない。

翌朝、船は門司港に入港し、関門海峡に錨を降ろした。船客は観光のために上陸し、私たちも門司の町を見物したあとで、関門海峡を見下ろす展望台まで遠足をすることとなった。関門海峡に停泊する船のなかで、われわれの船がもっとも大きいのを確認して嬉しくなったが、朝には西の方角にむかっていたはずの船が、あきらかに舳先を東にむけていたのが不思議に思われた。なにごとによらず観察力に長けていた父は、あれは潮の流れが逆になったからで、関門海峡は港としては日本一潮の流れが速く、朝と夕では流れの方角がちがうのだ、と説明してくれた。そのうえ下関側の東の小さな浦が、平家滅亡の合戦のあった壇ノ浦であると教えてくれた。

船は夕方出港し、やがて玄海灘にさしかかった。荒れることのない六月の海とはいえ、うねりは大きく、船体はゆっくりと左右前後にゆれはじめた。風も強かったにもかかわらず、私は寝るまでの時間をあいかわらず甲板ですごし、われわれの船がかなり大型の貨物船を追い越すさまを、息を詰めてみまもったものである。

翌朝の驚きは、甲板にでると海が見渡すかぎり黄色い泥の海となっていたことである。いまにも座礁するのではないかと思われるような黄色い海は、その日一日つづいていた。これが音にきく黄海であったのだ。

朝の大連港

朝の光のなかに輝く大連の港は、出帆した神戸の港より美しく堂々としているようにみえた。客船が数隻ならんで接岸できるひろびろとした大桟橋には、石造二階建てのターミナル・ビルが翼をひろげ、船客は下に降りることなく、可動橋を通って二階にある税関の検査場にむかうことができた。いくつもの待合室を両脇に眺めながら中央廊下を外にでると、半円形にひらいた石段のむこうに、同じく石造や煉瓦づくりの洋風の建物がならぶ市街地がひろがり、枝を張った緑の街路樹のあいだに、往来する乗用車や市街電車がみえかくれし、長い鞭をもった中国人の御者が繰る乗用の無蓋馬車が、馬のひずめの音をひびかせながらやってくるのがみられた。石段の裾には同じく中国人の人力車引きが何人も、車を横に人待ち顔でたむろしていた。くすんだ藍色木綿の中国服やよれよれの中折れ帽、あるいは服と同色の鳥打帽など、思い思いの服装も異国的であったが、なによりも彼ら同士が叫ぶような声で話す中国語が、ここがはじめて踏む異国の地であることを強烈に印象づけた。日焼けした顔に精一杯の笑みをみせ、客を引く彼らに、手を横に振って断りながら、父は私たちを道路をへだてて正面にそびえる税関の建物に案内した。到着を告げるためである。やがて父の同僚になるにちがいない係りのひとの案内で、私たちは税関の黒塗りの乗用車に乗りこみ、そこに住みこむはずの官舎へとむかった。

どこまでもつづく緑の街路樹、同じく緑色と明るい灰色に塗られた市街電車、ゆったりと走っている乗用馬車、三階建て四階建ての石造や赤煉瓦の建物群、中央に植込みや遊歩道のある広い円形広場、それをとりまく官庁街、歩道を歩くひとびともどことなく悠然としているようにみえる。「あれが市庁舎で、あれが税務署です」と指差す彼方に、時計塔のある明るい灰緑色の建物が青空に浮かぶ……やがて車は市街電車の線路に沿うゆるやかな昇り道にさしかかると、その一帯は住宅街であった。住宅といっても「内地」——私たちもすぐに日本本土をそうよぶようになった——のそれとは異なり、一軒家は西洋風の庭や生垣あるいは低い煉瓦塀をめぐらせ、ペチカまたは暖炉の煙突を備え、赤煉瓦や淡い黄色の外壁に白枠の二重窓がはめられたロシア風の建築で、なかに住んでいる人間もロシア人にちがいないと思わせるものであった。

やっと到着したわが家は、両端にペチカ用の煙突が立てられ、ひと棟が二軒に分割された赤煉瓦の二階建てであり、同じ造りの家が街路樹の歩道に面してずらりとならんでいた。庭は裏庭となっていて、そこには同じ赤煉瓦の石炭置き場をかねた納屋が建っていた。道路をへだてた向かいは、フェンスをめぐらせた小学校のひろびろとした校庭であり、その彼方に、正面に時計塔を備えた赤煉瓦造りの二階建て校舎が威容を誇っていた。「内地」の田舎からでてきた私にとって、すべてはたんに都会的であるというより（かつて休日には両親としばしば名古屋に見物や買い物にいったことがあるが、当時のそこは巨大な田舎町という印象であった）、圧倒的に異国的であり、ここに住むことが心躍る体験となる予感にいいしれぬ幸福感をあじわっていた。

異国の香り

ある美しい朝、金具を操作して二重窓を開けると、えもいわれぬ甘くかぐわしい匂いがただよってきた。しばらくしてそれが、家の前の街路樹の緑の葉むらから、こぼれんばかりに咲きほこっている白い無数の花房から香ってくることに気づいた。それがアカシア、正確にはニセアカシアの花であったのだ。街中のすべての並木がアカシアなのであるから、この季節、六月の抜けるような青い空のもと、まばゆい陽光を受けて輝くその白い花房が放つ香りで、いたるところむせかえるようであり、それは子供心にとっても、悩ましく官能的でさえあった。

赤煉瓦造りの小学校はひろく、地下室というより地下街ともいうべきものがあり、購買部という名の店では、教科書や学用品が売られているだけではなく、お昼時には鼻腔をくすぐる匂いをたてて揚げ物があげられたり、肉饅頭が蒸されていたりした。隣はこれも赤煉瓦造りの旧制男子中学校であり、校庭ではカーキ色の制服姿の生徒たちが、軍事教練にはげんでいる姿がかいまみえた。さらにその隣は、公学堂という名の中国人の子供たちの小学校であり、毎朝、「イ、アル、サン、スー……」という中国語の号令が、中国風の体操の音楽とともに、風に乗って途切れ途切れに聞こえてきた。

小学校の裏手は坂になっていて、下町の中国人街の甍を越えて海と対岸の工場群がはるかに見渡せた。坂の途中には小さなロシア正教の尼僧院があり、両肩にさがる白い帽子と薄茶色の僧服、首に金の十字架をかけたロシア人の尼僧たちが出入りしていた。街にもロシア人やユダヤ系ロシア人が多く、貿易商や毛皮商あるいはパンやロシア菓子を売る店をかまえたりしていた。官庁街中央の大広場や駅には、手篭に花をいれたり、小さな手押し車に花を満載したロシア人の花売り少女が立って、「お花、いかがですか」などと日本語でよびかけていた。金髪を赤い花模様のネッカチーフで包み、白いエプロンをした彼女らは、異国情緒そのものといえた。彼らは《白系ロシア人》とよばれていたが、私は長いあいだ、「白系ロシア」という国があって、彼らはそこからやってきたひとびとだと思いこんでいた。ロシア革命を推進し、ソヴィエト政権を樹立した共産主義者たちが《赤》であるので、そこから亡命したひとびとを日本人が白系と名づけたのだ。

他方下町の中国人街は、生命力と活気に満ち溢れたたくましい街であった。はじめの頃、父につれられてこわごわと覗きにいったのだが、そのうちに慣れてひとりでもでかけるようになった。表通りには赤や金など派手々々しい彩色に中国語の漢字を墨黒々としるした看板をかけた店がつらなり、裏に入ると、日本人によって軽蔑的に「泥棒市場」と名づけられた露天の市が、縦横に天幕の店をひろげ、中古の日常雑貨や食料品から、湯気の立つ料理や饅頭、はては生きた鶏や豚まで、ありとあらゆるものを売っていた。大声の中国語が飛び交い、ひとびとがごったがえし、その場にいるだけでも興奮と刺激に酔いそうであった。

家にも中国人の物売りがやってきた。靴直しの道具一式をいれた箱を小脇にかかえた老人が、うたうような節をつけて日本語で「早く、靴直す」とよぶらしいのだが、どう聴きなおしても「ハイエッツーヤ、ツンナオー」としか聴こえなかった。荷車を引いた野菜売りの青年が毎日やってきて、明るい声で「オクサーン、ヤサーイ」と窓から声をかけるのだが、この青年とはすぐに仲良くなった。藍色の中国服に古びた中折れ帽で、いつも明るくやさしい美男の青年は、母にかぎらず近所の主婦たちの人気者であった。

ある秋の休日、家にいると、突如学校の裏手のほうからとてつもなく騒々しい音響が鳴りひびきはじめるのが聞こえた。家をでてその方向にむかうと、小学校と中学校に挟まれたゆるやかな下り坂の並木道を、奇妙な行列が降りてきた。まず先頭に青地や赤地に金銀の刺繡で竜の姿などを浮きださせた何本もの旗がかかげられ、ついで二人の男にかつがれた棒に下げられた大きな銅鑼を、特定のリズムで間断なく叩きつづける楽士、チャルメラらしい笛を吹きつづける楽士、肩から吊るし、腰にかまえた太鼓をみごとな撥《ばち》さばきで打つ楽士がならび、この陽気に踊りだしたくなるような、けたたましくにぎにぎしい音をたてる楽団のあとには、これも四人の男が太い棒でかつぐ柩がつづき、白い喪服に纏足《てんそく》で苦しそうに歩く年配の女性、珍しい辮髪《べんぱつ》の男性など近親者が柩のあとを追い、さらにそのあとに、同じく白い喪服を着た《泣き女》とよばれる若い雇われ女たちが十数人、あらんかぎりの大声をあげて泣き叫びつづけるのであった。そのあとは一般の参会者らしい老若男女の中国人たちがぞろぞろとつづくのだが、その光景は、京劇の舞台が一瞬、そのまま街に繰りだしたかのような幻覚をあたえるのだった。

この中国風の葬列は、日本の政治家たちによって差別をおおいかくすために、《同文同種》あるいは《一衣帯水》などとよばれ、同じ東洋人であることが強調されてきた中国が、まったくの異文化であり、われわれ日本人とは思考体系が根本的に異なるのだということを、天啓のように開示してくれた。

大連散策

中国が異文化であることを意識したのか、小学校の副読本は中国の風俗習慣や言語を教えるものであった。もっともほんらいは「中国」であるはずだったが、登場するのは「満州国」であり、中国語の最初の学習は、「満州国国歌」なるものを原語で習い、うたうというものであった。中国語は数詞などすぐ覚えたが、《十》の、喉から息をだしながら《シー》という、有気音の発音が難しかったことを覚えている。

異文化といえば、クラスには朝鮮系の子供が何人かいた。はじめは金何某とか崔何某という姓をみて、なぜ中国人の子供がここに通っているのかと不思議に思ったが、それは当時日本の植民地であった朝鮮半島からきたひとびとであった。そのなかでとりわけ足が速く、体育が抜群であった精悍な顔立ちの男の子とは仲良しになり、中国人街に近い下町の家にまで遊びにいったことがある。中国人の商店の二階のその狭い住まいは、私にあの被差別部落の女の子の家を思いださせたし、彼が母親と話す朝鮮語は、達者な日本語を話すとはいえ、やはり彼も異文化のひとなのだと、思い知らされた。ただ彼らが日本語を学び、公用語として話さなくてはならない苦痛については、当時思いもおよばなかった。

学校は楽しかった。ただ担任の女の先生は、私の知的な生意気さが我慢できなかったらしく、「操行」はあいかわらず乙であった。男の子と遊ぶときは、背後にそびえる緑山と称する山に昇るか、あるいは大仏山とよばれる山まで遠征して、山肌で採取されている水晶鉱で、捨てられている小粒の水晶を拾い集めたりした。クラスには好きな女子生徒が何人かいたが、残念ながら、遊びに誘いにくるのはそうではない女の子たちであった。しかし、中産階級というよりも上流というべき彼女らの洒落た家で、カード遊びに興じたり、紅茶に洋風生菓子のおやつをあじわったりするのは、きわめてこころよいひとときであった。

ただ例によって、ひとりで遊びにでることも多かった。とりわけお好みの場所は緑山とその山麓にひろがる広大な中央公園であり、緑濃い木陰のベンチで小鳥たちの歌に聴きほれたり、緑山の山頂近い草原に寝そべって空を眺めていたりした。ある初夏の日、市街の全体や多くの船の停泊する港から、対岸の町や工場群までを一望のもとに見下ろせるその草原で、はるか彼方の低い山々から湧きあがるようにあらわれ、ゆっくりとこちらにむかって流れ、頭上を過ぎていく白い雲の群れを眺めているとき、突然自分自身の重力がなくなり、明るい白い雲と一体化して空に浮かび、ゆったりと流れているという不思議な感覚に囚われ、一瞬ほとんど気を失わんばかりの恍惚感に包まれた。

休日には父は、あいかわらずまめに家族を連れだし、中古品で手に入れたドイツ製のカメラを肩に、母の手作りの弁当をもち、老虎灘とか黒石礁といった景勝地や、日本人が星ケ浦と称する海浜公園に遠出したりした。奇岩怪石のあいだに砂洲のひろがる浜辺、あるいは砂浜のうしろの岬の、五月の空に満開の桜を背景に撮った家族写真などが、アルバムをつぎつぎと満たしていった。

星ケ浦での夏の海水浴は、新須磨のそれとそれほど変わりはなかったが、ただ、夜、納涼電車という名の特別仕立ての車両に父と乗り、大人たちはビール、われわれはアイスクリームなどをあじわいながら、月明かりの海岸を走り、満月の砂浜を散歩して家に帰るのは格別な楽しみであった。

それに比べ、冬のアイス・スケートは、この寒冷の地ではじめて経験する新しい快楽といえた。真新しいスケート靴を首から下げ、父につれられ、市街電車を乗り継いで、日本人が建てた大連神社なる神社の近く、鏡池という名の池で、父から手ほどきを受けることとなった。裸の落葉樹がとりかこむ分厚い氷が張った池には、すでに防寒服に身を固めた多くのひとびとが、すいすいと、あるいは不器用に滑走していた。何度も何度も転倒したあとで、その日の終わりには、なんとかひとりでゆっくりと滑走できるようになっていた。それからは上達が早かった。週日には校庭に仮設されたスケート・リンクで滑り、夜は毎年市街地の空き地に仮設される照明付きのリンクで腕を試した。現在の屋内スケート・リンクでは危険だからと禁止されている本格的なスピード・スケート用の靴で、一周百メートル以上はあるリンクを全速力で走るのは、このうえもない快感であった。

日中戦争勃発

異文化との出会いに衝撃をうけたり、異国的な街のさまざまな新しい体験に熱中しているあいだにも、歴史の糸は複雑にもつれ、からまりあいながら次第にその束を巨大なものにし、ひとびとの平和な生活のうえに暗く大きな影を落としつつあった。

土曜の午後などに、小学校の校庭をも占拠して、中学上級生たちは、配属将校の指揮のもとに紅白の二軍にわかれ、頻繁に模擬戦をおこなっていた。カーキ色の制服・制帽に巻脚絆、帯剣、歩兵銃の彼らが匍匐しながら空包を撃ちあい、最後に銃に着剣して白兵戦を演ずるのだ。とりわけ見物の男の子たちの強烈な関心を集めたのは、二人の銃手が撃つ軽機関銃であって、空包にもかかわらず、連続するすさまじい轟音と銃口から吹きだす青い煙は、その火薬の刺激臭とともに私たちをわくわくさせた。のちに「内地」に帰ったとき、旧制中学の銃器庫に軽機関銃など配備されていなかったのを知ったが、これは「国防の第一線」にあるこの地ならではのことであったようだ。

ある休日には、父につれられて緑山の後背地の谷間にある民間の射撃場にでかけた。《第一乙》という兵種であった父は、いつ召集されてもいいようにとの心づもりであったらしい。入り口の事務所の脇は拳銃の射撃場になっていて、机には無造作に軍用拳銃やコルト式自動拳銃などが置かれ、料金さえ払えばだれでも射撃ができるようになっていた。小銃の射撃場はその先にあり、すでに何人かが腹ばいになって歩兵銃を撃っていた。百数十メートル先に白地に多重円の記された標的があり、一回撃つごとに回転して新しい標的に交換され、そのあいだに白や赤の旗が振られて命中の結果を知らせるのだった。父の腕前がどうであったか、いまほとんど記憶にない。ただ拳銃とは比較にならない太い射撃音と白煙、そして硝煙の匂いだけは、やがて身近になるにいたった戦争の記憶とともに、いまも鮮明である。

まだ夏休みには早かったが、強い陽射しに道路のアスファルト舗装が半ば溶けかかるようなある日、ラジオや新聞が一斉に「盧溝橋事件」なるものが起こったことを報じた。中国に駐留していた日本軍——そのときは独立国である平和時の中国になぜ日本軍が駐留しているのかという疑いさえ抱かなかったのだが——が、盧溝橋で夜間演習をおこなっているとき、中国軍に発砲され、応戦したというものである。夏休みに入る頃にはそれは、本格的な日中間の戦争に発展する勢いとなった。街中に緊張がただよいはじめた。夏休みのある日、ソヴィエトがこの戦争に介入し、ウラジオストークから長距離爆撃機の空襲があるかもしれない、と、各家庭に防毒マスクが配られた。大人用は軍用と同じ型であったが、子供用は双眼ではなく、水中眼鏡のような一眼であったことを覚えている。

秋には日本軍が大連港に続々と上陸してきた。港の東側の山中にはかなり大きな関東軍兵舎があったが、その収容人員をはるかに上回る兵士の数に、各家庭が順番に民宿を提供することとなった。ある夕方、完全武装をした歩兵の一隊が、整然と行進しながら小学校の校庭に入ってきた。武器の触れあう音、大声の号令や点呼の掛け声、ひとしきりのざわめきのあと、二人ずつにわかれ、迎えにでた家人とともにそれぞれの家におもむいていった。父とともに玄関にあらわれたのは、はじめて目の当たりにみる本物の兵士であった。黄色い星のついた戦闘帽、赤地に黄色い星の階級章を襟につけた軍服、巻脚絆、鉄鋲を打った軍靴、ずっしりと重い銃、外套や雨合羽あるいは飯盒や鉄帽をくくりつけた背嚢、帯剣と左右に振り分けた雑嚢と水筒、玄関で装備を解き、靴を脱ぐまでが大仕事であった。二階の客間に案内された彼らに丹前を着てもらい、入浴を勧めるのだが、それが思いもよらない困難と困惑をもたらすこととなった。

つまり父母の話す日本語と、彼らの話す日本語とがまったく通じないのだ。しかたなく父母と兵士たちは、身振り手振りを交えて意思を伝えあうこととなった。現在では信じられないことであるが、青森県出身の彼らの話す青森弁は私にも片言もわからず、逆に彼らは、多少田舎訛りがあるが、父母の語るいわゆる標準語を、一語も理解できなかったのだ。当時はラジオ放送がはじまってまだ十年足らずであったし、とりわけ田舎では高価な受信機を所有するのは地主や金持ちにすぎなかったからである。「標準語」は学校教育を通じて習うことは習うが、それは地方の子供たちにとってあくまで外国語でしかなかったのだ。

ようやく入浴をすませ、母の心づくしの夕食をとった彼らは、父の案内で丹前姿のまま夜の繁華街を散歩したが、商店の明るいショーウインドウや青や赤にきらめくネオンサインがとりわけ珍しいようであり、長い時間をかけてそのひとつひとつを覗いていた。

皮肉なことに、二回目に民宿としてむかえた兵士たちは鹿児島県の出身者であり、これも前回と同じく、身振り手振りの会話であった。異文化との出会いとは、中国人やロシア人、あるいは朝鮮半島のひとびとといった異種族との出会いであると思っていた私にとって、異文化との出会いは国内にもあることを痛感させられるできごとであった。

戦争の進展

三回目にむかえたのは、輜重隊の年配の曹長ひとりであった。彼は革長靴をはき、重そうなサーベルを腰に下げただけの身軽な姿でやってきた。小学校の校庭には繋留用の杭が張りめぐらされ、いななきをあげたり、荒い鼻息をたてたり、あるいはひずめを鳴らしたりする軍馬と、山積みされた飼葉、そのあいだを縫って厚布製バケツや飼葉桶を手に手に駆けまわる兵士でごったがえしていた。宿泊の翌朝、彼はきたときの格好で私をつれ、校庭におもむいた。兵士たちの敬礼をうけながら、軍馬を点検して歩くのだが、そのうちの一頭の牝馬が死産したことを告げられた。たしかに牝馬の足許には、まだ羊水に濡れ、藁屑にまみれた子馬の死体がころがっていた。「船旅がきつかったからのう、しかたがなか……」と曹長さんは死体にむかって手をあわせた。点検が終わると彼は、指揮官用の鞍をのせた馬に乗り、兵士に手伝わせて私を抱きあげ、鞍の前部に坐らせると、手綱を引いて街の散歩にでかけた。まだ早朝であったので人通りは少なかったが、歩道からみあげるひとびとのまなざしに、面映い思いをしたものである。

数日滞在し、ひきあげていった輜重隊のこの曹長からは、ときどき軍事郵便で便りが届いた。ときには砲撃で崩れかかったらしい中国風の家屋のまえで撮った写真などが同封されていることもあった。父母とともに私も手紙を書いたおぼえがあるし、彼からの文末にはかならず「坊やは元気か」といったようなことばが記されてあった。青森の兵士、あるいは鹿児島の兵士といい、この曹長といい、あれから十年近くもつづいた戦争のなかで彼らはどうしたのだろうか。だが戦争に翻弄されたのは彼らだけではない。中国は兵士だけではなく、この戦争では数百万あるいはそれを超えるといわれる中国の民間人が犠牲になったのだ。だが当時、子供であった私にかぎらず、大人たちでさえも、この過酷な戦争のなかで、非戦闘員をも多く巻きこむ残虐行為がおこなわれているとは、知るよしもなかった。

戦争の進展とともに、中国の主要都市が日本軍の攻撃をうけて次々と陥落していったが、そのたびに小学生が動員されて街々にくりだし、旗行列なるものをおこなうのだった。「祝南京陥落」などと記した横断幕を先頭に、日の丸の小旗を手に手に打ち振りながら行進する趣向であった。夜は夜で市の中心部で、大人たちの提灯行列なるものが、手にした提灯を高く掲げておこなわれた。現実の南京であの悲惨な殺戮が進行しているとはだれも知らずに。

それとともに子供心に気になったのは、街の中国人たちであった。「オクサーン、ヤサーイ」の青年もあいかわらずやってきたが、心なしかその表情が曇っているようにみえた。あるとき父に、「シナ――当時日本では中国をそうよんでいた――で戦争しているのに、あのひとたちは平気なの?」と聴いてみたが、父の「シナ人といっても、いいシナ人と、悪いシナ人がいて、日本は蒋介石や共産党みたいな悪いシナ人と戦争しているだけなのだよ」という返事にも、なんとなく釈然としないものがあった。

中国の海軍と空軍が壊滅し、ソヴィエトも介入しないことが明確になってきたこともあり、また占領した中国の港湾都市に日本軍が直接上陸するようになったため、街の緊張はすっかり薄らぎ、以前と変わりない平和な生活がもどってきた。それに代わり海軍の艦船が、補給のために頻繁に港に出入りするようになった。大連港の税関に勤務していた父から入港した艦船の情報をえると、はるばる市街電車に乗って港まででかけるのが、新しい楽しみとなった。それらは客船用の第一・第二埠頭ではなく、貨物船用の第三・第四埠頭に停泊することになっていた。はじめて目近にみたのは排水量一万噸級の重巡洋艦であった。商船のみなれた赤い吃水線ではなく、深々と海水にひたっている濃緑色に塗られた吃水線がまず珍しく、明るい灰色に塗装された巨大な船体の船首に、金色の《菊の御紋章》

が輝いてみえるのが誇らしげであった。二十糎砲二連装の砲塔を前部に三基、後部に二基そなえ、そのあいだには、上部に測距儀などを乗せて聳えたつ艦橋、太い二本の煙突、その両脇の高角砲や機関砲、その下にむきだしになった四連装の魚雷発射管などがあり、さらに後部のマストや起重機の蔭に、カタパルト上の複葉水上偵察機や内火艇とよばれるランチが搭載され、すべてはすぐに実戦に対応できる威容を示していた。手前の岸壁にはより身軽な軽巡洋艦が停泊していて、それほど大きくはない艦橋と十五糎砲二連装の砲塔二基を前後にそなえ、同じ大きさの煙突が四本もあるのが印象的であった。さらにその手前には駆逐艦が停泊し、前面の装甲だけで後部はむきだしになった砲塔や小型の艦橋の後方は、岸壁とほとんど同じ高さの甲板となり、二本の煙突のあいだには船体に不釣合いに大きい四連装魚雷発射管を装備していて、舷側には白く、片仮名で艦名が大きく記されていた。各艦の降ろされたタラップの上部には、銃を片手にした警備の水兵がいるだけであり、ほとんどの乗組員が上陸したあとの静けさがあたりを支配していた。週日の昼とあって少ない見物人を縫って、私はいささか興奮気味に岸壁を歩きまわった。

ある初冬の朝は、最新鋭の同型の重巡洋艦四隻が、入港することなく、沖合いに停泊するのがみられた。朝もやのなかにシルエットとなって浮かぶ、みるからに高速航行が可能そうな重々しくもスマートな船体は、ただ溜息をさそうだけであった。そして沖合いからは、下士官や水兵を満載した内火艇が、軽やかなエンジン音をたてて絶えず岸壁にやってきては彼らを降ろし、また沖に帰っていった。水兵服や下士官の制服のうえに、紫紺の短外套を着、口から白い息を吐きながら、彼らは軽やかな足取りで街へと消えていった。

あるときは潜水母艦が入港し、主計科士官に艦内の酒保（いわば喫茶室）でご馳走になったうえにお土産までもらったといって、父が羊羹や酒饅頭などをもちかえってきたことを覚えている。翌日その船をみにいったが、ほとんど航空母艦のような船体で、甲板はみえないほど高かった。父に頼めば艦内の見学ができるかもしれないと思ったが、勤務中によびだしてはいけないといういつもの約束を守るほかはなかった。

日露戦争の戦跡

だがそのかりそめの平和の蔭で、国際情勢は緊迫の度を加えつつあった。同じ年の初冬、前年に締結された日独伊防共協定の一周年記念の式典が、競技場でおこなわれ、全市の学生・生徒が動員されて集まった。日の丸を中心に、赤地と白丸に黒い鉤十字を染め抜いたたナチス・ドイツの国旗、赤・白・緑の三色の中央に王家の紋章を描いたイタリア王国の国旗がひるがえり、それぞれの国の高官の挨拶が、日本語のほかに、耳慣れないドイツ語・イタリア語を交え、風に流されがちなスピーカーの音を通じて延々とつづいた。「君が代」のほかに、ナチス党歌、イタリア国歌が音楽隊によって演奏されたが、重々しい「君が代」に比べ、新鮮でさわやかなナチス党歌、オペラ序曲のように軽快な行進曲のイタリア国歌は、きわめて耳あたらしかった。

四月といってもまだ春浅く寒い休日、父母とともに私は、「旅順戦跡巡り」という観光バスに同乗し、旅順の日露戦争戦跡を一日見学することとなった。旅順港は険しい山々に囲まれ、両岸が絶壁となった入り口から出入する地理学的に絶好の軍港であり、ロシア極東艦隊の基地であった。その狭い港口を封鎖しようと、夜の闇にまぎれて何隻もの貨物船を操船し、山上の砲台からの絶え間ない照射と砲撃のなか、港口に突入した海軍の「決死隊」の挿話は、戦死した《軍神廣瀬中佐》の名とともに当時の人口に膾炙する物語であった。

大型艦が十数隻も停泊すれば一杯になりそうな小さな港と旅順の町の後背地は、それほど高くはない山々がつらなり、主要な山のすべてが、旅順港への侵入を防ぐための要塞であった。バスはまず、とりわけ激しい争奪戦がおこなわれた山を巡った。なかでも印象的であったのは、東鶏冠山とよばれる山であった。大きな犠牲をだしても攻略できなかったため、重い砲弾を起重機で操作する二十糎攻城砲という巨大な砲数門を「内地」から運び、ここに据えつけて砲撃したという山麓の平地で、ガイドの説明を聴き、そこから徒歩で山頂をめざした。途中、重装備の兵士がかがんでやっと通れるほどの坑道の入り口があったが、これを掘り進んで要塞に接近し、地下壕の床を爆破して突入したのが、要塞陥落の決定的な戦術であった、ということであった。

山頂は、ところどころ攻城砲の徹甲榴弾で破壊され、陥没した大きな穴のほかは、風化した分厚いコンクリートの床であって、深い空壕をへだててコンクリートの壁に囲まれた小高い丘となっていた。空壕に降りると、そこは銃眼をそなえた地下要塞となっていて、中央の丘のみがロシア兵の立てこもる陣地と思い、空壕に飛び降りて突撃する日本兵を、背後の銃眼から当時発明されたばかりの機関銃でなぎたおし、空壕は日本兵の死屍が累々とよこたわり、コンクリートの床には血や体液が小川のように流れていたという。地下要塞の内部にはいると、壁には無数の弾痕がきざまれ、飛び散った血の跡かもしれない茶色の染みがこびりついていた。坑道からの爆破孔は、分厚いコンクリートの大きな破片が吹き飛ばされたままのかたちで残されていて、この部屋で起こったにちがいない銃剣による白兵戦のなまなましい影像を喚起していた。

水師営という小さな村では、旅順攻囲軍の司令官乃木将軍とロシア守備軍の司令官ステッセル将軍とが会見し、停戦文書に署名したという土塀をめぐらせた中国の古い民家がそのまま保存され、双喜文字の木枠の障子に早春の光が射す部屋には、署名がおこなわれた机と椅子が相い対峙したまま置かれ、庭には両将軍が馬をつないだ杭まで残されたいた。小学唱歌に《庭にひともと棗《なつめ》の木……》とうたわれたその棗の木までが、落葉したままま裸ではあったが、埃っぽい片隅に立っていた。

そこからバスは有名な二百三高地にむかった。その名のとおり、標高二百三メートルの、山というよりなだらかな小高い丘であり、昇りは、東鶏冠山に比べようもないほど楽であった。もともと要塞など構築されていない高地であったが、ひとつひとつの要塞を陥落させながらじりじりと前進する日本軍に押されたロシア軍が、旅順湾を一望におさめるこの高地を占領され、ここに砲台を築かれたら湾内の極東艦隊が全滅すると、にわかに塹壕を掘り、守備隊を配置したのだ。ここが旅順港攻囲戦の最後の激戦地になった。すでに長男をこの戦争で失っていた乃木将軍が、次男をも戦死させたのがここであった。

山頂には日露両軍の戦死者を悼む慰霊碑が建てられ、ロシア軍の塹壕とにわか造りの石積みの防壁が残存し、高地の中腹を見下ろしていた。中腹には無数の杭とちぎれた鉄条網が赤錆の姿をさらしていた。ガイドの説明によれば、数次にわたり夜間の決死隊攻撃が強行されたが、ロシア軍の強力な照明弾と機関銃掃射にすべてはばまれ、そのあたりには日本軍の戦死者の遺体が、鉄条網にひっかかったまま、あるいは鉄条網のあいだに折り重なって朝の光のなかに散乱していたという。子供にとっては生まれる前のできごとは、すべて遠い遠い昔の物語にすぎないが、当時それは記憶にあたらしい三十数年まえの歴史であり、したがって鉄条網もまだ赤錆のまま残っていたのだ。

旅順港や町のはずれにあるロシア軍の赤煉瓦造りの兵営なども見物したが、東鶏冠山と二百三高地の印象があまりにも強烈であったため、立ち寄ったことさえ忘れそうであった。帰りのバスでは、ピクニック気分であった往路とはうって変わって、重苦しい感情に囚われていた。血にまみれた銃剣をきらめかせ、銃床で殴打しあう東鶏冠山の地下要塞の乱戦、あるいは次々と撃ちあげられる照明弾のまばゆい光のなかで、機関銃の弾丸を受けて折り重なって倒れていく兵士などの影像が交錯し、街の大通りを整然と行進し、敵地では輝かしい戦果をあげる日本軍といった、英雄的で栄光に満ちた戦争のイメージは、私のなかで音をたてて崩れるように思われた。

楽園の終わり

その秋、三度目の妊娠をしていた母は、病院で妹を出産した。その頃、父は急激に体調を崩し、珍しく不機嫌な顔をみせることが多くなった。冬が近づこうとしていた。中国に主要勢力を展開した陸軍に代わって、街路からは、隊列を組み、行進する武装した中学上級生がうたう軍歌がきこえていた。その末尾に繰り返される《……平和の護り、関東軍》というリフレインが、枯れ葉を散らしはじめたアカシアの濃緑の並木にこだましていた。肺結核と診断された父は、意を決して辞表を提出し、療養のため「内地」に帰ることにした。私たちは家具を売り払い、身軽になって、歩行も苦しい様子の父をかばいながら、大連港を後にした。船尾に泡立つ航跡のかなたに、しだいに小さくなっていく大連の市街や山々を望みながら、私は大きな溜息をひとつ吐き、くびすをめぐらせて船室に戻っていった。

III　伝統と宿場町

楽園はいつか必ず閉じられる。だがあとに残ったものは、必ずしも苦い現実だけではない。その蔭には、ささやかではあるが思いがけない発見や、のちに思いだすことによって、そこから過去の世界のあたらしい姿をよみがえらせるような、手がかりが隠されている。そのときどきに体験するそれらのものは、ひととき無意識の闇に閉じ込められるが、やがていつかその幕を開け、かつて気づかなかった劇的な情景を展開してみせてくれる。苦い現実を回想し、その蔭に埋もれていた無意識の劇場の扉を開けてみよう。それはわれわれの文化の基底にかかわるものであった。

父の死

それは典型的な田舎町であり、東海道の旧い宿場町であった。急行列車は通過してしまう小さな駅は乗降客も少なく、舗装もしてない駅前の広場には、そこから奥にむかう電車の閑散としたむきだしのプラットホームや簡素な駅舎、通運会社の倉庫やタクシーの営業所、小さな大衆食堂などがあるだけでひっそりしていた。しかもここも別の町であり、目的の町は通常は電車かバスでいくのだが、病気の父を乗せるため、タクシーを依頼することとなった。小高い丘のうえの町並みはすぐに終わり、松の木立の神社や中学校の校舎やグラウンドが道に沿ってあらわれるあたりから、目的の町がはじまり、坂をおりると、旧東海道の狭い通りをはさみ、家並みがひろがっていた。

小さな洋服の仕立て屋をやっていた母方の伯父の家に寄り、その案内で仮の住まいにむかった。それはかつて祖父母の家があったあたらしい国道に面したしもた屋であった。店屋物の夕食をとり、伯父が帰っていったあとは、あたりは森閑とした闇であった。暗い電灯のもと、ときおり聞える按摩の笛や、屋台を引く中華そば屋のチャルメラが遠く物悲しくひびくだけの静寂に、父母も沈黙しがちであり、明日からの生活の不安が狭い空間を支配していた。

仮の住まいはほどなく引き払い、私たちはかつての祖父母の家に近い広々とした住宅を借りることとなった。風呂と台所のついた二部屋の和室と、玄関を挟んで庭に伸びた縁側と床の間つきの八畳の部屋で、そこからは低い板塀や木戸越しに、刈り取りのはじまった黄金色の稲田が一望にひろがり、遠く地平線に近く、東海道線の旅客列車や貨物列車が、牽引する蒸気機関車の白煙をたなびかせながら往復するのがみられた。ときおり小さな白煙がまっすぐに吹きあがると、ほどなくして警笛がのどかに鳴りひびくのであった。八畳間に寝かされた父は、ときどき寝床のうえに起きあがり、障子を開けさせ、秋の陽射しを浴びてガラス戸越しに展開するこれらの風景を眺め、また安心したように眠りについた。だが起きあがれる日々は長くつづかなかった。起きる体力もなくなり、やせこけた頬とやつれた目を天井にむけるだけとなり、やがてある朝、出席していた学校から呼び戻された私は、目を閉じてもらい、もはや永遠に動かなくなった口を閉ざした父の遺骸と対面するにいたった。

父方・母方すべての近親者が集まった葬儀の、賑やかにしてあわただしい数日が過ぎ、出産したばかりの赤児をかかえた母と私のつつましい生活がはじまった。ただ生前からの父の希望で、その骨は故郷の村の寺に納められることとなり、私たちは骨壷をもち、父方の伯父や伯母たちと落ち合って信州にいくこととなった。渥美半島で農業をいとなむ伯母の家に寄り、名古屋の駅頭で桑名の企業の重役をつとめる伯父を待ち、中央線の夜行列車に乗りこんだが、プラットホームで同じ列車を待っていた同年代の子供たちとその裕福そうな両親が、電灯に映える鮮やかな白や黄色の流行のスキー・ウェアに身を固め、降ろしたリュックサックとスキー板を足許に、二等車の停車するあたりで楽しげに談笑する姿がひどくまばゆくみえ、私にはあのような機会はもはや二度とめぐってくることはないのだ、という感傷に、しばらくのあいだとらわれていた。

開けられた窓からはいりこむひどく冷たい空気と、母や伯父の大声で目を覚ますと、停車した小さな田舎駅の真っ暗なホームに、もうひとりの伯母が待っていて、あわただしく乗りこんできた。旧中山道の木曾の宿場町で山林地主として薪や木炭の生産をいとなんでいた家に嫁いだ彼女は、祖母の性格を受けついだらしい生真面目な父や渥美の伯母とちがい、そこにいるだけでもひとびとを浮き浮きとさせるような陽気で若々しい性格であって、私のもっともお気に入りの伯母であった。甲高い声でのひとしきりの賑やかな挨拶のあとで私の座席に坐り、「方邦はまだ起きていたかや、外は寒いだぞ、風邪をひかねえようにな」と、卵焼きや高野豆腐の煮つけ、雀の丸焼きなどの手作りの夜食を私に勧め、また皆にも振る舞うのだった。三等車のほの暗い照明にもかかわらず、伯母の顔はひどく明るく美しくみえた。

まだ暗い朝、私たちは目的地の駅についた。始発のバスの窓ガラスは霜で白く凍りついて、明るくなりはじめた外の風景はなにもみえなかった。未舗装の道路は凹凸のまま凍てつき、バスの車体を上下左右にはげしくゆさぶった。「舌を噛まないよう、歯を食いしばっていてください」とうら若い車掌の声に、乗客がどっと笑う。車内の暖房で霜の溶けた窓からはやがて、雪の山々にかこまれ、なだらかな傾斜地にひろがる山村の、萱葺きの屋根の家々が散在し、それぞれの煙出しの天窓から、囲炉裏の青い煙をあげているのがみられるようになった。それが父の故郷であった。

一行は遠縁の農家の隠居所に旅装を解き、私に骨壷をもたせて寺にむかった。靄を立ち昇らせながらせせらぐ小川、それを堰いてところどころにつくられた萱葺《かやぶ》きの水車小屋、軸木のきしみや水音をたてながら、冬の少なくなった水量にゆるやかに回転する大きな水車、それにびっしりと付着したつらら、道の石垣に張りついた分厚い氷、すべては冬の山村のきびしい生活を物語っていた。やがて山々を見晴らす小高い丘のうえの寺につき、墓地の一画に案内されると、そこにはすでに凍てついた大地が掘られていた。この季節に土を掘るのは三和土に穴をあけるのと同じです、大変でした、という住職の説明に一同はうなずき、感謝のことばを述べた。骨壷は穴に埋められ、そこに建てられた仮の卒塔婆にむかって法要がいとなまれた。手向けられた線香の束から昇る青い煙とその香り、朗々とした住職の読経の声、高く昇った朝日をうけて立ち並ぶひとびとの影、遠く輝く雪の山々、その光景は楽園の終わりのたしかな確認であった。

遠州の四季

　しかし、たとえ楽園はとざされたとしても、子供にとっては新しい環境は、新しい発見の場でもあった。春とともに自然のゆたかさが目の前にひらけはじめた。地平線にまでひろがる田は一面に薄紅色の蓮華の花の絨毯となり、わが家の庭の裏木戸の下から滾々《こんこん》と涌きでている泉の水は透明にきらめき、流れに逆らいながらときどきいっせいに身を翻すメダカの群れの影を映し、岸辺には芹が青々と育ち、空には雲雀《ひばり》の囀《さえず》りがたからかにひびいた。放課後や休日には、ときおり遊びにくる仕立て屋の伯父の息子、つまり従兄とつれだって、遠くまで遠征をこころみた。

　川の土手道をたどっていくと、やがて東海道線の線路に到達するが、しばらくそこにいると、はるか彼方に小さな黒点としてあらわれる列車が、鉄路にかすかな共鳴音をひびかせて接近し、やがて煙突や両脇から灰色や白の煙や蒸気を噴出する機関車の黒々とした鉄の塊が視野いっぱいにひろがり、すさまじい轟音と延々とつらなる車両の圧倒的な重量感を残して、またたくまに走り去っていった。とりわけ川向こうの田舎駅を全速力で通過する急行や特別急行列車は、耳を聾《ろう》する音で鉄橋をとどろかせ、踏切にたたずむ私たちを風の圧力ではじきとばすほどの勢いで突進し、地平線の彼方へ消えていった。一等車の標識の白線を塗り、窓には豪華な窓掛けの下がった最後尾の展望車のデッキに装着された、「つばめ」「かもめ」あるいは「ふじ」「さくら」などといった絵入りの円板が遠ざかるのをみるのは、とりわけ楽しみであった。大連の駅頭で、当時世界最速の列車といわれた南満州鉄道ご自慢の特急「アジア」号を目の当たりにし、その濃緑色塗装の流線型のディーゼル機関車や当時最新の空調設備付きの豪華車両を見学したとはいえ、やはり展望車付の特急は、子供たちのあこがれの的であったのだ。

その踏切を越え、田園地帯をさらに南へとたどると、鎮守の森やいくつかの集落をへて、やがて海岸に達する。地平線にその防風林のつらなりが姿をあらわすころから、すでに地響きをたてる波涛のとどろきがきこえてきた。それが音にきく遠州灘の荒波であった。背の低い松林を抜けでると、かなりの勾配で波打ち際に降る砂浜がひろびろと拡がり、その果てには、真昼の光をうけて銀色に輝く波涛が幾重にも重なって押し寄せ、逆巻き、腹にひびくようなとどろきをあげて砕け散るのであった。幼年時代につきあったおだやかで女性的な内海とはまったく異なる、豪壮で男性的な海のたたずまいであった。

その砂浜でときおり、旧制中学生たちの初級《プライマリー》グライダーの滑空訓練がおこなわれていた。父の死後、生計をたてるため、母は裁縫女学校卒業の腕前を生かし、表に「お仕立物します」というささやかな看板をだし、和服の仕立てをしていたが、同時に父の病室であったひろい部屋を賄いつきの下宿にしていた。最初の借り手はその中学の若い教師であり、彼はグライダー部の監督をしていた。グライダーをみにいくか、という誘いに喜んで応じたのだ。

初級グライダーとは、軽量鉄骨を組み合わせたむきだしの胴体に、木製骨組みにカンヴァスを張った主翼や尾翼、あるいは方向舵をつけたもので、丘のうえに担ぎあげ、尾部を鉤《かぎ》で杭に固定し、頭部に二本の弾力のある索条をつけ、それを数十人の引き手がV字状にわかれて引き、索条が張り詰めたとき、尾部の鉤をはずすものである。索条の弾力に引っ張られてグライダーは宙に浮き、地形にもよるが、数百メートルを滑空する。

砂丘から飛び立って波打ち際近くに着地する黄色い塗装のグライダーは何度みていても飽きなかったが、あるとき、その教師に乗ってみるかと勧められ、操縦席に坐ることとなった。ジュラルミン製(当時はプラスティックなどはなかった)のヘルメットをつけ、安全ベルトを締め、操縦桿をやや手前に引き、「一、二。一、二。……」と掛け声をかけて索条を引きながら丘を駆け降っていく生徒たちのうしろ姿を眺め、待機していると、やがて「よし、はずせ」の声で、グライダーは砂をこすりながら滑走をはじめ、ふうわりと空中に浮いた。かなりの高みからみおろす銀色の波涛がみるみる近づくまもなく、機体はふたたび下降し、砂地に音をたてて着地した。はじめてにしてはよく飛んだということであった。

田舎町の日々

やがて水田に水が張られ、田植えの季節となった。遠くの田で注連縄《しめなわ》が張られ、神事があり、早乙女たちの田植え歌があたりにこだましました。初夏の宵はさまざまな種類の蛙たちの合唱が耳を聾するほどであり、蚊や羽虫も舞いはじめ、就寝時にははやばやと蚊帳を吊る必要があった。庭の家庭菜園に茄子《なす》や胡瓜《きゅうり》やトマトの葉が繁り、裏木戸の斜面には縮緬南瓜《ちりめんかぼちゃ》の太い茎が地を這い、黄色い花を咲かせはじめていた。

夏には稲の葉むらを波打たせるそよ風が、青い稲独特の香りをはこび、せせらぎは無数の蜻蛉《とんぼ》の影を映しだした。大きな鬼ヤンマ、銀ヤンマから、中型の塩辛、麦藁、さらには小さな薄羽カゲロウなどにいたるまで、その種類も数えきれないほどであった。夜にはわが家の泉にやってくる無数の蛍の、青や黄色の光が闇を縫っていきかい、灯りを消した部屋のなかにもはいりこみ、光の舞いを繰りひろげるのであった。

こうした自然のゆたかさに心から浸されるには、少々時間がかかった。いうまでもなく一方は父の死であったが、他方は学校での《いじめ》のためであった。田舎では昔から転校生にいじめが待っていた。いじめといっても陽性のもので、下校時に校門で二、三人の者が待ち構え、因縁をつけては喧嘩を売るというものであった。本質的には用心深く臆病であった私の性格の一方には無謀なところがあり、売られた喧嘩には取っ組み合いで応ずるのがつねであった。相手は数人で勝てるはずはなく、毎回もみあい殴りあいのあとで組み伏せられ、殴られるにまかせることとなったが、心配をさせるといけないと母にはなにも告げなかった。しかしこれもある種の通過儀礼にすぎず、やがて彼らと仲良くなり、たがいの家に遊びにいく間柄となった。殴りあいはかたちを変え、校庭の砂場に円を描いての相撲となった。当時は横綱双葉山の全盛期であり、さすがに双葉山を名乗るものはいなかったが、やれおまえは安芸ノ海だ、五ツ島だ、玉ノ海だと役割を割り振って相撲をとるのであった。幼稚園時代に横綱玉錦のファンであった私は、その急死のあと弟弟子の玉ノ海をひいきにしていたので、しばしばその名を名乗ったりした。いじめの首謀者であった大柄で腕力のある男の子にはほとんど勝てなかったが、俊敏な動きが自慢の私は、ときには足を掛けたりしてひっくり返し、いささかの尊敬をかちえたものである。

双葉山といえば、初場所・夏場所の二場所制であった当時に全勝記録をつづけ、その連勝がいつまでつづくか大きな話題となっていた。わが家にはラジオがなく、仕立て屋の伯父の家で聴くか、その頃家計の都合で旧制中学に進学できるかどうかわからなかった私に実技を身につけさせようと、母が通わせた珠算塾に早めにいき、聴くしかなかった。ラジオのない貧しい家が多かったとみえ、相撲のある期間は早めに塾にきて中継を聴く子供が多かった。畳のうえに茣蓙《ござ》を敷き、教師の机にむかって長い板机を何列にもならべた教室の片隅の戸棚のうえに、いささか性能の悪いラジオが置かれ、雑音まじりの騒々しい音をたてていた。子供たちは立ったまま、それに耳をつけんばかりにして熱心に聴きいっていた。高い窓越しに夏の夕日が射し、それに当たるすべてを赤い色に染め、うだるような暑さを強調していた。いよいよ最後の取り組みに双葉山が登場し、アナウンサーの甲高い興奮した声が、「横綱双葉山いよいよ登場、相手は関脇安芸ノ海、双葉山今日勝って七〇連勝なるかどうか、全国の大相撲愛好家の待ちに待った大一番であります……」と告げていた。長い仕切りをいらいらしながら待つまでもなく、二人は大喚声のなかを立ちあがり、四つに組んだようであった。雑音にアナウンサーの早口はよく聴きとれなかったが、そのうちにすさまじい喚声があがり、「内掛け、内掛け、内掛け、安芸ノ海の内掛け、双葉敗れた、双葉敗れた、七〇連勝ならず、七〇連勝ならず」という絶叫が聞こえ、取り囲んだ子供たちにもどよめきがあがった。かつての玉錦ファンであった私は、仇敵双葉山の敗北に思わず手を叩き、小躍りしたのであった。

電灯のともる頃には大人たちをも含めた生徒がびっしりと机を埋め、「ご破算に願いましては、二六円三八銭なり、三五円六二銭なり、一八円飛んで三銭なり……」と教師の朗々と読む声にあわせ、ぎらぎらする裸電球の照明のもと、いっせいに珠算盤の珠の音をはじけさせ、足がしびれるのも我慢して、黙々と課業に取り組むのであった。もともと指の不器用な私はなかなか上達しなかったが、指を使わない暗算は、四桁、五桁をこなすようにはなった。ただこれらが役に立つことは生涯ないとは、そのとき思いもかけなかったが……

宿場の旧家

狭い旧東海道に面した町の中心部は、まだ昔の宿場町の面影を少し残していた。軒の深い格子造りの家がならび、そのあいだに格式のある商家が、暖簾をさげたり日除けを張って店構えを誇示し、奥深い店のたたずまいをかいまみせていた。そんな商家のひとつに由緒ある呉服屋があり、その跡取息子が私の級友であったこと、またかつて彼を産んだとき十分に乳がでなかった母親に代わって私の母が乳母となったこと、つまり彼と私はいわゆる乳兄弟であったことなどの縁で、私たちはしばしばその家を訪ねることとなった。仕立て物の客を紹介してもらうのも、母の目的のひとつであったことはいうまでもない。

午後になると日が射すところから張られる、屋号と紋とを染め抜いた藍染めの日除けの袖からはいると、三和土の玄関と沓脱ぎ石をへてひろい畳敷きの帳場があり、目も綾なさまざまな色彩や柄の反物を収納する棚を背に、黒光りする帳場格子が置かれ、そのまえでは、紺絣の前垂れ姿の番頭が鯨尺を片手に、女客を相手にいくつもの反物をひろげ、説明に余念のない様子であった。奥からあらわれる女主人は、級友が美男であるのも不思議はない品のある美しい女性で、愛想よく私たちを奥の部屋へ招じるのであった。

奥は長い廊下の右手に幾部屋ものひろい和室がつらなり、左手は築山《つきやま》や泉水や苔むした石灯籠、あるいは形よい庭石を配した庭で、みごとに刈りこまれた松や手入れのよい庭木が涼しげな蔭をつくりだし、その奥には樹々の枝越しに陽を受けてまばゆい蔵の白壁がかいまみえ、宿場町の格式ある旧家の面影をつたえていた。割烹着姿の女中さんにうやうやしく差しだされた茶菓をいただきながら、「あの折はいろいろとお世話になって、ありがとうございました。お蔭様で健介も大きくなりまして……」と女主人のお愛想のよいなめらかな口調に、日頃口下手な母はいささか戸惑い、なかなか用件をいいだせないでいるようにみえた。奥から挨拶にでてきた級友に子供部屋によばれ、その座をはずすことで、私はかなりほっとした気分をあじわった。

しかしこの訪問のおかげで、母はにわかに忙しくなったようであった。燈火のもとで夜更けまで、反物をひろげては裁断したり、絎《く》け台に座って針仕事に専心したり、そして出来上がると、それをたとう紙に挟み、風呂敷に包んで届けにいくのであった。そのあいまには、ようやく乳離れし、女の子にも似あわず活発に動きまわる妹の世話に忙殺され、心身の休まる暇がないようにみえた。したがって食料品などの買い物には、私がお使いにいくこととなったが、母の多忙のおかげで、わが家の夕べの食卓には、ときおりではあったが、ふたたび肉類や卵が加わるようになった。

下宿をしていた中学教師が結婚することとなり、この家全体を大家から借りたいという申し出で、私たちは旧東海道の町並みの裏手にあたる小さな家に越すこととなった。それは白い築地塀をめぐらせた浄土真宗の寺の横丁にあり、その寺の若い住職が母の小学校時代の同級生であったところから、彼がみつけてくれたものである。旧い宿場町らしく、いくつもの神社とともに、町中のいたるところにあらゆる宗派の寺が建てられていた。母方の宗派は曹洞宗であり、この寺の近くの寺で、祖父の墓もあったが、そこの年老いた住職よりこの寺の若い住職のほうが、同級生ということで、母には気安くなんでも頼める間柄であるようであった。住職の妻も気さくで庶民的なひとであり、私たちはときおり庫裏《くり》でお茶をご馳走になったりした。父親が早く亡くなり、二十代で住職を継いだため、《お坊さん》と《坊ちゃん》の合成語ともいうべき仇名で《ボウチャン》とよばれた彼は、若いのにすでに老成したところがあり、自分の職業も外からみているようないささかなげやりな調子があった。本堂で執りおこなわれる種々の祭式での読経は、その宗派のやりかたなのかもしれないが、眠気をさそうようにゆっくりとした、いささかけだるい調子で、その意味ではきわめて個性的であった。

山門のまえは小さな広場となっていて、子供たちの絶好の遊び場であった。白壁にもたれて竹馬の練習をしたり、どれだけ高く長時間飛ばせるか、竹とんぼの競技に熱中したり、寺のすぐ脇の駄菓子屋で買う、相撲取りや歌舞伎役者のメンコあるいはベー駒を競いあったりしていた。午後も遅くなると紙芝居屋が自転車の荷台に道具一式を乗せてやってきて、拍子木を叩いて子供たちを集め、飴を買わせて紙芝居をはじめるのであった。昔、父から駄菓子屋や屋台での買い食いをきびしくいましめられていたため、一番後ろで子供たちの頭のあいだから眺めるだけであったが、けばけばしい極彩色の絵や、血飛沫のとぶようなおどろおどろしい物語に、強い違和感や嫌悪感をおぼえ、拍子木が鳴り渡ってもみにいかないことのほうが多くなった。

移り住んだ小さな家には風呂がなかったので、銭湯に通うこととなった。もっとも近い銭湯は、経営者の息子が級友で、ときたま番台に座っていることがあり、声をかけることもあったが、生まれてはじめて男湯の暖簾をかいくぐったときは、ある種のカルチャー・ショックであった。ひろい脱衣場には裸の屈強な男たちや白手拭いを向う鉢巻にした老人やらがひしめき、高い天井にこだます話し声が異様にひびきわたり、洗い場の引き戸を開けてなかにはいると、濛々《もうもう》とした湯気を通して身体を洗うひとびとの影絵が浮かび、桶がタイルに当たる音や水音がさざめき、熱い湯にひたれば、青い海と松原越しに巨大な富士山が描かれた看板絵が、視野一杯にひろがるのであった。ひとびとはほとんどが知りあいらしく、手拭いを頭にのせ、湯船に顎までつかっては世間話に余念がなく、ときには晩酌を傾けてきたらしい赤ら顔の中年が、当時流行していた広沢虎造の得意とする浪曲の一節をうなるのに聴き入ったり、歌い方を批評しあったりしていた。

銭湯の帰り、夜空はすさまじいまでもの星であった。持参した懐中電灯をつけるまでもなく、道は星明りに浮かびあがっていた。スバルやカラスキ（オリオン）の三ツ星をみあげながら、未知の世界のささやかな体験を反芻したものである。

『民族の祭典』

学校の近くの街道には鍛冶屋があって、鍬や鋤、あるいは鎌や蹄鉄などの用具を手造りしていた。開けっ放しのひろい土間の一方には火床があり、つねに炭やコークスの火が赤々と燃え、刺し子の前掛けをかけた鍛冶屋が一片の鉄塊をそこにいれて鞴《ふいご》を出し入れすると、ゴーッという音とともに火は白熱し、みるみる材料を赤熱した。それを火鋏みでとりだし、他方の金床に移すやいなや、大きな鎚で打ちはじめ、四方に火花を散らすのであった。その作業をなんども繰り返しているうちに、材料はしだいに蹄鉄や鎌などの形をみせはじめた。仕上げは、形の整った材料をふたたび灼熱させ、それを横の矩形《くけい》の溝にたたえられた水にはげしい音とともに漬け、すさまじい水蒸気を立ち昇らせることであった。できあがったものは、砥石で研いだり、鑢《やすり》をかけたりして磨きあげる。横手の棚には、黒光りするこれらの器具が並べられ、職人のたしかな腕を展示していた。学校の帰り道、ほとんど日課のように立ち寄り、飽くことなく眺めていた。

学校は、といえば、放課後や休日の遊びや遠出に熱中してほとんど勉強した記憶はなかったが、成績はよかった。担任の教師は亡くなった父より多少若く、生真面目な性格ときびしい指導で知られていたが、他方優しく思いやりもあり、私には父を思いださせた。逆立ったこわい髪にやや浅黒い硬質の顔立ちで、授業中に生徒の態度などで気に入らないことがあると、籐製の鞭で思いっきり教卓を叩き、叱責するため、それは《郷西先生の鞭》として学童たちに恐れられていた。成績がいいだけではなく、母子家庭の子であることへの配慮からか、私はかわいがられたようだった。学科全般の成績もよかったが、とりわけ得意であったのは、作文と絵画であり、作文はしばしばガリ版刷りの学報に掲載されたり、絵は廊下に張りだされたりした。細密描写にすぐれた写実主義的な絵を描く同級生にはデッサン力で劣るとは自覚していたが、風景画などの色彩の調和が評価されたようであった。神武天皇の即位以来二千六百年となると喧伝された記念祭では、学校を代表するいくつかの絵のひとつとして、県主宰の展覧会に出品されたが、金色のリボンが張られた風景画が、自分の最高の作品ではないことに、大いに疑問をもったものである。

その頃は音楽はさほど好きではなかったが、この小学校での若い女の音楽教師の熱心な教え方に、はじめは戸惑い、のち音楽に開眼することとなった。すなわち彼女は、いつも授業の冒頭にピアノで和音を叩き、聴き取りをさせ、生徒たちはいっせいに「ツェー・エー・ゲー！」「ツェー・エフ・アー！」とか「ハー・デー・ゲー！」などとドイツ音名で唱えるのであった。おそらく師範学校ではなく東京の音楽学校を卒業したにちがいない彼女は、自分の教わった方法がもっともすぐれた音楽教育であると信じ、信徒としてそれを実践していたにちがいない。教材も小学唱歌だけではなく、当時輪唱とよばれていたドイツやフランスの簡単なカノンをうたわせ、生徒たちに美しい和声の楽しみをあじわわせてくれた。またかなり複雑な四声の合唱などを課外で教え、練習がときおりうまくいかないことにいらだったりしながらも、学芸会など晴れの舞台でうたわせたりした。西欧の古典音楽のレコードもしばしば掛けてくれて、はじめて聴いたベートーヴェンの「月光」の曲や「田園交響曲」の一節などは、私の内面に記憶として残り、のちのちまでも思いだすこととなった。

学校では大人の映画をみることを禁じていたが、『宮本武蔵』など当時評判の時代劇などは、親に頼んでひそかにみにいくものもいたようであった。私は、浪曲や田舎芝居なども掛かる芝居小屋の入り口で、宣伝用のスティル写真をみるだけで満足するほかはなかったが、あるときその小屋ではじめて、生徒全員を参加させ、ある映画を鑑賞させる会がおこなわれた。昼日中、入り口で脱いだ下足を各自手にもって、莫蓙《ござ》の敷かれた桝席《ますせき》に坐り、映画の開始を待つ心ときめくひとときをもつこととなった。

映画は、仄かに暗い白黒の色調を背景に、大理石の美しい肌に微妙な光をあてながらカメラを移動させることで、あたかも生きているかのように動きだすギリシア彫刻の戦慄的な映像からはじまった。光の陰翳の交響曲は、全身像、手足や衣裳の細部、顔面のクローズ・アップと休みなくつづき、それに応ずる暗い低音の音楽は絶えず鳴りひびき、やがて画面は女神の彫像から競技者の男の裸体の像へと変わり、その手にする円盤がまさに投げられるかのように、力感あふれる彫像は回転する。あるいは、半ば廃墟となった神殿の圧倒的な量感をもつ大理石の列柱が画面一杯に迫り、満月の仄かな明るみにその肌をさらし、やがて客席の崩れた石段にかこまれた古代の競技場の広場に、白い古代衣裳をつけた乙女たちが次々と集い、凹面鏡にまばゆく集中する太陽の光熱で炬火《きょか》に火を点じ、それを手に受けた半裸体の男の走者が、ゆっくりと走りだす。走者は赤々と燃える炬火をかかげ、怒涛逆巻く渚を走り、断崖を駆けぬけ、人気のない荒野からしだいに人里にはいり、鉄橋を渡り、歓迎の人並みに溢れた街並みを縫い、ついに大オーケストラの音響と人間の大歓声のなかで、画面は一挙に明るくなり、整備された近代的な競技場とそこを埋めつくす大観衆を映しだす。

いうまでもなくそれは、レーニ・リーフェンスタールが監督した一九三六年ベルリン・オリンピックの記録映画『民族の祭典』であり、三段跳びや棒高跳び、あるいは水泳での日本選手の活躍、また当時日本の植民地であった朝鮮半島出身の選手によって一位と三位を独占したマラソン競技などで日本中が熱狂した、記憶もあたらしいできごとの再現であった。だが私は、画面にあらわれた日本選手の活躍ぶりよりも、この映画の導入部の映像のすばらしさと完璧なまでもの美の追求、さらにそれを可能にしているヨーロッパの古典的世界の奥深さに圧倒されたのであった。したがってその数ヶ月後に上演された水泳競技の記録『美の祭典』には、それほどの感銘をうけることはなかった。

裸祭り

この町での暮らしにすっかり溶けこんだある秋、町を挙げての最大の祭礼に参加することとなった。それは《見付の裸祭り》として有名であったいわゆる奇祭であり、近隣からの見物客も集まったものである。《であった》と過去形でいうのは、残念ながらいまは絶えてしまっているからである。

町の北東にあたる小山のうえに、昼なお暗い奥深い杉木立にかこまれたヤナヒメ神社があり、ひとびとは子供の誕生祝、七五三、結婚の報告など、あらゆる機会をとらえては参拝に登っていた。後背地はひろい公園となっていて、池のまわりではサクラ並木がみごとな花を咲かせ、花見の宴で仮装したひとびとの踊りなどで華やぎ、五、六月にはツツジやサツキの花どきでにぎわいをみせていたが、社殿をかこむ仄暗い環境は、それにふさわしい伝説をともなっていた。それは『シッペイ太郎』(他の地方では疾風太郎とよばれている)という恐ろしい物語で、子供たちは、祖父母や親たちから長い冬の夜な夜な語ってきかされたものである。岩見重太郎の狒々《ひひ》退治の伝説、あるいは遡れば『古事記』のスサノヲのヤマタノヲロチ退治の神話などと同じ型の説話で、夜な夜な天神の森——ヤナヒメ神社は祭神が天の女神であるところから天神さまともよばれていた——に巨大な白狒々があらわれ、そのときどきに白羽の矢の立った家の若い娘を人身御供として要求し、ひとびとは泣く泣くその要求に応じていた、ところがある家の娘が人身御供となるとき、その家に飼われていたシッペイ太郎なる白い犬が、娘の衣裳を被り、娘に代わって柩にはいり天神の社頭に運ばれ、やがて深夜、あらわれた巨大な狒々をその鋭い牙で退治した、というものである。

のちに日本神話の分析で、この《犬猿の仲》は冬の気象、つまり疾風を支配する荒らぶる女神の使者であるニホンオオカミと、その夫でありながら女神から逃げまわる好色な雷神の使者ニホンザルとが、彼らの代理としてたたかうが、結局つねに雷神の側が敗れるという一連の神話または伝説のパターンであることを示したし、またこの荒らぶる女神の祭には裸祭など荒々しい祭が多いことを指摘したが、当時そんなことを知るよしもなかったのはいうまでもない。

いずれにせよ、祭の準備は九月からはじめられた。祭に参加する大人や子供は、はるばると遠州灘にまででかけ、潮浴みと称して褌《ふんどし》一本で海にはいり、頭から禊ぎをしなくてはならなかった。家々は掃き清められ、軒には注連縄が張られ、神紋入りの提灯がかかげられ、子供たちは道路の清掃に精をだすのであった。町内会ごとに高張り提灯をたてた集会所には刈りたての稲藁が集められ、長老たちがそれを手に、祭の参加者が身につける腰蓑や草鞋《わらじ》をつくっていた。こうして町中に、祭を迎える粛々とした気分がただよいはじめるのであった。

祭の当日、参加者は大人も子供も手桶の水で身を清め、真新しく純白の晒しの六尺褌をきりりと締め、稲藁の長い腰蓑をつけ、白足袋に草鞋を履き、赤く神紋を染めだした白手拭いを鉢巻にし、同じく神紋や町内会の名入りの弓張り提灯を手に、颯爽と集会所に向かっていった。私もこうした支度をし、同じ装束の子供たちが集まりはじめた集会所に、晴れがましい気分ででかけていったのだ。昼間はその格好で参拝するだけであったが、祭の頂点は夜であった。集会所の高張り提灯に灯がともり、薦被《こもかぶ》りの樽の鏡板が割られ、各自の一合枡に柄杓からなみなみと酒が注がれ、祝杯があげられると、あとは無礼講であった。子供たちには赤飯などが振る舞われ、大人たちに先立って弓張り提灯に灯をいれ、町内会毎に集団となり、いっせいに「ワッショイ、ワッショイ」と掛け声をかけながらヤナヒメ神社めがけて駆けだすのであった。灯のはいった軒下の提灯のつらなる旧東海道の家並みを抜け、神社の急な石段と杉木立におおわれた狭い坂道を駆けあがり、参拝を済ませ、弓張り提灯を手に手に続々とやってくる子供たちの集団とすれちがいながら山を駆け降りる。そのあとは大人たちの時間である。振る舞い酒にかなり酩酊した半裸の屈強な男たちの集団が、火影にゆれる弓張り提灯を高くかかげ、迫力ある掛け声と地響きする足音、そしてこすれあう腰蓑のゆさゆさとゆれる音をひびかせながら、怒涛のように参道を駆け登ってくる。降りの集団と鉢合わせしようものなら、「そこをどけっ」とばかりに、ぶつかりあい揉みあうさまは、この祭ならではの壮観であった。

軍国主義の影

こうした伝統的な生活のなかで時間はゆったりと過ぎていくようにみえたが、中国大陸で展開している戦争や、台頭してきた軍国主義の影は、着実に町をおおってきた。大演習に参加する完全武装をした歩兵の一団が、乗馬した将校を先頭に、黒光りする銃や剣を誇示しながら、新国道の砂利道を踏みしだきながら行進する姿がみられた。ときには町の中央にある神社と、その境内に建つ日本最古の洋式学校のひとつである見付学校の白亜の洋館のまえに、行軍の途上の兵士たちが叉銃をして休憩するのがみられた。神社の拝殿の階段に腰掛けた何人かの将校や下士官が、図嚢からとりだした地図をひろげ、子供たちが覗きこむのもかまわず、ひとしきり協議をつづけた。終わると恰幅のいい中年の曹長が、好奇心をおさえかねた子供たちの質問にも、愛想よく答えるのであった。

夜には隣の町の神社の境内で、陸軍による防空演習のデモンストレーションがおこなわれた。聴音機といういくつもの喇叭《らっぱ》を束ねたような奇妙なかたちの機械が回転し、来襲する飛行機の爆音を、はるかかなたからとらえるものであると説明された。他方には何基かの探照燈や発電機が設置されていて、何人かの兵士が配置されていた。夜がふけると、聴音機がとらえたとする音源の方向が聴音する兵士によって声高に報告されると、探照燈がその方向にむけられ、やがて見物客の耳にも爆音が聴こえはじめ、頭上に重苦しくひびきわたる頃、号令とともに発電機が轟音をたてて運転され、同時に探照燈のまばゆい光がいっせいに空に放たれ、しばらくあちらこちらと光を交錯させる模索ののち、浜松基地を飛びたった爆撃機の銀色の機体をみごとに浮きあがらせ、見物客の拍手喝采を誘うこととなった。

ヤナヒメ神社の祭礼が済んだ秋も深いある日、国民の献金によって生産された戦車が東海道を西進し、この町に立ち寄る知らせがはいり、町を挙げての歓迎がおこなわれることとなった。生まれてはじめて目近にみる戦車ということで、日の丸の小旗を手に子供たちは、気もそぞろに街道の両側に並んだ。定刻をだいぶ遅れての到着であったが、私にとってはそれは、期待はずれの《威容》となった。キャタピラーの轟音とガソリン・エンジンの排気音だけは一人前であったが、迷彩色の車体は小さく、砲塔の戦車砲も小口径で、いつかニュース映画でみたドイツ軍の重戦車とは比べものにならないほど貧弱な印象だったからである。車体に似あわぬ大きな日の丸をかかげ、横の装甲に「愛国第何号」と白く記した小型戦車は、砲塔から身を乗りだし、褐色の保護帽をかぶった戦車兵の敬礼の印象と、轟音と排気のにおいのみを残して西へと去っていった。

小学校でも全学童を集め、講堂で、戦地から帰還したばかりという軍人の講話がおこなわれ、そのあとでこの将校の指導で、毒ガスの実演と訓練が校庭で実施された。毒ガスといっても単純な催涙ガスであったが、校庭に一面にひろがる黄色いガスを走り抜け、風上にむかうのにはスリルがあった。ひどい刺激臭はあったが、涙がでるというほどではなかった。学校への行き帰りに見聞きする神社の社頭での出征兵士の見送りも、以前に比べ心なしか増えているように思われた。「祝出征何々君」と大書された幟《のぼり》をたてた刺し子半纏の消防団員などを先頭に、真新しいカーキ色の国民服に同じく祝出征の日の丸の襷をかけた若者と、その両親や親族が日の丸の小旗を手につづき、拝殿で玉串を捧げ、神主から戦勝のお祓いを受けるものであった。

母は田舎町でのわずらわしい人間関係にいやけがさしたのか、大都会にいけばもっといい収入がえられると考えたのか、またしばらくまえから伯父一家から預かることとなった少々ぼけかかった彼女の母の面倒をみることを拒否したかったのか、あるいはそのすべてが理由となったのか、母方の伯母一家、つまり彼女の姉一家を頼って東京にでる決心をしたようであった。私の学年の区切りに、私たちは東京に引っ越すこととなり、担任教師や学友たちへの挨拶もそこそこに、ここにやってきたときと同じ田舎駅から列車に乗りこんだ。父のいたときとは違い、未知の都会に移るのは、期待よりも不安のほうがはるかに大きかった。

Ⅳ　世界の分裂（一）

楽園の後は煉獄・地獄とつづくのが道筋であるが、地獄の様相がどのようなものであるか、そこに立ってみなければ想像はできない。なぜならそれは、たんに個人の運命ではなく、集団というよりも国家の運命によってもたらされるなにものかであって、少なくともその成員であるかぎり、避けることはできないからである。まして、子供にとっては、それは受け入れなくてはならない宿命そのものである。たしかに、ごく稀に、ひとびとには聴こえない地平線のはるか彼方にとどろく雷鳴を聴く能力をもった預言者または賢者がいる。だが彼らの声はひとびとには届くことはないし、たとえ届いても無視されるほかはない。世界が崩壊し、事物が廃墟となってはじめて、ひとは彼らが存在していたことを思いだすのだ。それはエレミアの嘆き以来、つねに繰り返されてきた道筋であり、残念なことに、今後も繰り返されるにちがいない。だがそれが繰り返されないために、その様相を語る必要がある。

東京の印象

東京に移り住む前の年の夏休み、私たちは、父の墓参りをかねて、移住の瀬踏みのため「東京見物」におもむいていた。中央線の列車が小仏峠の隧道を抜けると、あたりは暗闇であるにもかかわらず、地平線の彼方の空が明るく輝いているのがみえ、あれはなんだろうと列車の窓に釘付けになっているうちに、八王子・立川と過ぎ、それにつれて輝きは強さを増し、ついにそれは全天をおおい、星々は消失するにいたった。それが東京の空であったのだ。

だが「東京見物」は期待はずれであった。たしかに、赤煉瓦造りの三階建てで、両端に壮麗なルネッサンス様式のドームを戴いた東京駅や、そのまえの広場から伸びるひろい行幸道路の並木、その先にひろがる広大な宮城前広場とお堀をめぐらせた皇居の石垣や緑の小山、あるいは駅前の左手に展開する赤煉瓦の建物群と槐《えんじゅ》の並木道に点在するガス燈風の古風な街路灯など、皇居周辺は風格のある都市の面影といえたが、あとはあまりにも雑然とした巨大な田舎町にすぎなかった。ただ並木の柳のしだれた枝の緑が風にそよぎ、市街電車がかまびすしい音をたてて行き交う銀座の街頭には、ひとびとが溢れ、大陸で戦争が進行しているとはとうてい思えない光景であったが、屋上に時計台を戴く服部時計店前の路上では、雑踏のなか、何人かの女性が、通行人に千人針への協力をよびかけ、女たちは立ちどまっては白い布にひと針刺し、立ち去っていくのだった。千人針とは、晒しの白布に異なった女性がひと針ずつ赤い糸を刺していくもので、それを肌に巻いていると敵の弾丸が当たらないとされ、出征する近親者に女たちから手渡しされるものであった。源平合戦の昔から、戦場におもむく武士は、近親者の女性から軍神である女神の加護を象徴する白い布を贈られ、それを肌身はなさずにいると武運に恵まれるとされてきたが、こうした神話的思考が絶えた近代においても、それは《迷信》として生き残っていたのだ。

東京での最初の住まいは、母方の伯母の家の二階であった。御殿山とよばれる緑色濃いなだらかな山の裏手にあたり、目黒川に面する一画にあった。御殿山はその名のとおり、品川駅に近いところは各宮家や岩崎男爵家をはじめとする華族の広壮な邸宅が一面にひろがり、道路をへだてた大崎・五反田寄りには、ひろい庭をそなえた、中流というよりも上流に近い多くの家族の邸宅が山の緑を占有していた。しかしその麓にあたる裏手は中小企業の町で、いくつかの印刷工場や、大手の機械産業に製品を納入する零細な機械工場がひしめいていた。伯母の家もそうした住宅をかねた零細な機械工場で、入り口の土間では螺子《ねじ》を切削する何台かの旋盤が轟音をたて、油にまみれた作業衣の伯父と手伝いの工員とが、長い真鍮の延べ棒から、螺子を切りだしていた。御殿山のすぐ麓にある小学校は、歩いて数分の距離であったが、正門のまえにも通信機を製造する小工場があり、黄色いコンクリート造りの二階建ての建物の入り口に、「東京通信工業」という看板がかかげられていたが、これが戦後、巨大多国籍企業ソニーとなるなどとは、当時思いもおよばなかった。

その名のとおり、御殿山小学校にはそうした良家の子弟が多く、はじめて登校したとき、ほとんどの生徒が下駄で通学していた田舎とはちがい、下駄箱に上質な革靴がずらりと並んでいたのに驚き、自分の貧弱な運動靴を見比べ、ひどく引け目に感じたのを覚えている。また学科の水準も明らかに高く、遅れをとりもどすためしばらく勉強をしなくてはならなかった。ことばの田舎訛りを笑われたり、また級友たちの会話に混じる特有の東京の山手ことばが理解できないなどの劣等感で、自分自身の世界をふたたびとりもどすまで、かなりの月日がかかることとなった。例により転校生いじめにも遭ったが、不思議なことに今回は首謀者より私のほうが腕力に勝り、相手をねじ伏せ、鼻血をださせ、まわりのものも手がだせず、それで一件落着となった。

江戸情緒

最初の住まいはすぐに引き払い、一家は、母が外交員として勤めはじめた保険会社の本社に近い、芝増上寺の門前町に住む母方の大伯母の家に寄宿することとなった。そこはまた御殿山とは対照的な、江戸の残像が色濃くただよう典型的な下町であった。正面には増上寺の大門がそびえ、その奥には、将軍家の菩提寺としての格式を誇っていた増上寺の壮大な本堂の甍が、威容をみせていた。大門の左右には、数十メートルずつの間隔をおいて、欅《けやき》などの大木にかこまれた昼なお暗い聖域に、歴代将軍の御霊廟《おたまや》がつらなり、年代のせいですっかりくすんではいるが、金・銀や青・赤・白などの極彩色に塗られた精緻な彫り物を軒下や欄干にめぐらせ、緑青色の銅版屋根を戴いた臙脂《えんじ》色の門が、市街電車の走る大通りに面してならび、固く扉を閉ざしていた。増上寺の裏手は公共の芝公園となっていたが、そこでも蓮池のほとりなどには、江戸時代以来の古びた閻魔堂などが建ち、縁日には香煙が立ち昇り、屋台店がならび、綿菓子などが売られていた。

大伯母の家は狭い路地に面していて、二階建ての木造家屋が密集しているなかで異色の近代的二階家であった。というのも、それはある国会議員を大家とするアパートであって、大伯母はそこの管理人であったのだ。彼女の夫、つまり義理の大伯父はいわゆるちゃきちゃきの江戸っ子であり、しかも大工――彼は《でえく》と発音したが――であった。紺の腹掛けに印半纏、同じく紺の手甲脚絆に雪《せっ》駄《た》をつっかけ、豆絞りの手拭いの向う鉢巻というでたちで、毎朝、大伯母が火打石でカチカチと打つ切り火を受け、大きな道具箱を担いで家をでていった。この大伯父のお蔭で私は、江戸情緒を堪能することができた。部屋の書棚には布表紙に金文字の落語全集や講談全集があり、それらを片端から愛読したが、休日や雨休みには、生きた講談や落語をと、彼はよく私を連れて寄席に通ったものである。その頃は小さな寄席はいたるところにあり、客は売店や売り子から買った駄菓子や酒に酒肴などを片手に畳に坐り、あるいは座布団を枕に寝そべったりして、講談や落語ときには漫才に聴きいって半日を過ごすのであった。酔っていてもというか、酔っているゆえにというか、下町の客はかなり手きびしく、下手な前座が演じようものなら、「ひっこめッ」とか「木戸銭返せッ」などと野次り倒したものである。これが芸を鍛えるきびしい鞭となったことはいうまでもない。逆に名人の真に迫った演技や口演には、惜しみなく声援や拍手が送られ、舞台と客席は一体と化し、熱気に溢れかえるのだった。

近くには有名な芝の神明様とよばれる神社があり、夏の祭礼には一日中笛と太鼓のにぎやかな祭囃子がひびきわたり、軒にさげた提灯に火がはいる宵には、白い浴衣姿の楽士たちや神明の芸者衆を満載した山車が、狭い街路を練り歩くのであった。梅雨のあがった蒸し暑い夏の宵には、打ち水し、朝顔の鉢などのならんだ路地に縁台がもちだされ、腹巻に白いダボシャツ、ステテコ姿の旦那衆が団扇を片手に、将棋を楽しんだり、世間話に興じたり、浴衣姿の子供たちは、線香花火やネズミ花火に喚声をあげていた。

もっとも江戸情緒や下町風景も、近代都市の風貌と奇妙に入り混じり、表通りには銀行や洒落たべーカリーやコーヒー店が軒をつらね、大伯母のアパートの借り手も、当時仕事としてもファッションとしても最先端であった単身の職業女性がほとんどであった。二階の扉のついた部屋は夫婦ものが占めていたが、廊下に面したガラス障子のみで仕切られた一階の各部屋は、いつも颯爽とした洋服で出勤する若い女性たちの住まいであった。玄関をはいった角の部屋の女性は、顔を合わせるたびに私ににこやかに話しかけ、ときには休日の朝など、「お茶を飲みにいらっしゃい」と、紅茶や洋菓子に誘ってくれたりした。六畳ひと間に、洋服簞笥や鏡台、食卓をかねた洒落たテーブル、あるいは文庫本をならべた小さな書棚などを置き、さまざまな装飾品や小物を飾った部屋で、たとえ十歳ほど年上であっても、ほのかに化粧品の香りのただよう若い女性と差し向かいでお茶を飲むのは、心ときめくきわめて官能的な経験であった。

ある日、大伯母もだれもいないことを幸いに、ひそかにガラス障子を開け、その部屋にはいってみることとした。部屋いっぱいに彼女の愛用する化粧品の残り香がただよっていて、すでにそれだけでも恍惚とした気分となったが、彼女の内面に立ち入りたいという欲求に駆られ、書棚の本の列を眺め、そのなかから文庫本の何冊かを手にとることとなった。その一冊は『初恋』という題名で、読みはじめるやいなやその世界に強く引き寄せられ、もはや脱出することはできなかった。それをそっと手に自分の部屋にもどり、半日かけて読み終えたが、書棚からこの一冊が失くなっていることに彼女が気づくのではないか、またどうやって返却しようかと、数日深刻に悩んだことを覚えている。本はひそかに書棚にもどしておいたが、この小説の強烈な印象とこの本の所有者への淡い恋心は、私の内面に忘れがたい刻印を押した。

トゥルゲーネフのこの小説との出会いは、私にとってはじめての本格的な外国文学との遭遇であり、いままでの読書では経験したことのない内面的なものの啓示であった。この家を離れたのちも、彼女の思い出に結びついたこの赤い帯のかけられた文庫本を、ときどき購入しては読み、新しい世界のひろがりに心躍らせる習慣がつくこととなった。

国際情勢の緊迫

もともと口下手で一徹なところのある母が、そうした性格にでも惚れられたごく稀な場合を除いて、いい契約がとれるはずはなかったし、妹を保育園にあずけて朝から晩までひろい東京を駆けまわる生活にすっかり嫌気がさしたらしく、私たちは大伯母の家をでて、大森に間借り部屋を借り、引越しをした。都会では和服は少数派になりつつあったので、母は月賦で足踏式ミシンを購入し、これも昔裁縫女学校で覚えた洋裁で生計を立てることとなった。隣家の女主人は、おそらく保険の契約でまわっていたときに知り合ったらしく、ファッション・メーカーの下請けの洋裁をしていて、彼女から仕事をわけてもらったようだ。

当時の大森の海岸地帯は、奇妙な町であった。海沿いに黒板塀をめぐらせ、黒松のみごとな枝振りをみせる大きな料亭や待合が軒をならべているその先には、砂浜に引きあげられた漁船や干された魚網がみえ、季節には天日干しの海苔の張られた葦簾《よしず》が何列も立てられ、そのうしろに漁師たちの住む質素な小屋が建ちならび、往来には漁師や工場労働者相手の安酒場や芝居小屋がけばけばしい看板をだして点在していた。そうかと思うと羽田寄りには鋼鉄の塔屋や高い煙突がそそりたつ巨大な製鋼工場が展開し、昼夜をわかたず黒煙や蒸気の白煙をあげ、地響きのする鍛鉄の音をとどろかせていた。間借りした家のまえには、道路をへだてて朝鮮半島からつれてこられた労働者たちの家族の住む粗末な家並みの一画があり、きびしい労働や異国の生活の労苦をまぎらわして彼らが飲む酒で、毎夜大声での喧嘩が絶えなかった。だがある夜、かなり遅い時間に、若い娘の張りのある声が、突然『アリラン』のたとえようもなく美しい旋律をうたいだし、それとともに喧嘩の騒音はぴたりと鎮まり、異様な沈黙があたりを支配した。私も思わず夜のしじまに鳴り渡るその歌声に耳を傾け、いいしれぬ感動を覚えた。その一瞬、騒々しい隣人として嫌悪していた彼らが祖国を遠く離れてあじわっていた苦難が、直観的に理解できたのだ。それ以来、ことばを交わすことはなかったが、彼らをみる目が確実に変わったことを自覚した。

製鋼工場の轟音は深夜にも遠くからひびき、夜空には赤や青の閃光がひらめき、立ち昇る煙や水蒸気を染めだしていたが、戦車や軍艦の装甲板はいくら生産しても需要に追いつかないようにみえた。国際情勢はそれほど緊迫の度をくわえていた。すでに一昨年、ドイツ軍のポーランド侵攻にはじまったヨーロッパの戦争は、いわゆる電撃作戦によってフランスの敗北と降伏をもたらし、映画館では欧州戦線の記録映画がひとびとを引きつけていた。子供たちにとっては、重戦車や装甲車、あるいは側車つきのオートバイなどをつらねて進撃するドイツ国防軍は、そのスマートな制服や耳隠しのついた独特の鉄帽などとともに人気の的であり、教室では、ドイツ空軍のメッサーシュミット戦闘機とイギリス空軍のスピットファイア戦闘機とどちらが優秀かといった議論が、最高速度や旋回性能、あるいは搭載した火器などの比較からたたかわされたりした。

六月には独ソ戦争もはじまり、ウクライナやロシアの大平原を、ドイツ機甲部隊はモスクワを目指して怒涛のように進撃していた。連合国側に対して日独伊三国同盟側は、あきらかに圧倒的な優位にたっているようにみえた。アジアでは中国大陸での戦争はあいかわらずつづいていたが、新聞には「ABCD包囲網」などという文字が見出しとなり、国際連盟を脱退し、中国からの撤兵を拒否する日本に対する各国の経済制裁が、しだいに重圧となりつつあることが子供心にも伝わってきた。ABCDとはアメリカ・イギリス（ブリテン）・中国・オランダ（ほんとうはHかNであるはずだがオランダ人のダッチの頭文字として）を指し、とりわけ当時オランダの植民地であったインドネシアの石油輸出禁止措置が、陸海軍の行動の死命を制するものとなってきたようであった。すでに公用の自動車でさえもガソリンが配給制になっていただけではなく、バスやタクシーはすべて、薪や炭を焚き、その不完全燃焼から生ずるガスでエンジンを動かす《木炭自動車》に改造されはじめていた。出発まえに運転手は後部に装備された釜に薪や木炭を詰めこみ、濛々と煙があがりはじめたらエンジンを始動するのであった。

ガソリンだけではなく、食料から衣料や燃料にいたるすべてが切符による配給制となっていた。米は一人当たり一日二合六勺とされ、旅行にでたときは旅館に、米の配給切符か現物を手渡さなくてはならなかった。それによって切符が発行される各家庭の米穀通帳なるものは、預金通帳同様の貴重品で、大切に保管しなくてはならなかった。町の食堂からは肉類が姿を消し、大豆や小麦粉で作った《代用食》なるものが幅を利かせ、コーヒー店からはコーヒー豆が失せ、大豆を焦がし、挽いていれた《代用コーヒー》なるものが提供されていた。「贅沢は敵だ！」「ガソリンの一滴は血の一滴だ！」「国民精神総動員」などといったスローガンを書いた垂れ幕が、劇場やビルの壁にさげられ、そのまえを歩く中年や高齢の男たちは、軍服にまがう国民服を着用し、銀座の街頭からも、女性たちの最新流行の装いはすっかり姿を消していた。

真珠湾攻撃

こうして戦時色がきびしさを増してきた初冬のある朝、いつものように満員の京浜急行を北品川の駅で降り、御殿山を越え、小学校に到着したが、生徒たちは音楽室の窓にむらがり、あたりは騒然としていた。そこには電気蓄音機をかねた大型のラジオがあり、彼らは開け放った窓から聞える放送に耳をかたむけていた。わが家にはラジオがなかったので、ここにくるまでなにが起こったのかまったく知らないでいたのだ。

性能のいい受信機は、早朝から放送されていたらしい「大本営発表」という同じ臨時ニュースを、報道責任者である高級軍人の声をそのまま、荘重な調子で繰り返し伝えていた。「本一二月八日未明、帝国陸海軍は、西太平洋において、米英両国と戦闘状態に入れり……本一二月八日未明、帝国陸海軍は、西太平洋において、米英両国と戦闘状態に入れり」授業がはじまっても子供たちは落ち着かない雰囲気であった。厳かな顔つきで入ってきた中年の担任教師は、興奮を抑えきれず、今日という日がいかに歴史的な日であるかを滔々と語ってきかせた。昼休みにはすでに、同じ受信機が《赫々《かくかく》たる戦果》を誇らしげに報じていた。海軍の機動部隊がハワイを急襲し、真珠湾に停泊中の敵の戦艦群を壊滅させ、周辺の飛行場を破壊した、というものである。翌日の新聞の一面には、真珠湾のフォード島の泊地に二列にならんで停泊する戦艦群に魚雷を投下する攻撃機や、戦艦の舷側にあがる巨大な水柱などが写った写真が大きく掲載され、それにともなう戦果が大々的に報道されていた。

それとともに、いままで秘密にされていた最新鋭の航空機や軍艦の写真も公表され、男の子の教室は、そうした写真を手にし、議論しあう熱気で溢れかえっていた。数年まえ、《無敵》を誇った関東軍がソヴィエト・モンゴル連合軍に決定的な敗北を喫したノモンハン事件（もちろん大敗北の真相は隠されていたが）で、唯一戦果があった航空戦を描いた『燃ゆる大空』という映画が公開され、男の子たちの圧倒的な関心を集めたのだが、そこに登場する陸軍の九七式戦闘機は、まだ車輪を引き込むことのできない固定脚の飛行機であり、ドイツやイギリスの戦闘機に比べ、ひどく旧式にみえていた。ところが真珠湾攻撃に参加した海軍の零式艦上戦闘機や九七式艦上攻撃機、あるいは東南アジアの戦域で活躍したとされる陸軍の隼戦闘機などは、引込脚であるだけではなく、空冷発動機搭載の飛行機としては洗練のきわみにあり、英米の最新鋭機よりも高性能であるように思われた。とりわけ子供たちに人気があったのは、零戦とよばれる艦上戦闘機であり、戦闘機としてははじめて二〇ミリ機関砲二門を備えているとか、おそろしく運動性能がいいとか、どこで仕入れてきたのかわからない怪しげな知識（実は正確であった）を披露して得意になるものもいた。翼下に増槽とよばれる補助タンクを装着すれば、台湾南部からフィリピンのマニラ周辺の航空基地を急襲し、戦闘をおこなって悠々と帰還するその驚くべき航続距離も話題となった。

それに加え、東南アジアから太平洋の島々へと占領地は拡大し、またマレー半島の沖合いでは、航空部隊がイギリス海軍の誇る最新鋭の戦艦二隻を撃沈するなど、昼休みの教室の熱狂はいつまでもつづいていた。

軍国主義教育

太平洋戦争のはじまった翌年の四月、私は東京府立電機工業学校に入学した。父が残した貴重な預金があるといっても、高等教育への進学は無理として、実業学校を選んだのである。ただこの学校は創立者の理念が良かれ悪しかれ徹底していて、陸軍幼年学校の制服を模した制服制帽に巻脚絆、背嚢、雨天には陸軍式の雨合羽と、帯剣がないだけが陸軍とのちがいという生徒の服装でも有名であった。入学試験もかなりの難関といわれていたが、その年からは面接のみとなり、なんなく入ることができた。しかし入学するやいなや、すべてはある種のカルチャー・ショックであった。すなわち、どんな乗り物でも「立ちうる若さを誇れ」と着席禁止、登校・下校にはかならず何人かの列を組み、同一歩調で歩く、教官に出会ったら敬礼、登校後ただちに作業服に着替える、校舎内では冬でも素足に草履、真冬であろうと七時二五分に始業、朝礼では凍りつく朝であろうと上半身裸で体操、集合や整列は軍隊式に駆け足でおこなう、教官室に入室するときは大声で番号・氏名を名乗り、「なになにの用でまいりました」と報告、などなどすべては軍隊式であった。軍事教練もきびしく、当時中等学校の配属将校は大尉がふつうであったが、ここでは、海軍士官の制服を模した制服で知られた高等工業専門学校が併設されていたこともあり、真新しい軍服を着た現役の中佐が赴任してきていた。軍国主義者であるとともにドイツに留学してすっかりナチスにかぶれ、ヒトラーを崇拝し、自分も同じような口髭をたくわえていた校長は、ナチス高官の制服を模した灰緑色のダブルの制服を着用し、教官たちにも着せていた。

彼の名誉のためにいえば、ドイツやナチスから学んだものは徹底した合理主義であり、専門の分野では、当時企業によってばらばらであった部品の規格をすべて共通にする「工業標準規格」などを提唱し、その方面では大きな影響力をもっていた。月に一度「地理」の授業に登場し、ドイツを中心とするヨーロッパの地理や文化、あるいはいわゆる国民性のちがいや当時の国際情勢などを講義したが、きわめて説得力があり、頽廃し、末期症状にある連合国側の資本主義社会に比べ、ナチス・ドイツやファッシスト・イタリアに、いかに若々しく輝かしい未来があるかをわれわれに納得させた。授業中にみずから原語でうたってきかせたナチス党歌やファッシスト党歌は、五月のさわやかな風のように教室を吹きぬけ、日本も先進国ドイツにならって、産業だけではなくすべての分野で合理化を徹底し、世界の強国にならなくてはならない、という彼の持論――われわれは、モデルをナチス・ドイツから英米に変えただけの同じ議論を、戦後耳にすることとなったが――を大いに補強した。

学校は、かつて海晏寺《かいあんじ》や伊達侯の下屋敷のある緑の小山を背景に、旧東海道の松並木や砂浜がつらなっていた鮫洲浜の牧歌的な風景の、その沖合いの海を埋め立てた産業造成地に位置していた。京浜国道と京浜急行の線路を横切り、狭い旧東海道を越え、コンクリートの護岸で人工的に残された入り江の漁船の群れや灰色塗装の海軍の警備艇などを横目に過ぎると、その先に工場地帯がひろがるが、その一画、海に面したところに、付属する工場や工員養成所をしたがえ、鉄筋コンクリート三階建ての校舎がそびえていた。主に高専の教室のある右手の翼だけが、戦時の資材不足で木造で建てられていた。道路を挟んで海側には、単身赴任の教官のための寮と柔道・剣道場、射撃練習場をかねた弓道場などがあり、その裏はひろびろとした東京湾であり、芝浦港に入港する大型の貨物船や漁船が往来し、ときには築地から出港する海軍経理学校生徒のカッター（大型ボート）が、櫂をつらねて走行したり、帆をあげて帆走訓練をしたりしているのがみられた。

授業は一・二年生は教養科目とされ、普通中学と同じ教科であった。当時すでに英語は《敵性外国語》として一般に教科からはずされていたが、国際性を唱える校長の主導で積極的に教えられた。英語の教師は四、五人おり、いずれも個性的であったが、そのひとりでわれわれのクラスの担任であった教師は、皮製のスリッパで容赦なく生徒を殴ることで恐れられていた。ある日、最近読んだ本についての感想を、ノート一頁ローマ字で書いてこい、という宿題をすっかり忘れて英語の授業にでることとなったのだ。そのようなときにかぎって指名されるものであるが、他の三名の生徒とともに後ろの黒板に、その感想文をローマ字で板書することを命じられ、ノートをもっていかにもそこになにかが書いてあるふりをしながら、最近岩波文庫で読んだばかりのワシントン・アーヴィングの『アルハンブラ物語』の感想を即興で書き、他の生徒にさきがけて席にもどった。私のノートになにも書いてないことを知っていたかもしれないが、彼は「ほう、ワシントン・アーヴィングなどを読んでいるのか。『スケッチ・ブック』はもう読んだか」と頬を緩め、ワシントン・アーヴィングとはなにものかと講釈をしながら、私の文章を絶賛してくれた。そのできごと以来、彼には特別目をかけられるようになり、私も英語が好きであったので学習にも拍車がかかることとなった。

そのほかの教科で印象に残ったできごとは、柔道であった。当時柔道と剣道は正科であり、かならずどちらかを取らなくてはならなかった。いまでいえばヘヴィ級の大柄な講師は、怪我をしないための受身を徹底して教え込み、数ヶ月たってから技にかかり、ようやく乱取り稽古にはいるのだが、戦後国際化するとともにたんなる格闘技となり、失われてしまった柔道の精神面を、かなりきびしく教えた。古き良き時代の講道館の伝統が残っていたのだ。あるとき乱取りの最中に大声をあげて中断させ、「おまえらは力だけでとっている。それじゃあ駄目だ。柔道は精神を集中させ、気の流れでとるものだ」と、生徒に座禅を組ませ、残り時間すべてを瞑想にあてた。その後、私よりはるかに体重のある大きい相手と乱取りをしているとき、一瞬技をかけようとする相手の力を感じとり、それを受けるがままに背を畳に落とし、相手を膝に乗せながら足をのばす巴投げをこころみたところ、相手の身体はみごとに宙を舞い、数メートル先に落下した。周囲の生徒たちもあまりにもみごとにきまったため、思わず手を止めたものである。身動きが俊敏なため、柔道の成績はかなりよかったが、《気の流れ》を実感した（体得とまではいかなかったが）のは、このときがはじめてであった。

ドイツ文学との出会い

しかし私のなかでは、世界が分裂しつつあった。つまり、一方では軍国主義の理念に無批判であるどころか、積極的にかかわりながら、他方では、『初恋』以来のゆたかな外国文学の世界が啓示するものに、心を奪われはじめていたのだ。

学校の兵器庫には、射撃練習用のほんものの三八式歩兵銃四、五挺のほかに、生徒の数だけの模擬銃と模擬帯剣あるいは模擬手榴弾などがずらりとならび、機械油や皮革油の臭いを充満させていた。模擬銃といっても銃身は鋳鉄製であり、基幹部分は空包が撃てるようにほんものと同じ機構をそなえていた。軍事教練は、それと模擬帯剣を使い、整列や行進からはじまって、銃の操作や、着剣して稲藁でつくった人体と同じ高さの的を刺突する訓練、あるいは火薬の代わりに同量の砂をつめた手榴弾の投擲訓練などにいたる、完全な歩兵の基礎訓練であった。しかし私は、観念では軍国少年であるはずだったが、こうした訓練を義務として遂行するだけであって、なんの情熱も感じなかった。それどころではなく、銃剣での刺突訓練では、あの東鶏冠山の影像を思いだし、むしろ嫌悪感が先立つありさまであった。そのうえ歩兵そのものが私にとってひどく泥臭い存在に思われ、もし戦争に参加するのであれば、海軍か航空隊に志願し、絶対に陸軍にはいくまいと決心した。中等学校四年修了で海軍の諸学校に出願できるが、歩兵の教練はそれまでの我慢だと、自分にいいきかせていた。

その頃わが家は、母の保険外交員時代の知り合いのつてで、蒲田駅から池上本門寺にむかう道に面した保険代理店の、住居をかねた事務所が空家となっていたのを借り、引っ越していた。あたりは住宅街であり、近くに書店もあって利用したが、学校の帰りによく、伊達侯の下屋敷に昇る仙台坂の入り口にある小さな本屋に寄り、本を物色するのをつねとしていた。さきほど述べたワシントン・アーヴィングも、ここで購入したものである。当時英米文学や英語の本は、《敵性文学》または《敵性外国語》の本として翻訳や出版を禁じられていたが、それはたまたま売れ残って書棚にあったものである。

『アルハンブラ物語』は、一九世紀の末、外交官としてスペインに駐在していたアーヴィングが、中近東の文化に憧れ、当時英米ではほとんど知られていなかった荒廃したアルハンブラ宮殿を訪れた紀行文であるが、宮殿に住み、さまざまな見聞をするのに関連して、このアラブの城にまつわる幻想的な物語や伝説を紹介したものである。牧歌的な紀行文のなかに突然繰りひろげられる目も綾な幻想的場面は、ほとんど眩暈を引き起こすほどであった。

同じ頃購入したのはやはり文庫本で、ゲーテの『イタリア紀行』やゴットフリート・ケラーの『緑のハインリヒ』、トーマス・マンの『魔の山』などで、いずれも魂に触れるような深い感銘をうけた。

戦時下すべての印刷・出版用紙は情報局の統制のもと、厳重な管理がおこなわれていて、検閲で許可になった出版物の優先順位と部数にしたがって配給されていた。売りきれて再販する場合も同じで、そのせいでこれらの本はそれぞれ何分冊かになっていたが、まず手にはいったのはいずれも最終巻であり、後ろから読みはじめたのである。それでも、失意のハインリヒがスイスの故郷に帰還する旅の途中、かつてミュンヘンの町の古道具屋へ愛用のフルートを売りにきた彼と偶然出会った美しい伯爵令嬢ドロテーアに再会し、かなわぬ思いをよせながら、伯爵家の古い城に滞在する場面などに、自分自身の経験を重ねあわせて心をときめかせたものである。『魔の山』の最終巻は、スイス・ダヴォスの結核療養所に滞在して、中世研究家のイエズス会士と無神論者の人文主義者とのあいだで知的に引き裂かれていたハンス・カストルプ青年が、突然起こった第一次世界大戦に参加するため山を降り、戦場の硝煙のなかに消えていくという結末で、遠からず自分もそうした運命となる予感から、背に戦慄をおぼえるほどの共感をいだいた。

ゲーテとのはじめての出会いが『イタリア紀行』であったのは、むしろよかったのかも知れない。なぜなら『ファウスト』などであったら、途中で投げだし、彼と出会うことにはならなかっただろうからである。ゲーテの澄明なまなざしを通じて描かれたイタリアの風土は、それ自体で輝かしい古典的世界であった。同じ古典的世界であっても、かつて感動したリーフェンスタールの影像が、力動的ではあったが、あまりにも重い情念の影を引きずっていたとすれば、ゲーテのそれは、たんに明るいというより、人間の情念を超えた世界が実在していることを示していた。ヴェネツィアの迷路のような街並みと運河のさざ波、ゴンドラ漕ぎの歌声、劇場の仮面喜劇、顔をかくす黒い紗布越しにきらめく女性の瞳など、それらの風景から立ち昇るのは、たとえそれらが滅びたあとでも残る永遠なものの香りにほかならない。古典主義者のゲーテが一言で《茶番》、あるいはそこに参加する仮装した連中を《阿呆》と切り捨てたローマの謝肉祭から、おそるべき幻想の世界を組み立てたE・T・A・ホフマンの小説をのちに読むこととなるが、そのことはあとで触れよう。

音楽との出会い

この学校に入学したばかりの四月のある日、平常通り授業がおこなわれていた。そのときはじめて聴く空襲警報のサイレンが突然あたりに鳴り響いた。授業中の教師も一瞬とまどい、「演習かな」などとつぶやいて窓の外を眺めるそのとき、お台場の高射砲陣地がすさまじい射撃をはじめ、空中の炸裂音がズシン、ズシンと校舎のガラス窓をゆるがしはじめた。「退避だ。廊下にでろッ」慌てた教師の声にわれわれは廊下にでたが、そのときすでに頭上に爆音が迫っていた。廊下の窓からは、胴体に白地に青い星の標識をつけた双発のB25「ミッチェル」爆撃機――われわれは米軍の主要戦闘機や爆撃機の型式はすべて暗記していた――が超低空で飛翔しながら、まさに弾倉を開き、数個の爆弾をばらばらと投下する姿がみえた。その瞬間、すさまじい衝撃がガラス窓を破らんばかりに伝わり、数百メートル先に土砂の入り混じった黒煙が大きく吹きあがるのがみえた。

日本の陸海軍が破竹の勢いで各地で勝利を収めていたそのときに、思いもかけない長距離爆撃機の空襲であった。後続の襲撃があるかもしれないと、学校中が混乱のきわみであったが、混乱したのはわれわれだけではなく、まさに陸海軍の当局者たちであったにちがいない。洋上の航空母艦から長距離爆撃機を発進させ、日本本土を空襲したのち、中国大陸の基地に帰還させるなどという戦術がありうるとは、戦勝に奢った軍のだれもが考えつかなかったことにちがいないからである。

爆撃を受けたのは近くの電機工場で、多くの死傷者がでたとうわさされたが、真相はもちろん公表されなかった。数日間、警戒警報は発令されたままとなり、われわれは交代で学校に泊り込み、警戒に当たった。まだ防空壕などの設備のない時代であったから、たとえふたたび空襲があったとしても、われわれにはこのコンクリート校舎以外には逃げ場はなかったのだが。

しかしまだ、戦火はほんの一瞬であった。たしかに戦争はおこなわれているという実感だけは残ったが、一見平和な日常は回帰してきた。学校は通常の機能を回復し、学科もきびしい競争を課していた。各学科毎の成績、さらには全学科の平均点が公表され、その順位が番号・氏名とともに全員廊下に掲示された。私の成績は学年全員一六八名中つねに五番以内であったが、小学校時代好きになれなかった算数に代わる代数や幾何は、むしろ得意な科目となった。もっとものちに専門過程で教えられることとなった微積分で、ふたたび数学嫌いとなったのではあるが。

西欧文学だけではなく、日本の古典にも親しんだが、『南総里見八犬伝』や『東海道中膝栗毛』などは原文で読みにくかっただけではなく、江戸文学そのもののもつ世界が、どうしてもなじめなかった。

それに比べ、同じ原文であっても、『万葉集』や『新古今和歌集』などは、われわれの祖先たちの、狭い日常性を超えたゆたかにしておおらかな世界、あるいは人間的な情熱が托されているとしても、うたわれる自然の微妙なうつろいから浮かびあがるほとんど宇宙論的といっていい世界を、みごとに開示してくれた。

ある日、抜き打ちの「私物検査」なるものがおこなわれた。校内点検のために巡回する、赤と白の襷を肩からかけた当番将校ならぬ当番教官が、助手の上級生何人かを引きつれ、突然生徒の所持品を机のうえにださせ、隠してあるものがないかどうか、上級生に机や背嚢のなかまで検査させるものである。教科書や参考書以外の本などをもっているものは、制裁を受け、本の種類によってはときには殴り倒されることがあった。当日文庫本の『万葉集』を持参していた私はしまったと思ったが、机のうえにだされた文庫本を手にとった当番教官は、逆にすっかり感心して、「ほう、おまえは『万葉集』を原文で読んでおるのか。原文で意味はわかるか」と問いかけ、「むずかしいですけれど、注を読めばなんとかわかります」という私の答えに満足し、「いいか、日本が空前の難局にある今日、おまえらも日本精神のなんたるかを知るために、『万葉集』ぐらい読んでおくのだぞ」と訓示するありさまであった。

またどのようなきっかけでそうなったか忘れてしまったが、勧誘をうけて音楽部、つまりブラスバンドに入ることとなった。放課後、かなり設備のととのった音楽教室で練習がおこなわれた。中等学校のブラスバンド・コンクールに入賞したことのある名門のブラスバンドは、『軍艦行進曲』や『抜刀隊』などといった、年に何度か武装した全学生でおこなわれるパレードや分列行進に必須の曲だけではなく、『軽騎兵序曲』や『バグダッドの太守』などといったブラスバンド定番の曲や、ワーグナーの『タンホイザー』から歌合戦の入場行進曲、あるいはブラームスの『ハンガリー舞曲』第五番、第六番など、かなりの難曲もこなし、年に一度公開演奏会を開催していた。指揮者は海軍軍楽隊出身の小太りの音楽教師であり、練習はきびしかったが、快活で陽性な性格で生徒たちに敬愛されていた。上級生には、のちに東京音楽学校に進学し、戦後フルートの独奏家として活躍した宇野浩二がいて、皆に一目置かれていた。公開演奏会では、ソリストとしてビゼーの『アルルの女』やグルックの『オルフェウス』などを流麗な音色で聴かせてくれたものである。

はじめはアルトという中型の金管楽器で、主音や属音などを後打ちのリズムで吹くのは、簡単ではあったが面白くないものであった。のちに打楽器に変更してもらったが、行進曲は別として、これも大太鼓や小太鼓を少し打って、あと一二〇小節休みというような代物であり、はじめての曲では、休みの小節を数えるのにひどく緊張させられた。

いぜれにせよこの頃、戦争はまだ遠い海外でのできごとであり、やがて破局がやってくるとは、われわれにかぎらず、だれも思いもしなかったのだ。

V　世界の分裂（二）

二つの世界に引き裂かれているといっても、一方の世界はまだ、きわめて私的で非現実的なものであった。その世界を自分自身のものにし、その内面に深くはいりこむというよりも、それは一時的な逃避の場所にすぎなかった。その頃、しだいに本棚の空きが目立つようになった書店で、十数巻で刊行されていた同じ文庫本の『アンデルセン童話集』数冊を手にいれたが、現実を身軽に超越することによって真理の断片をきらめかせる童話は、深く心惹かれはしたが、その様式ゆえにますます逃避の場所を提供することとなった。ローマ時代のある若い芸術家が美しい少女に恋し、彼女をモデルにプシケーの像を刻むが、失恋して自暴自棄になり、酒と官能の世界に逃避したあとで、その像を井戸に投げ込んでしまい、それから数百年たったある日、キリスト教の修道院の庭からこの像が出土し、ひとびとは古典時代の傑作として褒めたたえたという話は、心に深く残り、芸術の運命や永遠性について深刻に考えさせられた。現実の、しだいに緊迫しはじめた状況を超える存在があるという事実に、ひどく打たれたからである。

それに比べ、当時の出版物で最優先されていた戦争賛美の文学や「国民精神」昂揚の本のたぐいにはほとんど関心をもてず、ただ、敵国のそれをふくめ最新鋭の航空機や軍艦などを紹介する写真雑誌『海と空』の熱心な読者であるにとどまっていたが、それも恐らく、レヴェルの高い戦争文学、たとえば戦後手にすることとなったレマルクの『西部戦線異常なし』のような作品は、反戦小説として出版を禁じられていたため、ある種の文学的欲求不満におちいっていたからであろう。事実、当時話題となった日本のある作家の戦記文学が級友たちとの会話に登場したが、「あんなものならおれでも書ける」という私の豪語に、「それじゃあ書いてみろ」とけしかけられ、ノート一冊に自作の絵入りで、《戦記小説》なるものを書きあげ、級友たちに廻すこととなった。中国戦線のある歩兵部隊が敵の包囲に陥り、迫撃砲弾で通信機も破壊されたため援軍の要請も届かず、じりじりと全滅の危機が迫っている状況下、命令により若い少尉が老練な下士官一人をつれて夜間に脱出し、負傷して生死の境を彷徨しながらも連絡に成功、援軍によって中国軍を壊滅させる、という物語であった。戦闘描写が迫力あると絶賛され、クラス中に廻し読みされた挙句、私の手許にもどってきたとき、ノートはほとんどぼろぼろであった。「おまえ、作家の才能あるなあ」という大成功にもかかわらず、私はそこに、真実の世界は別に存在しているという、ある種の自己欺瞞を感じていた。

事実、ドゥーリトル中佐の《決死隊》の東京空襲があったとはいえ、戦時下の東京はまだ、のちの炎上や廃墟が想像もできないような活気にあふれ、帝国の栄光をたもっていた。東京駅の地下道では、横須賀線の二等車を降りた紺の制服の海軍の高級士官たちが、腰の銀の短剣や肩の金色の参謀肩章をきらめかせながら、霞ヶ関の海軍省や海軍軍令部を目指し、忙しそうに颯爽とした早足で歩いていた。乗車口の巨大な円蓋の下では、出征兵士の見送りが間断なくおこなわれ、円陣を組んだ見送り客たちがうたう軍歌や万歳三唱の声が高い天井にこだましていた。外にでれば、二度と米軍の空襲を許すまじと、海軍羽田基地の防空戦闘機「雷電」や、陸軍の調布飛行場から飛びたった、一見メッサーシュミットやスピットファイアを思わせる液冷発動機装備の防空戦闘機「飛燕」などが爆音をとどろかせ、疾風のように頭上を過ぎていった。

われわれも年に何度か、都心でパレードをおこなった。つまり、銃に帯剣、雨合羽や飯盒などをくくりつけた背嚢、腰の水筒、巻脚絆に戦闘帽といういでたちで東京駅に集合し、隊列を整え、宮城前まで行進、捧げ銃の宮城遥拝ののち、靖国神社と明治神宮まで行軍し、参拝するというものである。目抜き通りでは隊列を整え、先頭の進軍喇叭《らっぱ》を吹き鳴らして行進し、商店街のひとびとの好奇の視線を浴び、最後に代々木練兵場で、先回りしていた配属将校のまえで分列行進をおこない、帝国の栄光の一翼をになったつもりであった。

遠泳訓練

毎夏には、戦時下のほとんど唯一の楽しみであった遠泳訓練のための合宿が、伊豆の西海岸でおこなわれた。ゆったりと波の打ち寄せる小さな湾に面した旅館からは、緑の岬とその沖の小さな島のあわいに、遠く高くそびえる富士が望まれ、白い砂の渚に沿って、枝振りのよい松の並木越しに、石の鳥居と石段を配した小さな神社を中心に、旅館が建ちならんでいた。戦時下のこととて客も少なく、われわれは歓迎され、到着時と出発時に喇叭を吹き鳴らしながら行進する神社参拝も、町の名物となっていた。はじめは食糧事情もそれほど窮屈ではなく、東京とはちがう新鮮な魚介類に、ひさしぶりで幼年時代を思いだすほどであった。

朝食後、軽い体操のあとで海にはいり、昼まで遊泳訓練をし、昼食と昼寝、午後ふたたび海で遊泳訓練、夕方切り上げて風呂にはいったあとは夕食まで自由時間という日課で、自由時間は浴衣姿でボートを漕いだり、土産物屋を冷やかしたり、海岸の松並木を散歩したり、気ままに過ごすのだが、夏の夕暮れの富士は、紅に染まった空にかぐろい影絵となって浮かび、石垣に腰掛けたまま、夕食を告げる喇叭の音が夕凪の海に高らかにこだますまで、いつまでも見飽きることがなかった。

合宿の五日目頃には、船に乗って駿河湾に突きでた大瀬崎への遠足があり、大瀬崎神社に参拝し、波涛が打ち寄せる石の浜と松並木にわずかにへだてられた場所に湧く清水の池で有名なその庭園を参観し、最後に、その頃まったく人家のなかった遠浅の入り江で、二手に分かれ、三人の組む馬に乗った騎乗者が組み打ちしあい、相手を海中に叩き落すという海中騎馬戦なるものを、喚声と水飛沫のなかで演ずるのであった。

遠泳は最後の三日間におこなわれた。最初に、沖まで船をだし、そこから岸辺まで約二千五百メートルを泳いで身体を慣らし、中一日おいて、岸から出発して約一万メートルを泳ぎ、岸にもどる半日がかりの遠泳がおこなわれた。昼には、泳ぎながらひとりひとり伴走する船に接近し、柄杓で汲んだ芋粥を口にいれてもらい、また三時には、同様に口に飴をふくませてもらい、ひたすら泳ぐのであった。沖合いにでると駿河湾のうねりは大きく、波の谷間では紺青の波頭以外になにもみえず、その頂きに乗ると、はるかに霞む富士山が、頭上に迫るかのように雄大な姿をあらわし、荘厳な気分となった。ようやく岸辺にたどりつくと、自分の身体の重みに圧倒され、しばらくは立ちあがれず、砂浜に身を横たえるほかはなかったが、日の傾いた空をあおぎながら、なにごとかを達成した満足感にひたるのは、きわめてこころよい瞬間であった。

ときには沖合いから沿岸警備のロ号型小型潜水艦があらわれ、湾内に停泊した。自由時間にはわれわれは争ってボートを漕ぎだし、潜望鏡や通信アンテナの張りだした司令塔や小口径の砲を甲板にそなえた黒い鋼鉄の船体をいつまでも仰ぎみたものである。乗組員たちは上陸し、われわれの近くの旅館で宴会をひらいていたが、当時流行の軍隊小唄が、男たちの蛮声で「……連れていくのはよいけれど、女は乗せない潜水艦」などと、開け放たれた窓から夜更けまでひびいていた。

翌年、あるいは翌々年ともなると、こうしたのどかな光景は消え失せてしまった。三年次の合宿では、梅雨が長引いてうすら寒い気候のうえに、配給米持参でもきびしい食糧事情が重なり、主食は大豆や雑穀入りの飯が大きめの茶碗に軽く一杯というありさまで、戦争末期の恐るべき飢餓とは比べようもないものではあったが、空腹に悩まされる毎日であった。旅館の帳場には新聞があったが、ある日、大見出しで、「サイパン島守備隊玉砕」の文字が目にとまり、われわれを重苦しい気分にさせた。米軍の上陸作戦がおこなわれ、激戦がつづいていたマリアナ諸島であったが、もしそれらの島々が陥落し、「飛行基地が完成すれば、日本本土は戦略爆撃機Ｂ29「超空の要塞」の直接の脅威にさらされるからであり、その脅威は、中国奥地から飛来する北九州工業地帯の爆撃で、すでに威力を実証済みであったからである。すでに前年、文科系の大学生・高専生などの徴兵猶予が取り消され、彼らは軍事教育期間ののち前線に赴いていたが、この夏「緊急学徒勤労動員令」なるものが発令され、旧制高校生・中等学校生の学業を中止させ、軍事基地構築や軍需工場での作業や生産にあたらせるというものであった。

夏の合宿にはいるまえから、われわれは付属工場での正規の実習にはいっていた。最新式の自動旋盤やフライス盤あるいはプレス加工機などがならぶ浜工場とよばれる明るい工場は、生徒には開放されておらず、電動モーターから頭上のベルトで動力を伝達する旧式の旋盤がずらりとならんだ暗い実習工場での作業であった。中二階の窓際に列をなす万力に材料を鋏み、思いきり振りあげたハンマーで鏨《たがね》を打ち、材料を切断する訓練からはじまり、やがて轟音をあげる旋盤で、荒削りの鋳鉄を切削し、一ミリの何分の一かの誤差で研磨し、仕上げる訓練にはいるのだが、手先の不器用な私にはなかなか難しい作業であった。だがあるとき、旋盤の右側にある一群の装置が自動切削用のものであることを発見し、実習教師が巡回してこないときはひそかにそれを使うことにして、無事テストを終了していた。すでに《非常時》につき夏休みは取り消し、と布告されていたから、当然実習工場に戻り、軍事物資の下請けの本格的な生産にはいるのかと考えていたが、意外にもわれわれは、軍需工場に配置されることとなり、われわれのクラスは、海軍の通信機を製作していた芝浦のある大きな電機工場におもむくこととなった。

工場動員

周辺の平屋建ての工場や倉庫群のなかで、それはひときわ高くそびえる五階建ての建築物で、空襲の標的になるとして、外壁は白と黒の迷彩で塗装されていた。厳重な警備体制の守衛所のある門をはいると、玄関があり、ホールのエレベーターには、最上階の監督室や設計室に出入りする海軍の技術士官たちが乗り降りしていた。その一階がわれわれの配置された機械工場であり、旧式の大型小型の手回しプレス機や電動ドリル盤などがならび、それらが立てる騒音はのどかともいえるほどで、奥の左右両翼にひろがる旋盤工場が一日中たてている轟音に比べれば、きわめて静かであった。一階で生産された部品が二階三階と昇っていくにしたがって組みたてられ、最終的に大型小型の通信機や無線電話器になるのであるが、組みたて工場には同じく勤労動員されたキリスト教系の女学院の生徒たちが働いていて、彼女らの動向はつねにわれわれの関心の的であった。仕事はといえば、大型プレス機で切断し、型押しした携帯用無線電話の箱に鑢《やすり》をかけたり、小さなプレス機で打ちぬかれた金属片の所定の場所にドリルで孔を開けたりする単調なもので、節電のため天井燈を消し、作業の手許を照らす照明だけの昼も仄暗い場内での仕事は、眠気をさそうほど退屈なものであった。若い工員はほとんど徴兵され、不在であったし、五年制の中等学校は戦時短縮で四年制となり、最上級生の四年生も同じ工場に配置されていたが、別の作業班となっていて、作業を指示するみるからに小心者の初老の班長以外はわれわれだけであり、決められた工期さえ守っていれば、学校の工場実習に比べてもきわめて気楽で自由な仕事であった。

昼休みの一時間は自由であったので、昼食後はよく芝浦の埠頭に散歩にいった。岸壁には明るい灰色に塗装した輸送船が何隻か、マストの起重機を唸らせながら大量の軍需品を積みこみ、それをめぐって船員たちが忙しく立ち働いていた。後部甲板には高角砲が装備されていて、鉄帽をかぶり、戦闘服を着た海軍の兵士が数名、操作訓練を繰りかえし、それにしたがって灰色の砲身が虚空に円を描き、みえない敵機をむなしく追っていた。その頃はすでに、外洋にでた輸送船は、米軍の航空機や潜水艦に狙い撃ちされ、ほとんどが撃沈されるありさまであったから、船上の乗組員たちの顔も、死を決意しているかのような、悲劇的な雰囲気をただよわせていた。沖には船団を護衛する小型駆逐艦が一隻停泊していたが、かつて大連港でみた精悍な大型駆逐艦に比べ、心なしかひどく小さく、貧弱にみえた。

工場に動員されて受けた利益も、いくつかはあった。ひとつは、けっして十分とはいえなかったが、軍需工場用の食糧特配で昼食が支給され、一品か二品の惣菜と軽く盛った麦飯の朱塗りの弁当箱が食堂でだされ、そろそろ滞りがちであった家庭の食糧配給にとって大きな恩恵であったことと、ひとつは、当時の金額で十数円の給料が支給されたことである。母の仕立て仕事の注文がほとんどなくなりつつあった私たち家族にとって、それは思いがけない収入であった。給料を母に渡したことはもちろんだが、そのなかから数円の小遣いをもらい、私はよく、工場の帰りに、三田の慶應義塾大学の正門前の本屋に立ち寄り、本を物色した。物色といっても、本棚に申し訳程度に新刊本がならべられているだけで、大部分の空の棚の木目には、うっすらと埃が積もっていた。学徒出陣や勤労動員のあとの大学は閑散とし、学生たちの往来もない界隈には、さびれた雰囲気がただよっていた。その本棚の片隅に、戦時下にしては豪華な装丁というべき、赤い布表紙のゲーテ全集の数冊をみつけ、購入した。家の近くの書店で買った独逸浪漫派叢書と銘打ったシリーズの、E・T・A・ホフマンの『ブランビラ姫』やノヴァーリスの『青い花』とともに、それらは、その後展開することとなった恐るべき状況のなかで、私を内面から救ってくれる「聖書」となっていった。

やがてその恐るべき劇は、美しい序曲からはじまることとなった。

美しい序曲

澄み切った秋の空がひろがる頃、《マリアナ定期便》とよばれたB29戦略爆撃機による日本本土の偵察飛行が開始された。それは一万メートルの高々度を飛翔しながら精密な航空写真を撮り、爆撃目標を設定する目的であって、爆弾投下はなく、ひとびとは安心して軒下からそれを見物したものである。軒下というのは、防空部隊が当然高射砲で迎撃するのだが、高射砲弾は爆発の威力だけではなく、炸裂時に円形に飛散するその破片で機体を損傷させるため、かなり大きく厚く鋭角的に切断された鋼鉄片となって落下し、地上で直撃されれば即死をまぬかれない代物だったからである。ただ陸軍の最新鋭の高射砲にしても、高度八千メートルしか弾丸は届かず、大気をゆるがす激しい射撃も、一万メートルの高度を悠々と飛ぶ目標に対しては、ほとんど示威効果しかもたなかった。

いずれにせよそれは、美しい光景であった。蒼空のはるかな高みに、白く細い飛行機雲の尾をひきながら浮かぶ、小さくきらめく銀色の機影、その下方に点々と炸裂する高射砲弾の灰色の煙、ときには迎撃の防空戦闘機数機がそれに迫るのがみられたが、これも白くかぼそい飛行機雲をひくさらに小さな銀色の機影は、歯がゆいほど速度がでず、ようやく追いついても、死角のまったくないように配置されたB29の機関砲や機銃にはばまれ、いたずらに身を翻すだけであった。一度などは、そのうちの一機が、白煙の長い尾を引きだしながら下降しはじめ、われわれの嘆息をさそったものである。高々度の希薄な空気でも出力が落ちないよう、発動機に過給機《ターボ・チャージャー》を装備したB29に対して、それのない日本軍の戦闘機が、速度でも太刀打ちできるはずはなかった。

しかし《マリアナ定期便》は、ささやかな序曲にすぎなかった。ある日曜日、間をおいて休み休み鳴らされる警戒警報のサイレンが鳴り渡ると同時に、近隣に聞こえるよう急に音量があげられる隣家のラジオが、鈍いブザーの音につづいて、「東部軍管区情報、東部軍管区情報」とアナウンサーの緊張した声を伝えはじめた、「南方洋上に敵数目標あり、関東地区、関東地区、警戒警報発令……」と。《マリアナ定期便》の場合にはそれはつねに《敵一目標》であったが、《数目標》とは編隊を意味した。いよいよ本格的な空襲がはじまるのだ、という緊張が背筋を走った。やがて数十分後、「敵編隊、駿河湾上空を北進中……」の放送に、今日の攻撃目標は東海地方らしいと安心したのも束の間、一秒間隔で断続的に鳴り渡る空襲警報のサイレンが、遠く近くで唸り声をあげ、それが終わる頃、はるか彼方に

B29数十機の大編隊がとどろかす迫力ある爆音が、高射砲弾のはげしい炸裂音にまじってきこえだし、やがて北の空に、かなりの高度を飛翔する無数ともいえる銀色の機影が姿をみせ、それとともに、昼日中であるにもかかわらず、青い閃光が地平線はるかに次々と光り、大地をゆるがす爆撃音が遠雷のようにとどろきはじめた。はじめての本格的空爆に驚いたわれわれは、慌てて真っ暗な防空壕に飛びこむこととなった。

翌日の新聞には、《敵数編隊帝都北部及び中心部を爆撃したるも、我が方の損害軽微なり》という東部軍管区発表が掲載されていたが、損害軽微どころか、杉並の航空機用発動機製作工場が壊滅し、多数の死傷者をだしたこと、また都心部では、有楽町から銀座にかけて爆撃を受け、多くの建物に命中しただけではなく、戦時下の数少ない娯楽を求めて日曜の繁華街に繰りだした人たちが、有楽町駅や地下鉄銀座駅で多数犠牲になり、駅の構内は、腕や足のちぎれた死体やうめき声をあげる負傷者が折り重なり、目を覆う惨状であったことが、目撃者の口伝えであっという間にひろがった。

その日以来、爆撃は昼夜を問わず、しだいに激しさを増していった。すでに春から、政府は子供や高齢者の疎開政策を進め、縁故者のない都会の小学生は、付き添いの女教師や教頭などの年配者とともに、集団で田舎の神社や寺に預けられることとなった。わが家でも重い腰をやっとあげ、小学生になったばかりの妹を、木曽の伯母のもとへ疎開させることとなった。鉄道は百キロを越す遠距離切符は自由に買えず、なんらかの証明書が必要であったが、縁故疎開という小学校の証明で中央線の切符を手にいれ、私が妹をつれ、木曽におもむいた。先妻の子の長男が出征して不在であり、子供のなかった伯母夫妻は、こころよく妹をひきとってくれた。中央線の東京近郊の沿線には、爆撃で開いたいくつもの大きな穴や、周辺の、土砂を浴び、倒壊しかかった家屋、倒れた樹木、折れた電柱や散乱する電線など、破壊の一端がなまなましく残っていた。私が木曽にでかけたその夜、わが家の近くに、軍需工場を狙ってそれた爆弾が多数落下し、いまにも防空壕がつぶれるのではないかという着弾の衝撃で、「怖くて怖くて、もう死ぬんじゃないかと思った」と母が語った。翌日そのあたりをみにいくと、住宅がならんでいたと思われるところは、列をなした爆弾孔が深くえぐられ、底にたまった湧水や周辺の泥の山に、家具や畳の引き千切られた断片が散乱し、直撃を受けなかったまわりの住宅も、もはや住めないほど破壊されていた。ここでも、防空壕内で、多くのひとが死傷したという。

しかし、それはまだ序の口にすぎなかった。軍事基地や軍需工場に限定された爆撃は、あるときを境に、民衆の戦意喪失のための市街地無差別爆撃へと変化した。当時われわれの預かり知らぬことであったが、欧州戦線でドイツ空爆を指揮し、《絨毯爆撃》によるドレスデンやハンブルクといった大都市の徹底的破壊と、数十万市民の殺戮（日本同様大部分は女性や子供あるいは高齢者であった）で名を挙げたカーティス・ルメイ将軍が、その実績を買われ、極東の戦略空軍司令官として着任したのだ。

初冬に固有の小糠雨の降りつづくある夜、夜半に空襲警報のサイレンが鳴り渡り、私たちは非常持出の袋をかかえ、手探りで防空壕の闇のなかにはいっていった。この辺は低湿地であるため、空閑地に土を盛り上げた大型の共用防空壕がつくられていたが、それでも少し掘った壕内はところどころに水溜りがあり、近隣のひとたちで混みあってくると、ときにはぬかるみにはいらなくてはならない破目となった。重苦しい沈黙と緊張の十数分がすぎ、やがて高射砲の炸裂音が大気をゆるがす頃、B29の重々しい爆音が遠くひびきはじめるとともに、いつもの衝撃的な爆撃音とは異なる花火のような軽い炸裂音がはじけ、近くの家の開け放たれた窓から「敵数機帝都上空に侵入、焼夷弾攻撃を続行中……」と報じるラジオがきこえ、「いつもとちがう音だと思ったら焼夷弾ね」「どこがやられているのかしら」などと暗闇にざわめきがひろがり、壕内でほとんど唯一の男である私が様子をみなくては、と壕の入り口から顔をだすと、暗夜にもかかわらず小雨に煙る空全体が異様に赤く染まり、近隣の家々の影や土を盛った壕の屋根を明るく浮きあがらせているのがみえた。そのうえ壕内では聴きとれなかった消防自動車のサイレンやものが燃える火事場特有のけたたましい騒音までが、高射砲や焼夷弾の炸裂音にまじり、東の方から遠くかすかにきこえてきた。一時間はつづいたと思われる波状攻撃が止み、B29の重い爆音も去り、空襲警報が解除されたあとも、空の異様な赤みは何時間も消えなかった。それが銀座を中心とする下町のはじめての夜間焼夷弾攻撃であり、東京無差別大空襲の開始であった。

暗い日々

空襲がはげしさを増しはじめた頃、フィリピンの戦局は重大な危機に直面していたが、ふだんは伝達事項しか流さない工場内の拡声器が、連日のように「軍艦行進曲」によって予告される「大本営発表」なるものを伝えていた。現役の軍人である報道部長の甲高い声が、「大本営発表……」と荘重な調子ではじめ、「本日、帝国陸海軍は、台湾沖に襲来せる敵機動部隊に航空攻撃を加え、赫々《かくかく》たる戦果を挙げたり、すなわち撃沈せるもの、敵空母三隻、敵重巡一隻、撃破せるもの敵空母一隻、敵戦艦一隻、敵重巡一隻、撃墜せる敵航空機……」とつづけ、暗い場内からはあちらこちらで喚声と拍手が沸き起こり、作業の手を休めての昂奮した会話がはずんだ。「航空作戦」なるものの大部分は、零戦に二五〇キロ爆弾を搭載し、操縦士ともども米軍の艦船に直接突入する戦法であり、米軍に大きな脅威をあたえていたことはたしかであるが、その時の「大本営発表」をすべて集計すれば——最終発表は空母一一隻撃沈、八隻撃破などという驚くべき数字となり、天皇の「戦果を嘉《よみ》する詔勅」までが出されるにいたった——、米機動部隊は壊滅状態に陥っていたはずである。だが年が明けるやいなや、アメリカ海軍の強力な機動部隊は日本本土近海に出現し、大本営発表を嘲笑うかのように、艦載機の大群で各地の航空基地や軍港の艦船、あるいは軍需物資の集積場や鉄道を数日に渡って反復攻撃し、多大の損害をあたえた。

その直後、行政区画上は東京都である硫黄島に、アメリカ海兵隊と陸軍部隊が上陸し、太平洋戦史でも記録に残る日本軍守備隊との激烈な戦闘がはじまった。いつも、中佐の階級章を光らせた真新しい軍服の胸に、数列の勲章略章をつけ、磨き上げた革長靴の踵に拍車をきらめかせ、腰の軍刀におごそかに手をそえて歩き、ことあるごとに「いまやじぇんしん(前進)、じぇんしん、これあるのみじゃ」と九州弁で繰りかえしていたわれわれの配属将校も、すでにふたたび実戦部隊に転属になり、不在であったが、配属将校という閑職に更迭されるまえには硫黄島守備隊の一指揮官であったことを知っていたわれわれは、「やっこさんも命拾いをしたものだよな」と、白髪の混じった髭をはねあげ、威厳をとりつくろっていた老将校の顔を、いまとなってはなつかしそうに思いだしていた。

重く雲がたれこめ、小雪が舞う寒さのきびしい日、いつものように空襲警報が鳴りひびいても、かじかむ手を温めながら暗い工場で作業をしていると、厚い雲のうえにB29の爆音がとどろきはじめ、手探りで撃ちあげる高射砲弾も雲上で炸裂しはじめた。かなり時間がたった頃、場内放送があわただしく、「本郷・駒込方面に自宅のある方は、至急自宅にお帰りください、本郷・駒込方面が空襲を受け、炎上しています……」と告げはじめた。われわれには該当者はいなかったが、階上の女子生徒の何人かが、廊下を通り、不安げな表情でいそいで立ち去っていった。その直後、鉄橋を走る列車の轟音に似たすさまじい爆弾の落下音がとどろき、地響きをあげる爆発音がそれにつづいた。「近いぞっ」と、われわれはあわてて作業台の下に潜ったが、音は一回で終わった。「豊洲の発電所がやられて燃えている」という声に、われわれは屋上に走った。海をへだてた対岸の火力発電所が、低い黒雲を焦さんばかりに赤い炎を吹きあげ、渦巻く黒煙に包まれていて、B29による雲上からのレーダー照準爆撃の威力を、われわれに思い知らせてくれた。

永遠の世界

購入したゲーテ全集は、すでに文庫本で読んだ『イタリア紀行』や『第二次羅馬滞在』などであり、めずらしく空襲警報の鳴らない夜など、黒い布の覆いをかけ、その直下しか照らさない暗い灯火のもとで、静かにそれらを読むのは、至福のときであった。それらとともに、ノヴァーリスの『青い花』やE・T・A・ホフマンの『ブランビラ姫』は、戦時下の憩いなどをはるかに超えて、戦乱の彼方に永遠の世界が実在することを、私の魂に啓示してくれた。

吟遊詩人たちによる中世の歌合戦を背景に、ノヴァーリス自身の姿を投影したとされるハインリヒ・フォン・オフターディンゲンの、あたかも複雑な蔓草模様のように入り組んだ《青い花》を求めての遍歴は、そこにモザイクのように嵌めこまれた暗喩としての数々の童話とともに、私を快い感性と知性の迷路に連れこみ、さまよわせたが、他方、仮面や仮装で繰りだして踊り狂うひとびとの喚声と音楽で、耳も聾するばかりのローマの謝肉祭を背景に、現実と幻想とを万華鏡のように交錯させ、ついにはどちらが実在世界なのか判断できなくなるような眩惑を覚えるホフマンの小説は、そこに挿入されたジャーク・カロの、仮装した美女やコメディア・デラルテの道化たちを描く幻想的な銅版画の数々とともに、私にほとんど寝つけないほどの魅惑をあたえた。

つまりそれは、大根役者ジッリオ・ファーヴァとお針娘ジャチンタ・ソアルディの、一見他愛のない恋愛物語なのだが、そこに大道香具師《やし》チェリオナティ老人があらわれ、謝肉祭の前触れともいうべき、シンバルや太鼓の賑やかな伴奏でピストイア侯爵邸に吸いこまれていく中東風の奇怪な一行が、アッシリアの王子コルネリオ・キアッペリ殿下の行列で、彼がブランビラ姫を追い求め、ローマにやってきたと語るあたりから、幻想が現実にとって代わり、ジッリオは謝肉祭の雑踏にブランビラ姫の幻影を追い、ジャチンタはコルネリオ殿下に思いを寄せられたと信じ、ついに幻想が現実となる。小説のなかに劇や童話が嵌めこまれ、二重、三重の多重世界が展開し、読者に眩暈をひき起こす。結局は狂言廻しである香具師チェリオナティ老人こそピストイア侯爵そのひとであり、幻想や幻影を媒介に二人の恋人に真理をかいまみせ、二人の絆をたしかなものにさせ、めでたしめでたしで終わるが、私はこの途方もなく錯綜した世界に、たんに異国趣味として惹かれたのではなく、そこに、混乱した現実を超えて出現する永遠のプラトン的世界が、一瞬きらめくのをみたのだ。たとえ戦火の現実が私を滅ぼすことがあっても、その世界は確固として輝きつづけるであろうし、永遠の眠りのなかでは、それが実在となるのだ、と。

東京の壊滅

三月にしてはひどく寒く、北西の強風が吹く夜であった。ここ四、五日夜間空襲がなかった安心感から、めずらしく寝巻きを着て、湯タンポに温められた寝床にはいった。夜半、警戒警報も発令されていないのに、突然空襲警報のサイレンがけたたましく鳴り、そのときにはすでに高射砲の射撃音がとどろきだしていた。暗闇のなかであわてて身支度をし、防空壕にむかおうと表にでると、すでに東の空は不気味な赤い色に染まり、その反射をうけて赤くきらきら光るB29の機体が、一機また一機と超低空で飛行するのがみえ、それにむかって撃ちあげられる高射砲弾の青い炸裂光や、機関砲の曳光弾の断続する赤い光の糸が明滅し、機体の弾倉が開いて焼夷弾の束が投下されるのさえ望見することができた。地上の赤みはみるみる増大し、強風にあおられてかなりの速度で南東に流れる濃い灰色の煙も、しだいに膨大なものとなり、やがて黒々とした甍の影や地平線の彼方一帯に炎があがり、激しい勢いで渦巻く濃い煙にみえかくれしながら、中天にまで達しはじめた。B29の赤く染まった機体は、あいかわらず一機また一機とそのうえに姿をみせ、花火のように撃ちあげられる対空砲火をものともせず、弾倉を開いては焼夷弾の束を投下しつづけた。炎の照り返しであたりは真昼のような明るさとなり、防空壕からでてきた防空頭巾姿の近隣の主婦たちも集まりはじめ、「すごい火事ねえ」「この風だもの、逃げるのもたいへんよ」「あれはどのあたりかねえ」「品川の方角だけれど、もっと遠いようね」と、寒さと恐怖からくる震えをこらえながら、口々にささやきあっていた。だがこのあたりの風もはげしさを増し、ついには吹き飛ばされかねない勢いとなり、轟々と唸りをたててくると、しだいにことばも失い、ひとびとはただ、立ち尽くし、この恐ろしい光景を見守るのみであった。この巨大な火災は、吹きつのる強風のなかで明け方までつづいたが、これが一夜にして十数万人の犠牲者をだした三月一〇日未明の歴史的な東京大空襲であったのだ。

翌朝、電車は品川以遠は不通で、工場まで京浜国道を歩くことにした。途中、その日に限り一台の車両もみかけない広い舗装道路を歩く、異様な一団に出会った。荷物もなく、髪も衣服も焼け焦げ、顔も煤にまみれ、老若や男女の別も不明な数百人の避難民が、まったくの無言で、眼だけぎらぎら光らせ、ほとんどが裸足で、たよりなげに舗装を踏みしめ、よろめきながら歩いてきた。だが彼らは幸運なひとびとであったのだ。午後になって、焼け跡を横切って出勤してきた年配の工員たちの目撃談は、想像を絶していた。「とにかくよう、朝だというのに煙で真っ暗で、焼け野原の道という道は真っ黒焦げの死体で足の踏み場もないくらいでよう……」「消防自動車が何台も黒焦げで、消防士も何人も死んでたぞ」「大川（隅田川）はぷかぷか浮いてる土左衛門（溺死者）でいっぺいで、ありゃあ、火に追われて飛びこんで、溺れっち（死）んだにちげえねえ」と、だれもが昂奮しきってしゃべっていた。この機械工場でも、この日以後出勤しない下町住まいの工員が何人かいたが、仲間による捜索にもなんの手がかりもなく、結局死亡したらしいということになった。

炎上

三月末、硫黄島守備隊《玉砕》つまり全滅が報じられ、ひきつづいて四月一日、沖縄本島にアメリカ海兵隊と陸軍の大部隊が上陸を開始し、陸上での戦闘にくわえ、洋上では謂集した米軍の艦船に対する激しい航空攻撃、つまり特攻が敢行された。硫黄島の陥落は、P51「ムスタング」長距離戦闘機やB24「リベレーター」四発爆撃機などによる日本本土襲撃が可能になることを意味したし、沖縄の戦闘は、いわゆる帝国陸軍指導部が呼号する《本土決戦》が、まぢかに迫っていることを物語っていた。

諸都市では、空襲による大きな被害に加え、恐るべき飢餓がひとびとを直撃していた。食糧の配給は滞り、ときおり、わずかな玄米や大豆、あるいはフスマと称する油を絞った豆粕が配られるにすぎなかった。ひとびとは廃墟を耕して甘藷や南瓜を植え、あるいは山林や野原で食べられそうな野草を採集し、フスマなどとの雑炊で飢えをしのいでいた。わが家には、母が昔、婦人雑誌の付録をとっておいた何冊かの西洋料理や西洋菓子の本があったが、それらの口絵にならべられた豪華な料理や菓子の彩色写真を眺めながら、生唾を呑みこむとともに、こうしたものが食べられる時代は二度とやってこないのではないか、あるいはやってくるとしても、そのときまで自分は生きていないだろうと、いささか悲痛な思いにかられた。事実、徴兵年齢は満十八歳に引きさげられ、陸海軍の学校にも予科制度が設けられ、中等学校二年終了で受験できることとなったため、すでに近視の傾向があった私は海軍兵学校を諦め、海軍経理学校予科に願書を提出した。もっともいつ空襲で家を焼かれるかもしれないと、学校を指定の住所とした私の願書か、経理学校の試験通知かのいずれかが、その後あいついた空襲で郵便局ごと炎上してしまったらしく、試験通知書は永久に私の手許に届くことはなかった。

わが家は、しかしながら、焼けるまえに、《強制疎開》で取り壊されることとなった。強制疎開とは、商店街や住宅密集地などで火災の延焼を防ぐため、一画を撤去して防火用のひろい道路をつくるというもので、指定された地域の家屋は強制的に破壊された。作業には人手がないため、中等学校の一・二年次生があたることとなり、まだ幼い体格の彼らが、軒にかけたロープを必死になって引き、恐ろしいほどの砂埃を浴びながら家を倒す姿が、まだ焼けていない地域のいたるところでみられるようになっていた。私たちは、取り壊し予定日の数週間まえに、区役所に指定された仮住まいに移ることとなった。それは蒲田駅に近いかつての繁華街の路地にある空き家で、バーを営業していたらしく、コンクリートの土間にはカウンターや古びた応接用家具がそのまま残されていて、私たち親子が寝るのは、従業員の控え室だったらしい四畳半の畳敷きの部屋であった。周りも、板戸などで閉鎖され、ひと気のない飲食店や商店ばかりで、さながらゴースト・タウンであった。

引っ越して数日後、まだ宵のうちであったが、警戒警報にすぐつづいて空襲警報のサイレンが鳴った。暗闇で身支度をしているとき、低空を飛ぶＢ29の聴きなれた重苦しい爆音が、かなり近く、大きくひびきはじめた。防空壕に入ろうと狭い裏庭にでると、すでに焼夷弾投下の轟音が一瞬にとどろき、南の隣家の屋根越しに、数キロ先の市街地の方向がにわかに明るくなり、炎のはじける音やひとびとの叫び声などが聴こえてきた。さらに一機低空の爆音が迫るとみるや、火災の明るみを反射した巨大な銀色の機体が中空に浮かび、四個の発動機や翼、そそりたつ垂直尾翼などとともに、それらに描かれた白地に青の米軍の標識や、黄色や赤で記された所属部隊の標識までもが明瞭にみえただけではなく、開いた弾倉からがらがらと音をたてて次々と落下する、束ねた焼夷弾の鋼板製のバスケットが、思いもかけない大きさであることまでも確認できた。それが空中で四方に焼夷弾をばら撒く派手な音、着弾して次々と爆発する焼夷弾の鈍いひびき、消防自動車の断続的なサイレン、しだいにはげしくなってきた木材が炎上し、はじける音、それらはすべて、今夜の攻撃目標がこのあたりであることを指示していた。南だけではなく、東西や北にも火の手があがり、まわりは真昼のように明るくなってきた。ここは絨毯爆撃の中心部にちがいない。絨毯爆撃とは、目標地域の四周に爆弾や焼夷弾を投下して炎上させ、あとはそれを目標に外縁から中心へと渦巻状に攻撃するもので、建物を破壊し、炎上させるだけではなく、中心部の人間が脱出できないようにしたうえで、火の包囲網で全滅させようという残虐な作戦で、ドイツの諸都市で実験済みのものであったが、木造家屋が大部分の日本の都市では、三月一〇日の大空襲が立証したように、それは数十倍の速度と効果で実現されていた。とにかく早く、この火の包囲網を抜けださなくてはと、私たちは非常持出の袋を腰に巻き、防空頭巾や鼻を覆うタオルを水に濡らしてかぶりなおすと、手をとりあって一目散に駆けだした。大通りにでると、同じように脱出しようとするひとびとがわれ先にと走る姿が影絵のように浮かび、行く手にはすでに、両側の家々がまばゆいほどの炎を吹きあげていて、私たちの足を一瞬とどめたが、幸いなことにまだ風はなく、道路の中央は突破できそうであった。濡れたタオルを鼻と口にあて、身をかがめて道路の中央を駆けぬけるあいだ、すさまじい熱気が衣服を通して身体に伝わり、吹きつける煙が眼を刺激し、さらに防空頭巾を通じて、炎にばりばりと倒壊する柱の音や、頭上を通過するほとんど轟音といえる爆音などがきこえ、その数分はひどく長い時間に感じられた。

大通りを本門寺方向に曲がると、そのあたりは水田や植木溜などの残る地帯で、まだ火の手はあがっていなかったが、前方の本門寺の森や手前の住宅地には、焼夷弾が着弾しはじめ、異様に美しい光景を現出していた。つまり、空中で鋼板製バスケットから振りまかれた数十個の焼夷弾が一斉に着弾すると、それは思い思いの方向にジェリー状の油脂の炎を上空に跳ねあげるのだが、暗闇を背景に、その無数の真紅の火球がゆっくりと踊りあがり、ゆるやかに落下するさまは、異星人の無重力のバレエをみるかのように幻想的であった。やがてその方向にもかなりの火の手があがり、道には逆行してくるひとびとが溢れ、「向うも火の海で駄目だ」「本門寺も燃えていて、境内にははいれない」などと口々に叫び、私たちも仕方なくもとの方向に戻り、四周の火災や渦巻いて上空を流れる赤い雲のような煙を反射し、鏡のように明るくなった水田の一画に、数十人の避難民とともに腰を下ろすこととした。だが数十分後、濃い煙で姿はみえないが、超低空で接近するB29の爆音が頭上に迫ると思うやいなや、鉄橋を渡る列車の轟音に似た落下音とともにバスケットが投下され、地響きのする炸裂音とともに、ばらばらになった焼夷弾が、われわれに降り注がれたのだ。幸いなことに、舗装道路に着弾し、派手な炎を飛び散らせた数発を除いて、大部分は水田の泥や畑の土深く突き刺さったまま、われわれに燃える油脂の火の雨を注ぐことなく、不発のままに終わった。だが女性と高齢者からなる集団からは悲鳴があがり、皆立ちあがって逃げだしはじめた。私の隣にいた老婆は坐ったまま身動きもせず、「おばあさん、どうしたの」と肩をゆさぶった若い女性は、急に「わあ、死んでる……」と悲鳴をあげた。その奥にも、性別もわからない死体があった。

朝までそこにとどまり、上空の黒煙で昇ったはずの太陽もみえない暗い光景のなか、舗装道路をも残骸が覆う燻りつづける焼け跡を、仮住まいの跡までもどってみることにした。電線を垂らした焼け焦げた電柱がところどころにみえるほか、立っているものはなにもなく、わが家も跡形もなく、砕けて重なった屋根瓦の下にはまだ赤い火が残り、踏みしめる靴裏に熱を伝えていた。「しょうがないわねえ……これからどうする」「どこかで罹災者の炊きだしがあるはずだし、そこで罹災証明書ももらえるから、探さなくては……」母は非常持出の袋からひとつかみの大豆をとりだし、焼けた瓦の上に置いた。数分後それは香ばしい匂いをあげ、私たちはそれを食べ、朝食とした。

黙示録的光景

「そうかや、苦労しただなあ……」木曽の伯母はいやな顔ひとつみせず、私たちを温かくむかえてくれた。鷹揚な伯父も、私たちを歓迎してくれたし、久しぶりで会う小学生の妹も、きりりとした紺絣のモンペ姿で、血色もよく、いきいきとしていた。着いたその日から母はかいがいしく伯母の家事を手伝いはじめたが、私はこの近くに転校すべき工業学校がないため、桑名の伯父の家にいき、そこからどこかの学校に通うこととし、桑名にむかった。伯父は、当時京城と称されていたソウルに開設した工場の責任者として赴任し、不在であったが、家を守るために残った同年輩の従弟と生活することにした。転校先の学校ももちろん工場動員であったが、数週間通って生徒たちのレベルの低さに嫌気がさし、東京に戻ることを真剣に考えはじめた。

伯父の家には高性能のラジオがあり、夜間はとくに感度がよく、ダイアルを廻せば、日本全土の中波放送を聴くことが可能であった。暗闇のなか、かすかに光る周波数表示板を頼りにダイアルを廻すと、「敵大型機一機、播磨灘上空に侵入、機雷を投下中……」「高知市上空に敵数十機侵入、焼夷弾攻撃を続行中……」などと軍管区情報が飛び交い、その夜B29が日本のいたるところをわがもの顔に飛びまわり、いかに傍若無人に攻撃をくわえているか、またわが軍の防空体制がいかに壊滅しているか、をあきらかにした。桑名にきてすぐ、四日市の海軍燃料廠に対する夜間大空襲があったばかりで、ベアリング工場など軍需工場もある桑名への攻撃も近いのではないかと恐れ、東京に帰るまえに、渥美の伯母の家に寄ってみることにした。

名古屋からの東海道線の列車は超満員であり、デッキに溢れたひとのさらに外側に、一本の手摺にしがみつくありさまで、さすが鉄橋を渡るときは、足許に走り去る鉄骨や枕木のあいだ、はるか下にひろがる青い水のきらめきに、一瞬眩暈と恐怖を覚え、思わず目を閉じた。空襲で焼失し、駅舎もプラットホームの屋根もない豊橋駅に列車が到着するやいなや、二等車からは濃緑色の真新しい夏服に参謀肩章を吊った高級将校たちが飛び降り、軍刀をかかえて真っ先に逃げだし、一般乗客も算を乱して四方に走りだした。機銃掃射の音が断続的にひびき、空をみると、焼けつくような夏の陽射しを浴びて、艦上戦闘機「ヘルキャット」や艦上爆撃機「ヘルダイヴァー」が、濃緑色の機体に浮きだした白地に青の米軍の標識や、風防を開けた操縦士の飛行帽姿、あるいは機銃の引き金に手をかけ、後部座席から身を乗りだした機銃手の上半身をくっきりとみせながら、超低空を旋回しているではないか。残骸と灰埃の焼け野原を走り、放置されたいくつかの防空壕を回り、中にはいろうとしたが、すでにどこも超満員であり、あたりを見まわすと、はるかに伸びる線路の前方に、上に赤錆びた市街電車用の鉄柱に架線がからまったまま放置された陸橋がみえ、その下が格好の避難所となっているのを発見し、東海道線の線路の脇を全速力で走っていった。走りながら前方に注意をむけると、まさに跨線《こせん》橋《きょう》の上空を一機の「ヘルキャット」が翼の標識を鮮やかにみせながら、旋回しはじめているのがみえ、あれが旋回しきって機首をめぐらすのが早いか、こちらが橋の下に逃げこむのが早いか、もはや上空を見る余裕も失せ、そこに走りこむのとほとんど同時に銃声が鳴りはじめた。振りかえると、ゆっくりと伸びていく機関砲の曳光弾の白い棒状の白煙が、むきだしのプラットホームと列車の胴体、そしてその下に逃げこんだひとびとに集中するのがみえた。爆音が消え、静寂がもどり、ようやく安全が確認され、駅に戻ると、露天のプラットホームには、駅員たちの手で、まだ血や体液のしたたる死体がならべられ、莚《むしろ》がかけはじめられていた。

渥美の伯母も祖母も元気で、先妻の子である長男長女やその兄弟たちがみな、出征や勤労動員で不在の大家族の留守を守っていた。協同組合に勤めていた高齢の伯父も昼間は不在で男手がないため、私が農作業を手伝うのを伯母はよろこんでくれた。夢にまでみていた銀色に焚きあげられた白米飯と、自家製の黒い三州味噌に根菜類をふんだんにいれた味噌汁の食事を、満腹するまで食べられるのはほとんど天国であった。だが戦火は、こうした牧歌的な地域にまでおよんでいた。夜半、遠雷のような砲声に飛びおきると、東の空に青い閃光がたえまなしに走り、どこかが砲撃されていた。遠州灘に遊《ゆう》弋《よく》するアメリカ艦隊が、浜松市に艦砲射撃をくわえたのだ。昼間、丘のうえの畑で農作業を手伝っていると、近くの海軍飛行場から、紺色塗装で双発の一式陸上攻撃機や最新鋭の陸上攻撃機「銀河」が次々と飛び立ち、私たちの頭上を轟音をあげてかすめていった。「こういうときはあぶないに、すぐに防空壕にいかずと……」伯母にせきたてられ、家の近くの崖下へと急いだ。なぜなら、基地の全機が発進するのは、米軍の空襲を避け、東北など安全な基地に退避するためであり、空襲警報が常時出放しとなっている状況では、このあたりでは、敵の攻撃がまぢかであることを知らせる唯一の信号だったからである。防空壕までの十数分のあいだに、はやくも南方から爆音が迫りはじめ、やがてかなりの低空を緑や茶や黄色の迷彩色をほどこしたB24四発爆撃機「リベレーター」が数機、悠々と姿をあらわし、走る私たちにはみむきもせず、飛行場にむかっていった。粘土質の断崖の横穴壕に飛びこむ頃には、連続投下される爆弾の炸裂音と地響きが壕をゆるがした。

《事件》はその翌日に起きた。帯剣と銃で武装した陸軍の兵士が数人、伯母の家にぬっとはいってきた。銃を突きつけたわけではないが、あきらかに威嚇的な調子で「米をくれ」と要求した。「米といったって、根こそぎ供出してしまっておるで、家族の分にも足りないくらいしかないに……」といやな顔をした伯母に、「ないはずはない、少しでもいいからだせ」と、夏服の襟に兵長の階級章をつけた男が脅かし、伯母はいやいやながら一升枡に米を盛ってきた。彼らはそれを袋にいれ、近隣の農家にまわるべく、急ぎ足ででていった。「まるで強盗だわね、皇軍ももうおしまいだよ」と伯母は大きな溜息をついた。

その夜、今度は西の方角に遠雷のようなひびきがあがり、閃光がみえ、やがて火の手で空が赤く染まりはじめた。ラジオが桑名市に空襲がおこなわれていることを報じていた。従弟が心配であったため、私は朝早く楽園を去り、桑名にむかった。伯父の家は焼失し、従弟はおそらく、郊外にある伯父の部下の家に避難していると考え、口にあてたタオルで濃い煙を防ぎながら、近道をいそいだ。市街地のなかにまだ残っていた水田地帯を横切ろうと舗装した農道に足を踏みいれると、流れる煙霧にみえかくれしながら、そこに異様な光景がひろがっていた。つまり、ここは安全と避難してきたひとびとが、焼夷弾の直撃や油脂の火炎を浴びて、その道路に坐ったまま何人も死亡し、そのまま放置されていたのだ。ほとんどは女性や老婆で、なかにはふところに赤児を抱いて坐り、半身は腕も足も白く生々しいのに、肩からうえは黒く焼け焦げ、後頭部の頭蓋骨が白くむきだしになっている姿には、思わず嘔き気をもよおすほどであった。

従弟とは無事を喜びあうひまもなく、午後にはB29の大編隊が頭上に迫り、近くのベアリング工場や駅、あるいは揖斐川《いびがわ》にかかるいくつもの鉄橋に、爆弾の雨を降らせはじめた。伯父の部下の家は水田地帯にあるため防空壕がつくれず、ふつうは近くの山林にある共用の壕に避難するはずであったが、もう間に合わず、われわれはその家の女性たちと、布団をかぶって難を避けるほかはなかった。一二、三〇分程度の空襲であったが、鉄橋を突進する列車の轟音に似た無数の爆弾の落下音、大地から突きあげられる連続的な衝撃をともなうその炸裂、一瞬の静寂に思わず布団の隙間から覗くと、高く吹きあがった土砂や引き千切られた構造物の無数の破片が、高速度撮影の一場面のように、ゆっくりと落下していくのがみえた。

山林の防空壕に避難しようとしたひとびとが、途中の路上で爆弾の直撃に会い、かなりの死者をだしたことをあとで聴いた。翌日、従弟は彼の母の疎開先の福井の田舎に、私は木曽に立ち寄って東京にもどるため、国道を歩き、揖斐川の鉄橋を渡った。堤防も河川敷も爆破孔が無数に開き、橋は飛散した泥土にまみれ、国鉄と平行する私鉄の鉄橋は、中央の橋脚が命中弾で破断し、灰色塗装の構造物もろともその姿を水中に沈めていた。

「終戦」の詔勅

舞い戻った東京は、奇妙な廃墟の静寂に支配されていた。B29の攻撃目標は地方都市に移り、ときおり硫黄島から飛来するP51長距離戦闘機「ムスタング」が、東京郊外の陸海軍の飛行場を襲撃するために、銀色の機体をきらめかせながら上空を飛び交い、行きがけの駄賃とばかり、列車や電車に銃撃を加えるのみであった。芝浦の工場も焼失したため、他の工場に動員中の他のクラスを除いて、われわれのクラスは学校にもどり、校舎の地下に壕を掘る作業や、わずかに残った年配の教員による授業がおこなわれていた。付属の実習工場も材料不足で休業中であり、工員養成所の生徒の姿もなかった。教頭の訓示では、工場動員ができなくなった生徒は、軍の補助要員として動員されるとのことであった。事実、すでに東海道線の貨物列車には、高射機関砲が搭載された無蓋貨車がかならず一両連結され、土嚢に防護された内側には、射手の兵士のほか二名ばかり、補助要員の生徒が弾丸装填などの助手として勤務していた。ムスタングやヘルキャットの餌食になるのは眼にみえていたが、それでも焼夷弾攻撃などで焼け死ぬより、英雄的な死にかたができると、われわれはひそかに期待した。その頃、ある日の午後、前部に黄色い星の標識をつけた陸軍のカーキ色の無蓋貨物自動車が一台、裏門からはいってきて兵器庫に乗りつけ、二人の兵士が、そこから三八式歩兵銃だけではなく、模擬銃や模擬帯剣まで洗いざらい運びだし、荷台に満載して去っていった。「あんなものもっていってなにするんだ」「きまってるじゃあないか、あれで新兵を武装させるのさ」「ええっ、あんなもので……撃てない鉄砲をもたせられる兵隊も可哀相だよな」「じゃあ、おれたちはどうなるんだ、本土決戦になったら」「竹槍だよ、竹槍……」だれかのなげやりな声に、皆沈黙した。一瞬私の脳裏に、どこか見知らぬ田舎の畑のなかで、米軍の自動小銃になぎ倒される竹槍をもった級友たちの姿や、土埃にまみれて横たわる死体となった自分自身の、みじめな姿が浮かんだ。

梅雨が明け、七月の炎天がやってくると、艦載機やＰ51の来襲は頻繁となったが、われわれも慣れて、よほどのことがないかぎり地下壕に避難することはなく、「おっ、めずらしくアヴェンジャー（艦上攻撃機）が飛んでいるぞ」と、窓にむらがっては見物気分にさえなっていた。ときどきは校舎をゆるがす爆発音に肝を冷やしたりしたが、ある日の午後、屋上から監視役の生徒が転げるように階段を駆け下りながら、「落下傘だ、落下傘が投下された……」と怒鳴り、われわれは先を争って地下壕に逃げこんだ。だが、かなりの時間がたっても、なにごとも起こらなかった。おそらくそれは、校舎の隣の警視庁自動車教習所と運河をへだてた対岸にある連合軍捕虜収容所への食糧投下であったらしいが、われわれが落下傘にそれほど過敏となったのは、その数日まえ、新聞が「広島に新型爆弾投下さる、我が方の被害甚大なり」という政府発表を大見出しで載せ、広島上空に侵入したＢ29一機が、落下傘を着けた新型爆弾を投下し、多大の被害をもたらしたことを報じていたからである。焼夷弾攻撃でどの都市が炎上しても、「我が方の損害軽微なり」としていた政府が、被害甚大と認めたのは、その被害がただごとではないことを示していた。すでに子供の頃から原子爆弾の話を聴き、わが国でも開発がおこなわれていることを知っていたわれわれは、すぐにそれが原子爆弾だと理解したが、アメリカがそれを完成したとすれば、もはや日本の敗北は避けられない事実であった。五月にヒトラーが自殺し、ドイツが降伏したあとでは、戦争を遂行しているのは日本だけである孤立感を、われわれはひしひしと感じていたが、いまや孤立感は絶望感へと変わった。追い討ちをかけるように、長崎にも《新型爆弾》が投下され、また「日ソ不可侵条約」を破棄して、ソヴィエトの大軍がいわゆる満州国境に殺到し、無人の荒野をいくように占領地を拡大しはじめていた。

八月一四日の午後から、米軍機の襲来はまったくなくなり、思いがけない静寂があたりを支配しはじめた。一五日、早朝から雲ひとつない蒼空に、まばゆい太陽が輝き、風もない大気を通じて衣服に熱気を注ぎ、皮膚に汗を吹きださせていた。登校すると、「本日正午に重大放送があるので、全員、一時四五分に講堂に集合すること」という構内放送が、たびたび流れた。「重大放送ってなんだ」「いよいよ本土決戦がはじまるから、一億玉砕を覚悟しろという天皇陛下の放送じゃないか」「そうだな、多分そうだな」「だが、昨日も今日も空襲がないのはなぜだ」「そうだな、たしかに変だな、今日も朝から気味が悪いほど静かだ……」と、その日は授業もなく、教室は集合時間までその話題でもちきりであった。

正午まえ、勤労動員で不在のクラス以外の全生徒が講堂に整列し、そのときを静かに待った。アナウンサーの謹告、正午の時報のあとで、天皇の「玉音放送」がはじまった。さすが最新の通信機器を備えた学校の拡声器は音質がよく、思いがけず甲高く、奇妙な抑揚の天皇の声は、しごく明瞭にきこえた。だが漢文調の詔勅の意味は理解を超えていたが、「……耐え難きを耐え、忍び難きを忍び……」あるいは「……太平の基を開かん」などといったちりばめられたことばの断片が、しだいにそれが無条件降伏の宣言にほかならないことを明らかにしていった。だれかが泣きはじめると、あちらこちらで男の啜り泣きの声が起こり、しだいに全員に波及していった。私の眼も涙で霞んだが、悲しみよりもいいしれぬ虚脱感と、これで十五歳で死ぬことはなくなったという安堵感などが、わかちがたく結ばれた複雑な思いであった。

教室にもどり、机のまえに坐り、だれともなく、「負けたんだなあ……」というつぶやきが洩れたあとは、長い長い沈黙が支配し、教師のだれもあらわれることはなかった。彼ら自身も茫然自失し、なにも手がつかなかったからにちがいない。

VI　世界の復活（二）

予見していた終末が訪れることなく、まったく異なった局面が眼前に開けたとき、ひとはどのような感慨をもつだろうか。死刑宣告を受けていたものが、突然無罪放免となり、街頭になげだされたほど劇的ではなかったにしろ、刻々と近づいていた出口なき出口が視界から消えうせ、もはやだれか命ずるものもなく、四方に開けた空間のどこへむかって彷徨しようと自由となったとき、ひとが感ずるのは、解放感というよりも恐るべき戸惑いであるだろう。だが漂流する自由がこれほど喜ばしいものであるとは、船底に閉じこめられた奴隷に似た境遇をあじわったものでないと、実感することはできない。むしろ、はじめから自由に漂流できるものにとって、目的地もさだかではない風のまにまにのさすらいは、苦痛でさえあるにちがいない。しかし、たとえそうしたひとびとにとっても、自己の内面の声に耳をかたむけることができれば、難破を誘うセイレーンの外からの歌声ではなく、ひめやかにささやくその声にしたがって、霧のなかからおぼろにあらわれる岩礁を避け、立ち昇る雲の告げる嵐の予兆を読み解きながら、たどりつくべき目的地をみいだし、はてしないオデュッセイアーを終わらせることができるのだ。そこに待ちうけているまだ見ぬペネロペーの姿とともに……

占領軍

敗戦がこれほど混乱もなく収拾しようとは、日本人でさえもだれも思わなかったにちがいない。終戦の命令を拒み、米軍機動部隊に突入する航空部隊や、山地にたてこもって抵抗する陸軍部隊がいても不思議はない状況であったにもかかわらず、天皇の《玉音放送》は魔術といっていいほどの驚くべき効果を発揮した。翌々日あたりからはじまったのは、反乱ではなく、これが最後の飛行とばかりの陸海軍の最新鋭機の頭上での大乱舞であり、その爆音は耳を聾するばかりであった。それが数日つづくと、今度は日本の各地の状況を監視する米軍艦載機の大乱舞となり、低空を飛行する爆音も終日すさまじくつづき、その騒音でほとんどまともな授業は不可能であった。帰宅の途上、傾きかかった陽を浴びて、あの日と同じく悠々と旋回する艦上爆撃機「ヘルダイヴァー」の濃緑色の機体と白地に青い星の標識、そしてまさに監視のために後部座席から身を乗りだした偵察手兼機銃手の顔や、黒く光る後部機銃の銃身を眺め、同じ光景を死ととなりあわせではなく、じっくりと観察できる感慨をしみじみとあじわった。

八月の末、東京湾に米軍の大艦隊が出現し、柔道場の裏手の岸壁に坐ってわれわれは、沖合いを埋めつくす灰色の戦艦や巡洋艦、あるいは空母や駆逐艦などの艦船をみまもり、「あれがサウスダコタ級の戦艦じゃあないか」「いやもっと新しい型だよ、ミズーリとかミシシッピというやつではないかな」などと、昨日までは敵であった艦隊の威風堂々ぶりに感嘆したものである。あとで知ったことであるが、九月二日、そのミズーリ艦上で日本の無条件降伏文書の調印式がおこなわれた。陸上でも、ある夕方、帰宅のため大井町駅で京浜線の電車に乗ると、その周りだけ乗客が避けてあいた空間に、戦闘服ではなく、赤みがかったベージュ色の夏の制服に革のスパッツをつけた軍靴をはき、二つの角が突きでたような略帽をかぶり、肩から小型の自動小銃をさげたアメリカの白人兵が、四、五人談笑しているのに出会った。ほとんどが日本人乗客より首の高さほど大きく、制服からはみでそうな栄養ゆたかな体躯で、まわりのやせ細って襤褸《ぼろ》をまとったひとびととは、異なった星からやってきたにちがいないようにみえた。ほとんど目を合わせるのも避けている乗客をはなれて、私はなんの心理的抵抗もなく、彼らの近くに立って昨日までの敵をとくと観察した。

それどころか、幼年時代をハワイで過ごしたことのある級友から、ヒッチハイクのしかたをきいたある日、いたずらのつもりで京浜国道を疾走する米軍のトラックに親指をたてて合図したものである。ほとんどの車両は無視して走り去ったが、なんと一台が停止したではないか。見上げると黒人兵が笑いながら、「オーケー、ウェア・アーユー・ゴーイング……」などと話しかけてくるのに心臓が跳びあがるほど驚いたが、思いきって「ギンザ、ギンザ、オーケー？」というとほんとうに反対側の扉（米軍は日本の左側通行を尊重していた）を開け、助手席にひっぱりあげてくれた。運転しながら彼は陽気に鼻歌をうたい、私のカーキ色の学校の制服に一瞥を加えて、「アー・ユー・ジャパニーズ・ソルジャー？」などときき、私は工業学校を英語でどう表現するのか咄嗟にわからなかったことと少々の見栄もあり、「ノー、カレッジ・スチューデント」などと答えた。訛りが強いため彼の英語は大部分聴きとれなかったが、私の話す片言の英語が通じるのにすっかり嬉しくなり、調子に乗って話すと、彼は、沖縄戦で戦ったこと、日本兵を何人も撃ったことなどを、両手をハンドルからはなして、腰溜めにした自動小銃を撃つ身振りや「バン・バン・バン……」との効果音入りで、まったく無邪気に雄弁に語ってくれた。車は芝浦港にむかうものであったため、家にもどるため、田町駅の近くで降ろしてもらい、握手をして別れた。その大きい手のあたたかみに、敗残の日本人をも人間としてあつかってくれるアメリカ黒人の心のあたたかさと寛容さ、つまりわれわれが戦争で忘れかけていた人間らしさを感じ、深い感銘をおぼえ、それとともに、こんなことができる米軍の自由度に心からの驚きを感じ、あいかわらず疾走する黄緑色の米軍車両を横にみながら、思いがけない体験を反芻しつつ駅へと歩きはじめた。

全学ストライキ

しかし、学校には生徒たちの不満が蓄積しはじめていた。なぜなら、戦時中の教育責任や敗戦にもなんの説明も弁解もなく、戦時下と同じしかたで授業が強行されていたからである。昼休みにはクラスで討論の輪がひろがった。「……とにかく、いままでは間違っていました、と一言の挨拶があってしかるべきじゃないか」「昨日まででかい口をきいてた連中は、宮城前にでもいって切腹しろ、といいたいよ、それができればほんとうに尊敬してやる」「校長が責任者なのだから、校長だけでも責任をとってやめるべきだよ」「そうだ、校長をやめさせる方法はなにかないか」私は《バリケード封鎖》を提案した。「ええっ、バリケードってなんだ」級友たちは驚いてききかえした。「バリケードというのは、よく革命のときに街路や建物に出入りできないようにする障害物の壁のことだ。要するに、机でもなんでももちだして校門や裏門に出入りできない障害物をつくって封鎖し、われわれが篭城して世間に訴えるわけだ、校長を首にしろって」「ふうん、バリケード封鎖ねえ、そいつはいいかもしれない」

敗戦の年はまた、台風の襲来が多く、多大の被害をもたらした。《国敗れて山河あり》の諺があるが、国敗れて山河なしであったからである。すでに戦時中、木曽の谷を訪れるたびに、そのあまりの荒廃ぶりに心を痛めたものである。かつて山々をおおう鬱蒼とした檜の森は岸辺まで埋めつくし、そのあいだを流れる木曽川は、神秘にまでも濃い緑青色の水をたたえ、筏《いかだ》降りの木材の赤肌をあざやかに映えさせていたのに、山々は裸となり、川は色を失い、保水力をなくした流域のため、渇水時には歩いても渡れそうな細々とした流れとなり、増水時には褐色の水が渦巻く状態になっていたからである。バリケード封鎖が話題になった翌日から、台風が荒れ狂い、わが家のまわりは氾濫した川の浸水で焼け野原が水没し、見渡すかぎりの湖となっていた。つまり敗戦直後、妹を残したまま母が疎開先からやってきたため、私たちは強制疎開前に住んでいた家のはるか奥に、焼け残った一画の家の二階を借りて住みはじめていたからである。

水が引くのをまって五日目に登校してみると、クラスのなかは私が提案した計画の実行段階にはいっていた。「……おまえのところに高瀬たちが連絡にいったんだが、洪水でいけなかったので、おれたちだけで計画をつくっていたんだ」「おまえが早くでてくるのを待っていたんだぞ」級友たちの口々のことばに、《首謀者》としては悪い気持ちはしなかった。だが検討の結果、バリケード封鎖だと、大いに権威を失墜させているといっても日本の警察の介入を招く恐れがあるとして、結局全学ストライキにしたほうがよいという結論となった。ある日曜日、他のクラスの代表もふくめ、当時ののどかな田園地帯であった馬込の級友の家近くの植木園に十数名が集まり、計画の細部をつめ、私が起草した新聞などに配る校長の告発文や、下級生や生徒の父母に配布するビラの文面を決定した。そのときだれかが、校長に女性スキャンダルがあるからそれを文面にいれようと提案し、私はそうした私事はいれないほうがいいと強硬に主張したが、結局賛成多数で書くこととなった。駅でビラを配り、下級生の登校を阻止するもの、各新聞社および連合軍総司令部（ＧＨＱ）に告発文を届けるものなどの役割分担も決め、決起の当日を待つこととなった。

全学ストライキの前日、階段教室でおこなわれた国語の授業の終わりに、魅力的な講義と生徒を対等な立場であつかうことで人気のあった小柄な国語教師が、「……きみたちは近く、なにかやろうとしているらしいが、きみたちのためを思っていうのだが、軽挙妄動をしないように……」と言い残して教室をでていった。私は思わず反射的に椅子のうえに立ちあがり、大声で「野口先生はわれわれを思ってああいうことをいっているが、彼がわれわれを裏切ることは絶対ない、明日の計画は敵に漏れてはいないから、断固実行しよう」と怒鳴った。

すがすがしい秋晴れの翌早朝、計画は実行に移された。私は数名の級友と有楽町の朝日新聞社にむかい、社会部記者に文書を手渡し、状況を説明した。そのあと予定の集合場所にむかうと、別の役割をはたしてきた級友たちが駆けてきて、ここは教頭たちに嗅ぎつけられたから、下谷の神社にいけ、と伝えにきた。ようやく神社の境内にたどりつくと、皆晴れ晴れとした顔をし、計画は大成功だった、下級生たちも納得して家へ引き返していったし、学校は大混乱で緊急職員会議を開いていると、昂奮して語りあった。われわれは今日はここ、明日はここと場所を変えながら、毎日情報収集と対策の会議をもった。まだ四頁しかなかった各新聞には、小さくはあったが記事がでた。当時いくつかの学校が、生徒間の横の連絡はまったくなかったにもかかわらず、校長を《戦犯》として告発する同時多発的なストライキにはいっていたため、社会的な話題となったのだ。

ストライキは一週間近くつづき、万策つきた学校側は、生徒に人望のあった例の国語教師を通じて、校長がじかに話し合いたいむねわれわれに申しこんできた。彼を辞任に追いこむ確固とした展望もなかったわれわれも、妥協して話し合いに応じることとなった。ある日の午後、われわれ代表十数人は、旋盤工場のなかにある工作教室で校長に会った。さすがナチス風の制服は脱ぎ、いわゆる国民服を着た彼は、五時間にもわたって熱弁をふるった。軍国主義教育については一応責任は認め、「あの時代ではしかたがなかったじゃないか、みんなだってわかるだろう、ほかに方法があったら教えてもらいたかったよ」と謙虚さをよそおい、いかに教育者としての情熱をこの学校に賭けてきたかを語り、われわれの質問をたくみにはぐらかし、もはやそれ以上の質問がないとみてとるや、攻勢に転じた。われわれの文書にあった女性スキャンダルは「根も葉もないことだ、私の潔白はまわりのだれでもが証明できることで、こんなことを書くなどとはとんでもないことだ、名誉毀損で法的にも訴えることができることなんだよ」と脅し、「しかし私は生徒諸君を心から愛しているから、そんなことをしようとは毛頭思っていない」とわれわれの感情をくすぐり、「今度のことはいっさい罪を問わないから、明日から学校にもどってきて、いっしょに授業をし、いっしょに手をとりあって日本を再興させようではないか……」と、一見声涙ともに降るかのような調子で語りつづけ、最後に「私のいうことはわかってくれたね、明日から授業をはじめよう、わかってくれたひとは、私と握手しよう」と、ひとりひとりに握手を強要し、すでに電灯のともる部屋から暗い工場を抜け、外にでていった。私はすぐに「狸親父にだまされるな、要求貫徹までストライキをつづけよう」と主張したが、それは私ひとりで、多くのものは涙さえ浮かべ、「オヤジ（校長はこうよばれていた）のいうことはもっともだ、彼の誠意にこたえて、ストライキはやめよう」との意見が大勢であった。外にでて暗くなった空をあおぎながら、あのことばの端々から偽善と欺瞞を嗅ぎとっていた私のほうが、逆にひねくれて異常なのかと、思わず深い溜息を吐いた。

後年、同窓会の席で、かつての級友たちは、「いま思えば、あのときは、おまえのほうが正しかったなあ」とか、「バリケードということばをはじめて聴いて、それはなんだということになったが、あれは大学闘争より二〇年以上もまえだったんだよな、おまえ、すごいことを知っていたんだ」などと私の《先見の明》を賞め、ささやかな満足をあたえてくれた。

人民裁判

授業は再開されたが、われわれは《戦争犯罪》追及の手をゆるめなかった。校長は一応謝罪したから、教頭をはじめとする教師たちひとりひとりを講堂によびだし、喚問したのだ。しばらくのちに流行するようになった《人民裁判》のはしりであった。板の間に車座となったわれわれのまえで、教師たちの虚像がつぎつぎと打ち砕かれる劇が展開した。戦時中地道に自分の職務を遂行していた温和な教師たちは、冒頭に率直に謝罪し、教育責任を認め、なごやかになった雰囲気のなかで《解放》されたが、軍国主義的な大言壮語をしたり、暴力をふるっていたものほど、われわれのまえで最後の虚勢を張ろうと身構え、いいわけや弁解に終始し、なかには、われわれの追及がさらに鋭くなると、ことばだけは「タバコぐらい吸わせろ」と居丈高なくせに、マッチをもつ手がふるえ、なかなか煙草に火がつけられない醜態を演じ、われわれの失笑を買うものもいた。一日つづいた人民裁判のあとで私のうちに残ったものは、戦争と戦時体制を支えてきた大人たちの、ほとんどみじめといってよい卑小さと愚かさ、そしてそれを認識したことの巨大なむなしさであった。

こうした状況のなかで私は、戦争末期、それを超えて生きられるかどうかと疑っていた十六歳の誕生日をむかえ、人生が突然無限といっていいほど延長され、依然として飢餓に苦しんでいたにもかかわらず、またむこう四、五〇年日本が復興することはないかもしれないと考えていたにもかかわらず、行く手がまばゆいばかりの光に溢れているのを感じ、自己の将来の方向を真剣に考慮しはじめた。つまり、家庭の事情と戦時の状況でなんとなく選んだこの学校と「機械設計科」という専攻は、私の進むべき道ではないことを明確に自覚し、それに代わってなにをすべきか、模索することとなった。

その頃、どういうきっかけでそうなったのか忘れてしまったが、例の小柄な国語教師を顧問にして文芸サークルを設立、主宰し、『夕映』というガリ版刷りの雑誌を編集・発行することとなった。おそらく、ある授業時間に彼が、「今日は普通の授業はしない」といって、テオドール・シュトルムの『湖の文庫本を朗読してくれたとき、彼の教養の一部が、ゲーテやケラーでつちかってきた私の世界にきわめて近いことを知り、放課後、教員室に訪ねていったのがきっかけであっただろう。とにかく私はその雑誌に詩や和歌や小説を書いて載せ、彼がそれを評価し、私の文筆の才能を認めてくれたのだ。彼の名は野口隆雄といい、故郷の茨城の同姓の詩人の野口雨情の筆名をもじって、《有情》と名乗っていた。その頃書きはじめていた、ホフマン風とも『ファウスト』のゲーテ風ともつかぬ私の幻想小説を激賞し、彼の教員室と同じ棟にある高専の外国語教員室に私をつれていき、中年のドイツ語教師に、「ゲーテの専門家とあれば、これを読んでやる価値がありますよ」と紹介してくれた。もっとも小説が未完だということもあって、そのドイツ文学者の評価はあいまいなままであったが。

このサークルには、後輩に、のちに作家となった小関智弘などもいたが、彼についての明晰な記憶はない。もっとも私も詩や小説だけではなく論文も書いていたようだが、それはまったく記憶から脱落していた。後年、のちに左翼の活動家となった別の後輩から、私の「コンミュニズムと資本主義」という《大論文》が二回にわたたって連載され、大きな刺激を受けたと私信に書いてきたが、残念ながらその内容も記憶に残っていない。

論文といえば、ある専門科目の試験に「今後の日本の進むべき道」という課題がだされ、わら半紙一枚に作文することとなった。当時の新聞論調は、《日本は東洋のスイスたれ》とし、軍国主義と戦争によって破滅した教訓を生かし、農林漁業や小規模の精密産業を中心とした牧歌的な平和国家を築こう、というようなものであった。だが私はこの作文で、スイスとは比較にならない人口をかかえた日本が生き残る道は、工業を盛んにし、それによって生産した製品を輸出し、この大きな人口を養うほかはない、という《工業立国論》を提唱した。工業は私の進むべき道ではないが、日本はそうするほか生き残ることはできない、と真剣に考えたのだ。これはこの科目の担当教師にいたく気にいられ、最優秀答案として彼はそれを教室で朗読するありさまであった。その後、日本が一九六〇年代から八〇年代にかけてたどった道を思い起こすと、この作文は予言的でさえあったと信じている。

芝浦の荷役

足踏み式ミシンを戦災で失った母は、どこからか中古の卓上ミシンを手にいれ、洋裁を再開したが、戦後の混乱期に需要などがあろうはずがなく、せいぜい私たち家族の衣服の繕いに使う程度であった。敗戦国固有の経済的破綻が引き起こす途方もないインフレーションの進行で、父が残した戦前であれば古い家が買えるほどの預金も、あっという間に紙屑となっていった。餓死者がでるありさまに人道的救済にと、ときどき米軍が放出する食糧が、小さな紙袋の小麦粉に缶詰一個といったぐあいで配給になったが、それも焼け石に水で、飢餓状況は変わらなかった。私もその頃、弁当をもって家をでたという記憶はない。ポケットにいれたひとつかみの炒り大豆を、午前の授業の休み時間に食べたことを覚えているが、だれもがそんな程度であったのだ。駅前にはいわゆる闇市場が自然発生し、闇商人たちが農村から仕入れた食糧や、どこか軍の倉庫から盗みだしたにちがいないような衣料や毛布、あるいは衣類に加工できる落下傘の布地などを売っていたが、とてもふつうの民衆が手をだせるような値段ではなかった。母は木曽の疎開先から送り返した荷物のなかから自分の若い頃の着物を選び、郊外の農家に農作物との物々交換に供した。何度も足を運び、しだいになじみになるとかなりの食糧をわけてくれることとなったが、そうなるまでが大変であった。そのうえこうした行為は、食糧管理法違反となるため、ときどきおこなわれる警官の取締りにでも会おうものなら、貴重な着物と交換した食糧はすべて没収されてしまい、ほんらいなら起訴されるはずであった。ほんらいならというのは、たとえば一列車を検問したとしても、すし詰めの乗客のほとんどすべてが食糧の荷物を背負ったこうした買出客であるため、没収だけでも大仕事であったのだ。

こうした状況であったから、私も働いて家計を支えなくてはならなかった。週に何日かは学校を休んで、日雇い労働者をすることとなった。もちろん壊滅した日本の建設業などに仕事のあるはずもなく、それは米軍の荷役作業であった。朝早く芝浦の埠頭にいくと、無数に集まった年齢もさまざまなみすぼらしい身なりの集団を相手に、手配師がその日の作業に応じて職を割りふり、米軍の兵員輸送用のトラックに乗せて作業現場まで送りだすのだ。白いヘルメットにＭＰの黒字を印し、紺地に白抜きで同じ字を染め抜いた腕章をつけ、黄緑色のジャンパー風の冬の制服に、肩から小銃をさげた米軍憲兵の立つ検問所を通過し、荷揚げ岸壁の広い空き地に降り立つと、そこはすでに降ろされた食料品の木箱のみあげるような小山であり、ところどころ荷崩れして箱が破れ、濃緑色に塗装された缶詰がはみでているのがみられた。作業はそれを横付けされた何台ものトラックに積み込むものであり、空腹の身には荷物は重く、かなりきびしい仕事であった。それでもひとしきり轟音をあげて五・六台のトラックがいっせいに走り去ると、少々の休憩ができるが、労働者の何人かは迷路のような木箱の小山のなかにわけいり、荷崩れした箱から缶詰をとりだし、ポケットからだした缶切りで手早く缶詰を開け、中身をむさぼりはじめた。小山の高みに腰掛けた仲間は憲兵の巡回を見張り、その姿をみかけるとそのときどきにきめられた流行歌をうたったりして危険を知らせるのであった。ただ缶詰はすべて濃緑色の塗装一色で、英語の黒字で内容物がしめされているにすぎなかったため、調理を要するものなど直接食べられないものも多くあった。検問所で身体検査があるため、そうしたものも持ちだせず、ところどころに捨てられて残骸をさらしていたが、あるとき私が英語が読めるというので仲間にされ、おかげでコーンビーフなどをあじわうことができた。私にもわからない食料品の単語はかなりあったのだが。

輸送船の船腹から、大きくしなう渡し板をわたって木箱を倉庫に運ぶ作業は、とりわけきついものであった。足許はるか下には油の浮いた海水がゆらめき、肩に食いこむ木箱の重みで足がふらつき、いつ箱ごと海に転落してもおかしくない状態であった。そのうえこの荷役は倉庫に積み上げる場所を指示する兵士がいて、所定時間以外に休憩もなく、ときにはビールの荷箱を開けて缶ビールを飲み、酔っ払ってわれわれの尻を足蹴にし、「……ハリー、ハリー、ジャップ……」などと怒鳴るものもいた。ただ奇妙なことにそのときは、薄暗い倉庫の木箱に腰掛けた二、三人の白人兵が、最後の箱を降ろして帰ろうとする私をよびとめ、おまえも飲め、と缶ビールをすすめてくれたことである。赤い顔をし、すっかりご機嫌な兵士たちにいろいろ質問され、片言で答えることとなった。その内容は覚えていないが、子供の頃、父に勧められて飲んだコップ半杯のビール以来の、いわばはじめての二缶のアルコールで、私もすっかり酔ってしまい、検問所で憲兵に気づかれたらどう答えようかと、頭のなかで必死に英作文を組みたてていたことだけは記憶している。

米軍ＰＸ

国立の学校なら、こうした仕事で学費を稼ぎながら通えるのではないかと考え、将来について迷いに迷った挙句、のちに東京芸術大学美術学部となる旧制東京美術学校の洋画科を受験することにした。子供の頃から絵は得意であったが、画家になろうというよりも、芸術をもっと深く知ろうというのが動機であった。第一次試験の当日、当時まだ木造であった校舎の円形のデッサン教室に案内され、曇りガラスの天井から降り注ぐ柔らかな光を浴びて中央にたたずむギリシア彫刻の模像を素描することとなった。たしかミロのアプロディテーかなにかであったが、白い肌にたわむれる淡い光の影の表現がむずかしく、陰翳がどうしても濃くなりがちで、所定時間は苦闘の連続であった。色彩の均衡や配分については才能があると自認していたが、素描はそれほど得意ではなかったので自信はなく、数日後の第一次試験合格者発表の貼り紙には、予期していたように私の受験番号はなかった。これが私の人生で、最初にして最後の入学試験であった。

他方、在籍中の学校の卒業もまぢかとなったが、専門科目の卒業制作という難問が残っていた。それは旋盤を一台解体し、その部品の設計図からはじめて、全体の組立図を書きあげ、提出するというものである。機械油にまみれながら部品の寸法を測り、ノートし、それらを製図するのだが、部品の段階ではまだよかったが、組立図は何度書き直してもうまくいかず、みるにみかねた級友が代筆してくれることとなった。彼はのちに左翼的な政治風刺漫画家として一時有名となった中島弘二である。しかしそのお蔭で、卒業制作は可となり、卒業にこぎつけることとなった。もっともストライキ以来腫れ物にさわるような扱いを受けてきたわれわれを、学校側は一刻も早く卒業という名で追放したかったにちがいない。とりわけ私は、戦災を受けたあと一時転校をこころみ、二ケ月の空白があって出席が足りなかったこと、そして勉学の意欲をなくした専門科目、なかんずくほとんど零点であった微積分などで、とうてい卒業可能とは思わなかった。だがあとでだれか別の教師に聴いたところでは、卒業資格を検討する職員会議で野口隆雄氏が私の弁護に立ち、こうした生徒は、戦時という特殊事情で間違ってこの学校にはいったのであって、他の分野で才能を発揮するにちがいないと保証し、ようやく卒業可となったとのことであった。こうして卒業式の日、私は例の校長の毛筆の署名入りの、赤い布表紙の卒業証書をどうにか手にすることとなった。

卒業後もしばらく日雇い労働者をしていたが、そのうち家の近くに急造された粗末な小屋の小工場で工員として働くこととなった。若い経営者がどこかの軍需工場からもってきたにちがいない大量のアルミニウム板で、鍋や煙草ケースなどといった日用品を製作するものである。家計費稼ぎのつまらない仕事であったが、工員には個性的な人間がいて、人間観察としてはおもしろいものであった。昼休みにギターをたくみに弾き、玄人はだしの喉をきかせるもの、呉軍港で米軍の空襲を受け、大破転覆した空母からかろうじて脱出した熱血漢で愛国者の元海軍兵士などだが、とりわけある中年の工員は、私が多少の文学的教養があるのを知って、ポール・ヴァレリーや小林秀雄などを引用しながら議論を吹きかけてきたのだ。小林秀雄好きらしい逆説を弄するひねくれた議論であったが、私にとってはたしかに最初の知的訓練にはなったし、彼から借りて読んだヴァレリーはかなりの知的刺激になった。ただ小林秀雄だけは、この奇妙な中年工員の議論のしかた同様、あまりにも知的レトリックを弄する《私小説》ならぬ《私評論》と思われ、どうしても好きになれなかった。

ある日、細かいことだけにやたらとうるさい高齢の《工場長》と新製品の作業手順のことで衝突し、すでにあまりにもつまらない仕事と安い給料に嫌気がしていたこともあり、そこをやめ、有楽町にある米軍のＰＸに勤めることとした。ＰＸとは、米軍とその家族に対する購買やレストランなどのサーヴィスであり、私が通うこととなったのは、接収された宝塚劇場の地下のスナック・バーであった。仕事はトラッシュ・ボーイとよばれるもので、劇場の出し物が終わって飲食にくる兵士や将校がセルフ・サーヴィスでとった飲食物の紙皿や紙コップを片づけ、ごみ缶に捨て、テーブルを拭くものであった。ハンバーガーやアイスクリームなどを提供するカウンターには、若い女性たちがウェイトレスの制服姿でならび、華やかな雰囲気をかもしていた。給料も格段によかったが、この仕事の特権は、朝、広い店内の清掃が終わると、前日の残り物による朝食が支給され、翌日が休日となる日曜日には、サンドウィッチ用に切り落としたパンの耳や、固くなったハンバーガー用のパンなどが分配され、家に持ちかえることができたことである。飢餓の時代には考えられない特典であった。店内には常時アメリカ人好みのポピュラー音楽が流されていたが、閑散としたウィークデイの午前などには、私は志願して放送室にはいり、レコードの棚から古典音楽をとりだしてはかけ、午前中にはいってきた兵士たちは、否応なしに、トスカニーニのベートーヴェンやハイフェッツのチャイコフスキーなどを聴かされることとなった。しかしあるときカルーソのオペラ・アリア集をかけていると、ひとりの将校が近づき、「これはカルーソだろう」と私に確認すると、「これはおれの声楽の先生なのだ」となつかしそうに聴きいり、終わると「ありがとう」といって握手を求めてきた。

さらにここは昼夜の二交代制であったが、夜の勤務者には学資を稼ぐ大学生が多く、そのなかの何人かとは親しくなった。彼らは交代で米軍に接収されていた日比谷公会堂にコーラなどの販売に派遣されていたが、私はよく頼んで代わってもらうことにした。なぜなら、週末にはそこで米軍将兵とその家族のために、日本交響楽団の演奏会がおこなわれていたからである。開演前、あるいは休憩時間に、ほとんどが将校やその家族である客の注文に応じて飲み物を売り、開演のベルが鳴ると、最上階の席まで階段を駆け上り、最後列に坐ってオーケストラの生演奏に聴きいるのは、このうえない至福の時間であった。とりわけ強い印象をあたえられたのはバッハの『組曲第三番』やベートーヴェンの『交響曲「田園」』などであり、前者では力動的なアルマンドの繰りかえす波涛のようなリズムに巻きこまれたあとで、ほとんど天上的といってよいアリアとともに意識は飛翔し、音楽を聴いてはじめて涙が溢れるのを体験した。たしかともに尾高尚忠の指揮であったと思うが、後者では、たんに牧歌的な自然の風景というよりも、ゲーテやケラー以来おなじみであった人間の内面世界の深いひろがりが音楽として展開され、私の魂を包むのを感じた。

ある本との出会い

都心に通うようになって、休日も都心にでかけることが多くなった。有楽町にはまだ、爆撃で崩れ落ちたり、コンクリートの壁に爆弾の貫通した穴のあいたままの建物が残っていたし、銀座は、吹きあげた炎や煙の痕跡を窓枠にとどめる炎上したままの建物の廃墟や、その谷間にひろがる赤茶けた瓦礫の山であったが、焼け残った商店では、わずかな品物を置いて商売を再開しはじめていた。日比谷公園の西側は占領軍に接収され、ソフトボールの球技場などが設置され、ドゥーリトル・フィールドなどと命名されていたが、緑の樹々の影深い残りの空間は、訪れた平和な空気を心ゆくまで満喫しようとするひとびとで溢れ、ときには東屋風の音楽堂ではコンサートが催されていた。アコーディオンや弦楽器のひびきに誘われて足を運ぶと、ひさしぶりにみる赤と白のきらびやかな舞台衣裳をまとった若い女性歌手が、『ラ・パロマ』をうたっていたりした。上野駅の地下道には異臭を放つ襤褸《ぼろ》を着た無数の浮浪者がなおもたむろし、過ぎし冬には公園の広場に、餓死者や凍死者の死体がならべられていた光景は、まるで嘘のように思われた。

ひとびとは再開された喫茶店で、PXから放出された出がらしのコーヒーを再度淹れたコーヒーを飲み、同じくなにが原料かよくわからない黒いパウンドケーキなどをあじわっていたが、私の目的は本屋めぐりか、宝塚劇場の隣に緑ゆたかな庭園をめぐらせた、旧日東紅茶の二階建ての瀟洒な建物に開設されたCIE（シヴィル・インフォーメーション・アンド・エデュケーション）の図書館を利用することであった。当時本屋にはまだ新刊書は少なく、古本屋のほうが品数は豊富であったし、そこでマンやケラーの読み損なっていた巻を手にいれたが、CIE図書館は、おおげさにいえば、当時世界に開かれた唯一の窓とさえいえた。一階にはアメリカの最新の雑誌や新聞、あるいはそれらのバックナンバーが提示されていて、自由に手にとることができた。私の目当ては、すでにその頃絵画などの美しい色彩写真が掲載されていた美術雑誌や、最新の音楽事情や論評を紹介する音楽雑誌であった。持参した辞書を片手に、時のたつのも忘れるほどその世界に没入した。

あるさわやかな初秋の日、めずらしく家の近くを散歩しようと、本門寺の焼け跡を横目に、大森駅にむかう住宅街の台地の道を歩いていた。途中、住宅街のさなかに新刊の本屋をみつけ、はいってみることにした。ようやく出版点数も増えたらしく、平台も書棚も雑誌や本で埋まっていたが、何冊か手にとるうちに、白い紙の背表紙に『詩心の風光』と青い字をしるしたかなり厚い本をみつけ、その題名に惹かれて立ち読みをはじめることとなった。それはある種の《天啓》であった。冒頭から、今回の戦火が政治的あるいはイデオロギー的立場からではなく、人間性の本質にかかわる巨大な《迷妄《マーヤ》》であったとして告発され、そこから人間の本質を恢復するためには、洋の東西を問わず伝統としてあった《詩心》の復活が必要だとされ、戦時中ヘルマン・ヘッセから著者へと贈られた「閑な思想」と題する詩が引用されていた。《やがていつか、これらはすべて無くなるのだ／愚かしく天才的な、こんな数々の戦争も……》ではじまる長詩は、まさにたったいま経験したばかりの黙示録的な破壊や、われわれの内面の荒廃をみごとに描き、それを超えて星々のように煌く永遠の世界があることをうたっていた。本をもつ手がふるえるほどの感動をあじわった私は、それを購入すると家に帰り、夢中になって熟読した。これこそが、あの悪夢のような空襲のなかでゲーテやケラー、あるいはホフマンやノヴァーリス、そしてトーマス・マンなどを読みながら予感していた、内面に深くひろがる人類の故郷としての世界ではなかったか。この本はそれを、明晰にして詩的な言語であますところなく明らかにしているのではないか。

この書は、私の人生の方向を決定したといっても過言ではない。ゲーテやヘッセやリルケ、あるいはタゴールや李太白、西行や芭蕉といった東西にわたる《詩心》の追求は、それ自体で人間性の根底にある思考の普遍性を照射し、また音楽や美術、あるいは文学や哲学など、すべての領域をつらぬく理性的であると同時に感性的な思想の存在を開示してくれた。たしかにそれは直観的なことばで語られ、体系化されてはいなかったが、いまなお色褪せることのない真理を示していた。それを自分自身で表現し、体系化するのが私の進むべき道にほかならない。

「序」に、《一九四六年　春の祭の日に　信州塩名田にて》とあったのを手がかりに地図で場所をたしかめ、思いきって著者片山敏彦に手紙を書き、投函することにした。

片山敏彦の手紙

手紙が着くかどうかさえ確かではなかったし、ヘッセやロマン・ロランなどという世界的な文学者と交流している高名な（かどうかは知らなかったが）著者が、私ごとき若い未熟な読者に返事を書くはずがないと信じていた私のところへ、ある日、片山敏彦の署名のある封書が届いたときの驚きを、想像していただけるだろうか。ＧＨＱの検閲済みのセロファン紙で再封されたその手紙は、以下のようであった。

《北沢方邦様

お手紙と詩とを昨日感動をもって拝見し有難く思ひました。詩を通じての認識の道で、貴方が精妙に真実に自己を生かさうとしてゐられることを喜びます。貴方はその道をみづから編んで踏み堅めて行かれることによって、コスミックな感情の中に貴方御自身の生活を微妙な素材で形づくって行かれるやうになるでせう。貴方御自身についても話して下さい。これから私達はさまざまの事を話し合ふ時を折々持つでせう。貴方の貴重な若さが日本と世界との未来へ、認識の力となり愛の火花になって花咲くやうに祈ります。

片山敏彦》

一九四六年十月九日

『詩心の風光』同様、この手紙は私の人生を決定したといってよい。この地上にも、どこかはるか異なった星からやってきた人間たちがそれとは知らず暮らしていて、なにかのきっかけでたがいにひそかな合図を交わし、認識しあうことができること、そこで交わされた使信は、世代の差を超え、階層の差を超えて存在しつづけることを、私は確信するにいたった。この使信をなんらかのかたちで表現することが、私にあたえられた使命なのだ、と。

Ⅶ　世界の復活（二）

音楽への渇き

片山敏彦との書簡の往復がはじまったが、すでにそのまえから私の音楽に対する渇きともいうべき症候がはじまっていた。母校のひとのよい小太りの音楽教師は、かつて海軍軍楽隊の職業軍人であったという理由で公職追放され、後任がきまるまで音楽室の管理は野口隆雄氏にゆだねられていた。彼が校舎の裏手にある独身職員の寮に住んでいたため、夕食を終えると、よく彼を訪ね、音楽室の鍵を借り、そこにあるかなりの量のレコードを片端から聴き、また弾くというほどではないが、ピアノをいじったりしていた。とりわけドビュッシーの『牧神の午後への前奏曲』は、その斬新な音響と管弦楽のきらめく音色にすっかり魅せられ、繰りかえし聴いても飽きなかった。目の醒めるような管弦楽法といえば、ベルリオーズの『幻想交響曲』の色彩ゆたかなひびきは、私の意識をその奔流に巻きこみ、ドイツに偏っていた私の教養に、のちに読むこととなったスタンダールの『パルムの僧院』とともに、フランス・ロマン主義の圧倒的な魅力をつけくわえることとなった。ただある夏の夜、窓を開け放ってフルトヴェングラーの指揮するバッハの『ブランデンブルク協奏曲第三番』を聴いていたが、たえず怒涛のように反復するその宇宙的ともいえる力動的な表現に酔いしれているさなか、突然青い閃光が夜空に走り、雷鳴がとどろき、音楽と大自然が一体となって私を圧倒した。

かつて全学ストライキをたたかった仲間のかなり多くは、青年共産同盟など左翼に走り、その何人かは野口氏のところにも出入りし、私に共産党の機関紙『赤旗』を手渡して同盟への入党を勧誘するものもいた。たしかに前年、網走刑務所から釈放された日本共産党の幹部たちが、GHQのまえで万歳を三唱し、占領軍を《解放軍》と規定して党の再建に着手したという新聞記事を読み、あれほど苛酷な軍国主義体制を敷いた戦時中でさえも彼らが刑務所で生きながらえ、ナチス・ドイツのように絶滅させられなかったことにある種の感銘を受け、戦時下もわが国が法治国家であったことに若干の安堵感をおぼえたが、左翼の世界にはいる気は毛頭しなかった。なぜなら、戦時中、青少年を戦争に駆りたて、皇国史観や軍国主義イデオロギーを鼓吹した知識人たちが、舌の根も乾かぬうちに続々と共産党に入党し、党幹部も彼らの知的戦争犯罪をまったく追及することはなかったからである。またメーデーの行進歌に、かつての軍歌『歩兵の本領』の歌詞《万朶《ばんだ》の桜か襟の色……》を《聴け万国の労働者……》と変えただけで使うその無神経さにあきれ、心からの嫌悪感をもっていた。左翼にとっては、目的のためには手段は問わないようであったし、そうした態度は、まさに軍国主義やナチスの裏返しにすぎないように私には思われた。

その年の秋口、台風の暴強風と東京湾の高潮で木造の独身寮が半壊したため、野口氏は、二階の二部屋を間借りしていたわが家の、北側の部屋に移り住み、しばらく同居することとなった。彼個人が所有していたレコードをともに聴くのは楽しみであった。とりわけベートーヴェンの多くのピアノ曲は感銘をうけたが、彼の推奨するシューベルトの歌曲『冬の旅』は、そのあまりにも陰鬱な心象風景に、すっかり憂鬱となり、とても繰りかえし聴く気にはならなかった。また彼が持参したラジオで、占領軍の将兵や家族むけに開始されたＦＥＮ放送で、毎日曜日の夜中継される野外劇場ハリウッド・ボウルでのコンサートは、きわめて魅惑的であった。チャイコフスキーやラフマニノフといった当時のアメリカ人好みの曲が多かったし、演奏家もホロヴィッツやハイフェッツなどこれもアメリカ人好みの名人たちであったが、会場の華やかで熱狂的な雰囲気がいきいきと伝わるこの番組は、生きた音楽とはなんであるかを、如実に教えてくれた。

ある夕べ、耳を傾けていると、めずらしく現代音楽が聞こえてきた。それはピアノ協奏曲であったが、斬新で鋭い音響ながら、きわめて香り高い抒情性があり、思わず深く引きこまれ、精神を集中せざるをえなくなった。とりわけ第二楽章は、ベートーヴェンの『弦楽四重奏曲作品一三二』の「神への感謝の歌」を思い起こさせる、高度に瞑想的で宗教的な部分と、小鳥たちの囀りが煌く幻想とまじりあうような部分とが交替し、私の魂をその深みに誘い、かつてバッハを聴いたときと同様に、ふるえるほどの感動をもたらした。これは一体だれの作品なのか、もしそれがわかったら、私はこの作曲家を知るために本気で音楽を勉強し、研究しようと決意した。私自身の内面の奥にひろがる余韻と聴衆の拍手のなかで、男の声が「……ピアノ・コンチェルト・ナンバー3、バイ、ベーラ・バルトーク、ジョージ・シャンドールズ・ピアノ、アンド、ハリウッド・ボウル・オーケストラ、ディレクティド・バイ・アンタール・ドラティ……」とアナウンスしはじめた。ベーラ・バルトーク、ベーラ・バルトーク……と私は心のなかで繰りかえした。

片山敏彦との出会い

翌年、家族とともに片山敏彦が、疎開先の信州から東京にもどってきた。手紙で予告したうえで、私は彼の家を訪ねた。まだところどころに畑や小さな丘の雑木林、あるいは農家の広い敷地や屋敷林の残る住宅地をさまよった挙句、ようやく探しあてたその家は、質素な構えの和風住宅であった。玄関で案内を請うと、いくぶん愁いを帯びた表情の夫人があらわれ、ピアノや籐製の長椅子などが隅に置かれ、床の間に印象派風の洋画などが飾られた和室に通された。すっかり緊張して待つこと数分、やがて長い廊下を踏み鳴らしながら主人がやってきた。少々の癖毛に色白のやや角張った輪郭の顔、黒縁の眼鏡の奥の柔和だが深いまなざし、いささか季節はずれの厚い毛の下着のうえに和服を着、短めの羽織をはおった小柄な姿やその甲高い声に、想像していた風貌は裏切られたが、むしろすぐに、やはりこれが片山敏彦なのだ、と納得をしたのであった。彼は、緊張のあまり話題を探しあぐねていた私をはげますように、音楽や美術について語り、そのうちに紅茶をいれてきた夫人をうながして、レコードをかけてくれた。モーツァルトの『フルートとハープのための協奏曲』が、部屋に射す午後の光のなかできらめいた。

知的戦争犯罪に加担しなかった知識人はごく稀であったが、彼はそのひとりで、戦争末期に信州に疎開するまでは、旧制第一高等学校のドイツ語教師をしながら、ロマン・ロランやヘルマン・ヘッセの道を忠実にあゆみ、軍国主義に背をむけてきた。戦後その姿勢が評価されて、さまざまな雑誌などの寄稿依頼があいつぎ、多忙をきわめていた。その仕事のさまたげにならないようにと、月に一度程度、休みの日の午後にうかがうこととした。ときには原稿依頼にきた編集者と鉢合わせし、ときには依頼の目的がいいかげんだと「そんなことでは原稿は書けない。きみ帰りたまえっ」と、玄関で怒鳴りつけている現場に出くわしたりした。そのようなときでも、「きみ、あがりたまえ」と招じいれ、もてなしてくれた。また、私と同じように読者として接触を求めてきた何人もの若いひとたちがいたが、偶然いっしょになったときなどはご機嫌で、東京音楽学校声楽科出身の夫人に歌唱を頼んだりした。さほどひろくはない八畳ほどの和室に、夫人の弾くピアノと透明なメゾソプラノの歌がこだまし、画集などが散乱していささか雑然とした室内を超えて、雪のアルプスや黄金色の雲のようにけだかい『アデライーデ』の姿が立ち昇ってきた。

その年の初冬、占領軍の規模が削減され、それにともなってPXなどの雇員の人員整理がおこなわれ、私は解雇された。思いあまって私が勝手に《師》とよんでいた片山敏彦に相談すると、彼は自分の『詩心の風光』を出版し、ロマン・ロラン全集の計画をすすめていたみすず書房に私を推薦してくれた。

東京大学そのものと赤門の周辺は戦火をまぬかれ、本郷の古い街並みをそのまま残していた。銀杏や栃の樹々のあいだに、大学の化粧煉瓦の茶色の建物がみえかくれし、緑濃い鈴懸の並木が街路に影を落とし、そのあいだを縫って音をたてて往復する市街電車が、午後の光を浴び、到来した平和をその姿で告知していた。古書店や学生相手の食堂や喫茶店がならぶ一画の、狭い路地をはいると、焼け残った民家や、戦時の強制疎開跡の空き地などが視野にはいってくるが、みすず書房はそうした二階建ての民家の一階を借りていた。畳屋か建具屋であったにちがいない構えの摺りガラスの戸を開けると、薄暗い板敷きの土間に大きな机がいくつかならび、社員が数名校正刷りを読んだり、伝票の整理をしたりしていた。案内を請うと、中央の机に坐っていた着古した軍服姿のひとりの男が立って私を招じいれ、椅子を勧めて面接してくれた。みるからに癖の強そうな角張った顔の、ややあぐらをかいた鼻のうえに小さな黒縁の丸眼鏡をかけ、その奥の鋭い眼光で私を上から下まで観察し、やや早口の訛りのあることばで質問を浴びせ、最後に「じゃあ、早速今日から仕事をしてください」と、私を空いた机に坐らせ、分厚い校正刷りを手渡してくれた。「見て間違いがあったら、ここに書いてあるとおりに赤鉛筆で訂正する」と、校正の記号を印刷した一覧表を脇に置いてくれた。

それが編集長の小尾俊人氏であったのだ。やがて外から帰ってきた、同じく着古した軍服姿の編集者に「今日から編集部で働いてもらうことになった北沢君です。片山先生の紹介の」と私を紹介し、ふたりで企画の検討をはじめた。「……もうひと押しすればなんとかなると思うけど、岩波のほうからも話があるんで、残り物をいただくということになるかも知れない」「あのひとも、ああみえてもなかなか利に聡いからな……」「けっこう金に汚いといううわさもあるよ」高名な著者たちの名がでてきては、次々と槍玉にあがり、また手にした校正刷りは、ドゥンス・スコトゥスとかオッカムのウィリアムズなど私がまったく知らなかったヨーロッパ中世の思想家の名に溢れ、文章も哲学の専門用語にちりばめられ、とても歯が立たないように思われて、これはたいへんなところに就職してしまったものだと、いささか恐怖感を覚える始末であった。

バルトークとの出会い

その頃バルトークという作曲家の作品を研究したいと、リムスキー＝コルサコフの『和声学教程』などの本を買いこんで、独学で体系的な音楽の勉強をはじめていた。ただ残念ながら、母校には新任の音楽教師が赴任して、ピアノは使えなくなっていたため、せっかく和声の課題を五線譜に書きしるしても、それが効果的な美しい和声となっているのかどうか、確認できず、隔靴掻痒の思いをしていた。また占領下で個人が外国郵便をだすことができなかったにもかかわらず、CIE図書館の雑誌で知ったバルトークの楽譜の出版社ブーシー・アンド・ホークスに手紙をだし、カタログを請求さえしたのだ。

ある日、GHQの文字の印刷された大型の白い封筒が家に届き、なにか不祥事でもあって召喚されるのかと驚いて開封すると、バルトークの精悍な写真が表紙となったブーシー・アンド・ホークス社のバルトーク作品カタログと、それにそえられた英文の手紙がはいっていた。その手紙は、個人の外国郵便は禁止されているが、あなたの熱意に感銘して、私が代理でニューヨークからこれをとってあげた、と書かれ、CIEの責任者ニュージェント中佐という署名がされていた。私は早速あやしげな英語でお礼の手紙を書いたが、このことでも米軍のきわめて人間的なあつかいにいたく感動したしだいであった。ただ残念なことに、輸入楽譜が購入できるまでにはまだ四、五年かかることとなり、そのあいだCIE図書館で、音楽の専門雑誌に載せられたバルトークの作品批評や引用楽譜などで、彼の音楽的宇宙の一端を知るほかはなかったのだが。

幸いなことに、私が音楽を勉強していることを知った小尾氏は、ある作曲家のところへいって本を書くことを依頼するように命じてくれた。ただし彼は目がみえないから、口述筆記したものを私が整理し、書きなおして本にするように、ということであった。

ある日、小田急沿線の彼の家を訪ねることとした。二階建ての四軒長屋のひとつの扉を開け、案内を請うと、かなり怪異な容貌の五十歳前後の男が、壁を手探りしながらでてきた。大きな頭の振り乱した髪、白眼がかいまみえるくぼんだ眼、まばらな無精髭、みえない眼で対象を深くまさぐり、鋭い聴覚で私の声を疑い深く点検したあとで、意外にやさしい声で「まあ、あがりたまえ」といった。それが、戦前左翼の音楽運動で活躍し、検挙され、投獄された経験もある、作曲家守田正義であった。どういうわけか彼は、知的に生意気盛りの私をひどく気にいってくれて、こころよく口述筆記に応じてくれただけではなく、そのあいまの休憩時や終了時などには、私の和声の課題までピアノで弾かせ、訂正してくれたりした、「きみのつけかただと、ここが、間違いではないが、なにか鈍重な感じになるね、このファを変化音にして半音上げてごらん……ほら、いいひびきになるだろう」などと。事実彼が訂正してくれると、いかにも課題を消化しましたという私のぎごちない和声進行は、聴きちがえるほど優雅な《音楽》に変貌していた。

休憩時間はまた、雑談というより活発な討論の時間となったが、彼は私の左翼批判に同意し、かつて自分も所属していた日本共産党を、「あれは左翼天皇制で官僚的で、とても党員の意見や外部の批判などを聴く党ではないよ」とシニカルに弾劾し、かつて運動のなかで負ったにちがいない深い心の傷をかいまみせることがあった。「共産党はだめだけれど、いまの日本には明治天皇制や軍国主義にノスタルジーをもっている政治家が多いからね、とにかく政治状況全体としては、社会党のような左翼勢力が必要なのだよ」と語り、「ところで今度の総選挙では、きみはなに党に投票するの」と私に聞いた。「いえ、まだ選挙権がないんです」というと、彼はみえない眼を丸くして「ええっ」と絶句し、「まだあと二年は選挙権はないんです」という重ねての答えに、しばらく間を置いて「きみは、どこかの大学をでているんだとばかり思っていた……」と感嘆ともつかない大きな溜息をついた。

彼のところには多くの音楽関係者が訪ねてきたが、ある夕べ、ひとりの《神童》が母親につれられてやってきた。到着するやいなや神童は、当然輸入楽譜は手にはいらなかったから、耳で覚えたにちがいないハチャトゥーリアンの『剣の舞』を、ピアノの耳を聾する音量で弾きまくり、われわれを驚かせたあと、守田氏のあたえた主題で、モーツァルトさながらに変奏曲を奏でたのである。あまりの神童ぶりに私は恐れをなし、十八歳になるというのに、まだピアノも満足に弾けず、和声学もはかばかしくない私などに、音楽をやる資格があるのか、などと自答するほどの衝撃を受けた。だが先人たちはよくいったもので、その後この神童の名は、作曲の世界はおろか、音楽界でもほとんど聴くことはなく、いつのまにか忘却の淵に消えてしまった。

ある日また守田氏は、私が片山敏彦の《弟子》であると知ると、「よし、今日は片山の家にいこう」と、愛用のステッキ——当時は視覚障害者用の白い杖はなかったし、またあったとしても彼はそれを使わなかったであろうが——を突き、私に腕をとらせて片山敏彦の家におもむいた。玄関にでむかえた愛子夫人は、かつて片山、守田の二人とも酔って取っ組み合いの大喧嘩をしたとあって露骨にいやな顔をしたが、片山敏彦自身は「やあ、しばらく」と歓迎してくれた。目がみえないにもかかわらず、守田氏が美術にも精通し、片山とルドンやシャガールについて語りあうのに驚いた覚えがある。さらにその翌年であったと思うが、ある日、これから音楽の友社にいこうと私をつれだし、当時神田駅の近くにあった同社を訪れ、月刊雑誌『音楽芸術』の編集長に私を紹介し、ひじょうに優秀な研究者だから、『音楽芸術』にぜひ執筆させなさい、とくにいまバルトークを研究しているものはほかにいないから、と推薦してくれた。私にいろいろ質問したこの大柄な身体の編集長は、そのうちに現代音楽の特集をするから、そのときには書いてもらいましょうと、私の連絡先を手帳に書きしるした。もっとも実際に執筆するまでには、もう数年がかかったが。

東大法学部三教授

みすず書房編集部にいたお蔭で、当時すでに名をなしていた多くの知識人にあうことができた。しかしその大部分は、知識や学識ではとうてい及びもつかなかったが、人格的には私を失望させ、知識人不信に陥らせるようなひとびとでしかなかった。しかもそうした軽薄なひとびとが新聞や雑誌で活躍し、まるで自分がそこに属していないかのように、社会や時代を架空の高みから批判しているそのありさまに、私のうちに、知識人だけではなく、マス・メディアに対する大きな不信感がふくらんでいった。

片山敏彦の嘆きも同じで、彼は夕食は古風な土佐人らしく和食で、晩酌をたしなんでいたが、ときおり付き合いさせられると、人間の魂や内面性についてまったく無知な左右両翼の軽薄人がマス・メディアを横行し、メディアは自分の仕事を正当に評価していない、と酔いがつのるにつれて無念の思いを切々と語り、私の同意を求めるのだった。とりわけある知的雑誌が主宰した座談会に出席し、当時の著名な左翼知識人から非政治性を攻撃され、知的な侮辱をうけた夜は大荒れで、愛子夫人は恐れをなして同席せず、もっぱら私が嵐の矢面にたつこととなった。私は、「あと五〇年もたてば、いまマス・メディアで活躍しているような知識人は、名前さえも残らないでしょう」と懸命に慰めたが、五〇年もたたないうちに、このことばは真実となった。

だがマス・メディアは別として、知識人の名に値するひとびとが存在していたこともたしかである。そのなかで、東京大学法学部の仲のよい三人の教授（その頃はまだ助教授であったと思うが）は、それぞれに個性的で魅力的であった。年が若いことと、当時まだ名もない出版社の編集者であることで、玄関払いを受けたり、あからさまに見くだされたり、悔しい思いをしばしばあじわってきたが、背も高く、みるからにおおらかな感じの辻清明教授は、そんな私をほとんど友人のように対等に遇し、感激させてくれた。彼は行政学が専門であり、直接知的影響を受けたことはなかったが、その人格と人間性には深い親近感を覚えた。野田良之教授は、細面で華奢な身体つきであり、一見神経質にみえたが、おっとりとした優しい性格が魅力的であった。しばらくのち、私がある出版社の『音楽事典』の「音楽社会学」の項を執筆したとき校閲してもらったが、彼はほとんど訂正もせず、この論文をほめ、「そのうちに東京大学から講師の口がかかるかも知れないから、この方向で地道に勉強し、業績をあげておくといいですよ」と助言してくれた。私は「まさか」と思い、また口にしたが、後年東京大学教養学部から二度も講師の誘いを受け（最初は断ることとなったが）、彼のことばは真実となった。彼からは知的な刺激も受けたが、なによりも彼の資質の高貴さにうたれたといってよい。

三人目が丸山真男であったが、私が音楽からさらに社会科学にまで知の領域をひろげようとしたのは、もっぱら彼の影響であったといっていいだろう。当時彼はすでに、雑誌『世界』に発表した「超国家主義の論理と心理」で、いわゆる論壇に衝撃的なデビューをはたしていた。明治憲法下の国家体制では、形式的には主権者である天皇が最終責任を負う建前になっていたが、そのため、実質的な政策遂行者であり、責任者である政府や、天皇の統帥権を盾に政府の干渉を排除していた軍部など、それぞれの組織が天皇の名のもとにおこなう行為の責任をとることなく、たがいに支えあって膨大な無責任体制をつくりだしていたその根源を問う論文であった。私が影響を受けたのは、むしろ『日本政治思想史研究』のほうであって、江戸時代の朱子学と古学派との対立、さらには古学派と国学との対立といった思想史的葛藤のなかで、マックス・ウェーバーのいう《合理性》の観点からそれらを分析し、その対立の図式をみごとに解明したものである。その音楽社会学の方法をもふくめて、ウェーバーを勉強しはじめたのも、彼の知的刺激からであった。

まだ療養所に入院するまえ、当時目黒区にあったお宅を何度か訪ねたが、ある夜、ロマン・ロランの音楽書の翻訳を依頼していた吉田秀和氏がすぐ近くに住んでいることを思いだし、彼をさそってうかがうことにした。なぜなら丸山真男の音楽好きはつとに有名であったからだ。彼はこころよく招じてくれ、すでに肺結核の進行で疲れ気味であったにもかかわらず、鷲の嘴のような鼻に乗せた眼鏡の奥の鋭い瞳を光らせ、ひろい額にかかる髪をかきあげながら音楽論に熱中した。とりわけベートーヴェンやワーグナーについての造詣は玄人はだしであり、吉田氏も感銘を受けたようであった。ただ、当時ベストセラーとなっていた小林秀雄の『モーツァルト』という、本というよりも小冊子ともいうべきものが話題となり、それを音楽批評のひとつのあり方として高く評価する吉田氏と、あれはモーツァルトをだしにした《私評論》にすぎず、モーツァルトの本質をなにも語っていないとする私とのあいだで、はげしい論争になった。

後年ひとを介してきいたが、音楽上の大先輩をも顧慮することなく私が繰りひろげたこの論争のはげしさに、丸山真男は「戦後世代は、常時《野戦の態勢》にあるねえ」と驚きをかくさなかったそうだが、いまとなっては私も自分のあまりの傲慢さと生意気さに恥じ入るしだいである。

だが彼は、こうした私をこころよくうけいれてくれた。中野の療養所に入院ののちも、見舞いにうかがうたびに、あの鋭い顔を柔和に崩してむかえ、病気に障るからと遠慮する私にかまわず、政治から芸術にいたるあらゆる話題をとりあげ、ときには思わず熱中するのであった。また退院後、吉祥寺の家を新築されてからも、彼好みのレコードなどを持参してはうかがい、音楽論をたたかわしたりした。しかしかなりのち、私が推奨したベネデッティ＝ミケランジェリのピアノにはあまり感銘を受けた様子はなく、ラヴィ・シャンカルやアリ・アクバル・カーンの奏でるインド古典音楽には、ほとんど関心を示さず、しだいにかけ離れていく音楽の好みに、いささか淋しい思いをしたこともたしかである。だがそれは音楽だけの問題ではなかった。なぜならその頃から、私は否応なしに、彼を批判する立場にたたざるをえなくなっていったからだ。

かつて親しくしていただいた丸山真男の温かな人柄と学恩を思うと、いまでも胸が締めつけられ、とりわけ彼の死後その思いは強い。しかし、六〇年代最後の大学闘争以後、近代合理主義を超える立場をまさぐりはじめ、必然的に《師》に対して批判的となってきた私は、七〇年代以後、休暇や週末に伊豆の仕事場で過ごすようになったこともあって、しだいに彼の家を訪ねることも少なくなり、疎遠となっていった。ただ七〇年代に一度、思想的に対立する問題を整理し、師と対話をしたいという意向を、雑誌『現代の理論』を主宰していた安東仁兵衛氏に話したところ、彼は大乗り気で、それをぜひ雑誌に掲載したいと丸山真男に申しこんだが、丁重に断られたという。それはいまも私にとって心残りである。

朝鮮戦争

梅雨どきであったが、薄日の射すある日曜日の朝、開け放った窓から隣家のラジオから流れる臨時ニュースがきこえてきた。その日の未明、臨時境界線であった三八度線を越えて北朝鮮軍が大規模攻撃を開始、韓国領内に侵入したというのだ。国内でもいわゆる社会主義革命を目指す共産党やそれを支持する労働組合などの極左勢力と、日本を資本主義国として再建し、東西冷戦の防波堤にしようとするGHQや国内保守勢力との葛藤がはげしさを増し、しばしば暴力事件をともなう組合の分裂などがすでにはじまっていた。アメリカ合衆国が支えてきた中国国民党政権の敗北と、中華人民共和国の成立以来、ソヴィエト・北朝鮮（朝鮮民主主義人民共和国）・中国のブロックは、極東におけるいわゆる西側勢力にとって、巨大な圧力となりはじめていた。そうしたとき、朝鮮半島で戦闘がはじまったのだ。

戦争ははじまるやいなや、ソヴィエト製の戦車や自走砲、装甲兵員輸送車など装備において圧倒する北朝鮮の機甲部隊は、貧弱な装備の韓国軍をまたたくまに席巻し、首都ソウルを陥落させ、すさまじい勢いで南下し、韓国全土を制圧するのは時間の問題となってきていた。日本本土や沖縄に駐留していた米軍数個師団が投入されたが、いたるところで撃破され、包囲された大田では師団長までが戦死するありさまであった。緊急に召集された国連の安全保障理事会において、欠席戦術をとったソヴィエトの不在に乗じて、国際協定に違反した北朝鮮への軍事制裁が可決され、「国連軍」の名のもとに、米軍を中心とする多国籍軍が派遣されることとなった。だが増強された「国連軍」は、釜山を中心とする一画をようやく確保するにすぎず、包囲する北朝鮮軍を圧倒的に有利な空軍で爆撃し、均衡を保つのみであった。

当時GHQはお堀端の第一生命ビルにあり、出版物の《検閲》にあたるCIEの部署は東京駅前の丸ビルにあった。私はよく検閲をうけるため、本の校正刷りをもってそこに通い、その往復に景色のよいお堀端を散歩したものである。ある日第一生命ビルのまえを通りかかると、白ヘルメットの米軍憲兵に通行を制止され、なにごとかと立ち止まると、玄関の両脇に立つ同じ姿の憲兵の敬礼をうけながら、数人の幕僚をしたがえた長身のダグラス・マッカーサーが、黒塗りの自動車に乗りこむところであった。襟に銀の四つ星をきらめかせたベージュ色の夏の制服に軍帽を斜めにかぶり、濃緑色のサングラスに口にコーンパイプという写真でおなじみの姿であったが、好転しない戦局のためか、額に深い縦皺をきざみ、固く結んだ唇の端はゆがみ、高い鼻のみが戦士の誇りを保っているようにみえた。

ある秋の休日、当時まだ茶畑の丘陵に緑濃い雑木林が点在する田園地帯であった狭山湖に遠足にでかけた。われわれがダム近くの草原で昼食をひろげていると、超低空を飛ぶB29の巨大な銀色に輝く機体があらわれ、ゆっくりと下降しはじめた。また一機また一機と、十数機があいついで耳を聾する爆音とともに、丘陵のかなたに消え、おそらく入間川基地に着陸していった。あの空襲時の超低空の機体と同じものを、平和な草原の昼食時にみるのは、きわめて複雑な心境であったが、それに加え、時間からして、早朝、あの弾倉に一杯の爆弾をかかえ、朝鮮半島に出撃しての帰還にちがいないことを考え、われわれの口はしぜんと重くなった。

《われわれ》というのは、片山敏彦を敬愛する若いひとびとがおのずから集まって小さな集団をつくり、何ヶ月かに一度、彼を囲む会やピクニックを楽しむ機会をつくっていたからである。その日もこうした遠足であり、彼を中心にヘッセやリルケやロマン・ロランなどについての文学的あるいは思想的な論議が華やかにたたかわされていた。B29の出現でそれぞれが抱いた複雑な思いがかもしだした長い沈黙のあとで、「もう戦争はないと思っていたのに」とだれかが口にし、何人かがそれに賛意をあらわしたあとで、片山敏彦は、「人類は賢くもあるけれど、ヘッセのいうように迷妄にも陥りやすいんだ、これからも戦争は繰りかえされるかもしれないし、そのたびにわれわれは、ヘッセやロランのように《オー・ドゥシュ・ドゥ・ラ・メレー（騒乱を超えたところに）》の立場でものをみなくてはならないんだ」と、例の甲高い声でつぶやいた。

この仲間の主なものは、村上光彦、山口三夫、清水茂など、のちにそれぞれの大学でフランス文学やフランス語の教授になったひとびとであるが、会の雰囲気が私には、ロマン・ロラン教や片山教の信者の集いのように思われ、一歩も二歩も身を引く姿勢で加わっていた。毎回参加したのは、そこにいた何人かの女性のひとりに強く惹かれていたからである。

小江戸と小パリ

　東京大学赤門まえの路地にあったしもた屋を引き払い、みすず書房は湯島寄りの本郷の一画に、木造平屋建ての社屋を新築し、そこに移っていた。少なくとも表通りには焼け跡はなくなり、商店や住宅が軒をつらねはじめていたし、戦後の簡易建築であるとはいっても、まだそのあたりには江戸の下町情緒が細々と残っていた。腹掛けに法被《はっぴ》姿の物売りが、のどかな呼び声をきかせながら荒物を満載した大八車や竿竹を乗せたリアカーを曳き、あるいは初夏には金魚鉢や水を張って金魚を入れた天秤をかついだ金魚売りや、同じく天秤にさまざまな色の花を咲かせる朝顔の鉢をならべた朝顔売りなどが、同じく自慢の喉をきかせ、ときには辻に荷を下ろして古風な煙管で一服したりしていた。その煙管の竹の羅宇《らお》をとりかえる羅宇屋の車が、吹きでる蒸気を利用した鋭い笛の音をひびかせながら通ったり、なんと、芝居のなかでしかお目にかかったことのない定斎《じょうざい》屋が、天秤棒で担った薬箱の錠前の音をカチャカチャとたてながら漢方薬を売り歩いていた。

　周囲も平屋かせいぜい二階建てとあって、摺りガラス越しに早春の陽射しが明るく入りこむある日、事務室の片隅の玄関の扉がひらいて、高いよく透る声で「小尾さん、いらっしゃいますか」と若い女性がはいってきた。髪を三つ編みにして左右に垂らし、細面に思慮深そうな大きな瞳をきらめかせ、やや長身の華奢な身体は、そこはかとない華やかさを漂わせていた。小尾氏は外出中で、彼女は応接室で待つこととなったが、やがて帰ってきた彼としばしの面談のあとで、二人はあらわれ、彼は全員に「今度、野田良之先生の紹介で編集部に勤務することとなった青木さんです」と彼女を紹介した。

例によってぶっきらぼうで多忙な小尾氏は、編集業務を懇切に教えることなどなかったので、机を向かいあわせた私が、校正の仕方を彼女に教えたりした。子供の頃から異性の魅力に敏感であった私が、彼女に関心をもたないわけはなかったが、その頃作曲家の守田氏の隣家に間借りしていた社会党機関紙局の新聞記者であったかなり年上の魅力的な女性に惹かれていたこともあり、また訳知り顔の男の編集部員が、「あれは野田良之さんの許婚者だよ」などというのをきいていたため、はじめはなるべく心理的に遠ざかるよう努めていた。その垣根がとれることとなったきっかけは、みすず書房が社運を賭けて刊行していた『ロマン・ロラン全集』の宣伝もあって主宰した「ロマン・ロラン友の会」の発会式であった。それは当時、日比谷公会堂とともに焼け残った貴重な音楽会場であった共立講堂で、片山敏彦をはじめとするいくつかの記念講演と、ロマン・ロランにちなむプログラムによる音楽会を開催するものであった。プログラムの選定や解説をまかされ、ヘンデルの『ヴァイオリン・ソナタ』とベートーヴェンの『ヴァイオリン・ソナタ《春》』を植野（のち服部）豊子のヴァイオリンと作曲家矢代秋雄のピアノ、後半はベートーヴェンの『ピアノ・ソナタ作品七八』と同じく『ソナタ作品一一〇』を園田高弘のピアノと決定し、準備を進めることとなった。その作品解説のために書いた私の文章が彼女に感銘をあたえ、私に対する関心を芽生えさせたように思われる。当の発会式は満員の聴衆を集め、盛大に挙行され、成功を収めたといってよい。だが私にとって、そのことより、彼女が心を開いてくれたことが、最大の喜びであった。

フランス語を学ぶ必要を感じていた私は、仕事を終えたあとアテネ・フランセに通っていた。当時アテネは、御茶ノ水の高台の文化学院の構内にあった。鈴懸の並木が濃い影を落とす街路には、高い塀と樹々の繁る庭に囲まれた洋風の邸宅がつらなり、その一画にパリの寄宿学校か僧院を思わせる蔦の這う二階建ての校舎が、古風な角灯の下がるアーチ形の入り口を側面に開け、その奥に鉄製の手摺つき階段や中庭をへだてて、拱廊風の校舎をかいまみせていた。その奥の校舎がアテネであった。初級から日本語をいっさい使わない授業はかなりきびしいものであり、学期が半ばに達すると、はじめ満席の教室もがらがらとなり、フランス語の質問が浴びせられる確率がそれだけ高まることとなった。私のお気に入りは、マドモアゼル・ルフォークールという四十代の金髪の女性で、美人というほどではなかったが、品のよい顔立ちの、ただ「ケ・ス・ク・セ？」（これはなんですか）を「キェ・ス・ク・セ？」と発音する典型的なパリ訛りで、夕立のような早口で話す教師であった。偶然ではあったが、青木やよひもフランス語の初級をとっていて、私たちはしばしば同じ机に坐ったものである。ほっそりとした顔立ちに似あう大きな夏の帽子をかぶった彼女は、この小パリ風の風景から抜けだしてきたような雰囲気を漂わせ、校庭をにぎわしている若い女性たちのなかでも、ひときわ目立つ存在であった。『社会新報』の女性記者に失恋したばかりの私にとって、その姿は逆らいがたい魅惑となりはじめていた。

青木やよひ

その頃小尾氏は、丸山真男、辻清明、日高六郎、猪木正道、島崎敏樹など社会科学分野を中心とする若手の優秀な研究者を組織して、《ひひらぎ会》という会を主催していた。隔月に一度集まって研究会をおこなったり、芸術など他の領域にも見聞をひろげようという集いであった。青木やよひは小尾氏の助手として会の開催にかかわっていた。その会での彼女の仇名は、《ひひらぎ会のカッサンドラ》というものであった。なぜなら、彼女には巫女か予言者のような能力がそなわっていて、なんの連絡もないのに「今日はだれだれ先生はいらっしゃらないと思います」などと断言し、実際にその通りとなることがしばしばだったからである。辻清明教授によれば、そうしたこともあって、東京大学法学部の教授のあいだでは、「今度みすず書房に、怖い女の子がはいってきたよ」というもっぱらのうわさであったという。私が経験した《予言》はせいぜい、空が晴れ渡っているのに「あ、低気圧が近づいてくるわ」という数十分後に、激しい雷雨が襲ってきたことぐらいであったが、そうした現実的なことだけではなく、それぞれのひとの未来についても、かなり予言的な宣託をくだすことがあった。いま思えば、《ひひらぎ会》の成員の将来も、ほぼ彼女の見とおしどおりになったといってよい。

私が惹かれたのは、そうした特異な能力というよりも、もっと全体的な資質であった。とりわけ鋭敏な感受性とそれを包みこむゆたかな感性、さらに知性と判断力は、彼女が将来、芸術であれ思想であれ、なにかの仕事で大成するにちがいないという予感をいだかせた。そうした内面的ゆたかさが、そこはかとなく外見にもあらわれ、なにかしらきわだった雰囲気をあたりに振りまいているようにみえた。しばらくまえ、のちに文学座に合併するにいたった「麦の会」という劇団で、演出家で俳優の芥川比呂志や荒木道子などと芝居をしていたとき、脇役を演じていたにもかかわらず、大先輩の荒木道子が「あなたって目立つひとねえ」と嘆息したという挿話は、そのことを如実に示しているといってよい。

『新古今和歌集』の藤原定家の歌《来ぬひとを松帆の浦の夕凪に　焼くや藻塩の身も焦がれつつ》は、私のもっとも好む恋歌であるが、ここには《恋》についての日本の美学というより思想のもっとも深い表現があるといってよい。つまり古語で恋（こひ）とは、そこに不在のひとを慕い、いまここにあらわれることをひたすら請い（こひ）願うことにほかならないが、身を焦がすほどの恋であっても、恋の相手の自由な存在を尊重してひたすら待ちつづけるといういわば《自我の消滅》ともいうべき境地が、恋愛の至高のありかたにほかならない。いうまでもなく恋愛は人間の生物学的欲望から出発するが、動物でさえも雌の性的な合意をえるまでにはさまざまな儀礼や雄同士の力のせめぎあいが必要であるのだから、まして人間にはより複雑な文化的規則があって当然であろう。女性にも強烈な自我の主張があり、自我と自我との衝突のなかから合意をみいだす西欧と異なり、はるかな古代に母系社会であったわが国では、なによりもこの《恋とは待つこととみつけたり》という美学が、とりわけ男にとっては基本的なものなのだ。

それほど目立つ存在であった青木やよひが、ひとり身の男たちの関心を惹かないはずはなく、ひひらぎ会の内部でも外部でも、私にとって多くの競争相手がいたし、彼らはまた学歴からしても社会的地位からしても、とうてい私とは比較にならないほど高かったが、もし私が最終的な勝利者の名に値したとしたら、それは、さまざまな経過があったとしても、私がこうした美学を実践したことによったからといえるだろう。ただ《身も焦がれつつ》待つことは、それだけのきびしい苦しみをともなったし、もうこんな苦しみからは脱出しようという決心が何度繰りかえされたか、数えきれないほどであったが……

Ⅷ　知の航海（一）

ひとの住む世界はひとつではない。いくつもの重なり合った世界があり、そこを自由の行き交うことができるとき、ひとの世界はゆたかに、深くなる。子供たちの多くはそれを感じとっている。だが多くの場合、成長するにしたがって、目にみえる実在的な世界のみに人生の目的地があると信じて執着し、目にみえない世界をひとときの幻影として退け、やがて、いつのまにか年老いていく。しかし目的地かと思われる安住の場所も、さまざまな世界を探求するための仮泊地にすぎない。そこから未知の世界にむかっての船出が必要なのだ。たとえそれが羅針儀を失った漂流で終わろうとも、後悔することはない。とりわけ知の航海は、それ自体が冒険にほかならないし、座礁や挫折でさえも、必ずなにか知の糧となって内面に残ることとなるにちがいない。いまその航跡をたどってみる価値はあるだろう。それはおそらく、個人の内面の記録であるとともに、たとえ対決であったとしても、時代の記録でもあるのだ。

武蔵野の雑木林

母が、外国語の辞書で有名な出版社の印刷工場の工場長で、のちに独立した印刷所の経営者となった男性と再婚することとなったため、私は生まれてはじめて係累のない自由な単身生活をあじわうこととなった。師の近くに住みたいと、片山敏彦の家の奥にあたる歩いて四、五分の距離に、農家がその広大な屋敷林の一画に建てた木造アパートの三畳の一室を借り、わずかな荷物をもって引越した。

まだ武蔵野の面影が十分に残る地域で、なだらかな起伏にひろがる野菜畑や植木溜、明るい雑木林や欅《けやき》の巨木などに囲まれたこんもりとした屋敷林などが散在し、南斜面には中流家庭の洒落た住宅なども見え隠れしていた。そうした住宅のひとつが、『ロマン・ロラン全集』の訳者のひとりであった蛯原徳夫夫妻の住まいであり、そのアパートも蛯原夫人が探してくれたものである。かつて片山敏彦が法政大学の予科で教えていたときに学生として講義を受けたという蛯原氏は、内面的あるいは思想的深みはなかったが、人柄がよく、フランス文学の教養もあり、片山敏彦のまわりに集まった若いひとたちも、しばしばその家に気軽に集っていた。つまり、仕事に集中する片山敏彦や、それを護るために来客にあまり愛想がよくなかった愛子夫人など、片山家の敷居はかなり高かったが、それに比べ蛯原家は、われわれにとってひどく気楽であったからである。

とりわけ私にとって沙子《まさご》夫人は、かなり年上の異性として魅力的であった。麹町の上流家庭で育ち、おのずから品のよさと優雅な身振りを身につけていた彼女は、ほっそりとしてはいるが彫りの深い顔立ちに、そこはかとない愁いをたたえ、それをこまめな家事で紛らわしているようにみえた。引越しのまえから彼女の好意あるまなざしを感じてはいたが、近くにきてからはなにかとなく世話を焼いてくれたり、珍しいものが手にはいったからと、食事に招待してくれた。生涯にであった女性のうち、いわゆる贅沢な料理というのではなく、私の味覚を堪能させる料理をつくったひとは数人に満たないが、そのひとりが彼女であった。すべてにひかえめで、食事の話題にみずから積極的に加わることはなかったが、傍らにときおりめずらしく笑い声をあげるにこやかな彼女がいるだけで、大人になってからあじわったことのない落ち着いた幸福で家庭的な気分を感じた。蛯原氏が私の才能を認め、ロマン・ロランの『ヘンデル』(これは私を嫉妬するだれかの横槍で名をだすことにはならなかった)や『第九交響曲』の共訳者に起用したり、なにかとなく引きたててくれたことに、大いに感謝しなくてはならないが、もし彼女がいなかったなら、これほど深く蛯原家とつきあうことはなかったかもしれない。

食事といえば、料理をするのは好きであったので、荻窪の駅からの帰り道、駅の左手にひろがっていた闇市の名残の市場で食品を購入し、また教会通りと称する白い木造の小さな教会のある路地に、当時はじめて開店したこれも小さな輸入食品屋で、デンマーク・バターやチーズ、あるいは北欧産のオイル・サーディンやスモーク・サーモンなどを手にいれ、狭い共用の台所で調理したものである。PXのスナック・バーで覚えたハンバーグ・ステーキなどは、得意中の得意であり、片山敏彦や若い人たちが集う蛯原家のパーティーでは、私が腕を振るってつくり、皆を喜ばした。いまではありふれているが、当時の日本では西洋料理のレストランといえどもハンバーグ・ステーキは珍しいものであり、「北沢君のハンバーグ・ステーキはおいしいね」と、食通の片山敏彦から褒められたりした。

輸入品といえば、西荻窪に、のちにアカデミア・ミュージックとして本郷に開業することとなる輸入楽譜専門の小さな店が開店した。すぐ近くに片山敏彦のお好みの小さな和菓子屋があったので、そこでの手土産の購入をかねて、よくその店に立ち寄ってバルトークやストラヴィンスキーあるいはドビュッシーなどの小型総譜を買い求めた。輸入楽譜は高価であったので、次回はこれを買おうと見当をつけ、給料をもらったときなどに急いで買いにいくのだが、ある日、かねて目をつけていたバルトークの総譜を、目の前で先客にとられてしまった。小柄でやや愛嬌のある丸顔に眼鏡をかけ、その奥で小さな目を気の毒といわんばかりにしばたたかせ、「悪いね」と声をかけた先客は、ほかにも何冊か購入して店を去っていったが、彼こそは、のちに吉田秀和氏のところで紹介され、「あのときは失礼……」となった作曲家の入野義朗であった。

迷いの年頃

古典の総譜は、ほとんどの曲を知っていたので譜面を眺めていればおのずから音が湧きあがってきたが、バルトークやストラヴィンスキーの知らない曲では、その複雑な書法に具体的な音がなかなか脳裏に鳴りひびくにはいたらなかった。それでも個々の声部をたどったりしていると、しだいに見当がつくようになってきた。あいかわらずピアノがなかったので、ピアノ曲の楽譜も弾いてみることができなかったが、こちらは総譜よりは楽に音をイメージしてみることができた。あるとき野口隆雄氏が、母校の文化祭に宮沢賢治の『セロ弾きのゴーシュ』を人形劇にして上演し、チェロを弾く若い教師と女性のピアニストが音楽を演奏してくれることとなったから、チェロとピアノの曲を数曲作曲してほしいと依頼してきた。いまであったらお断りしたにちがいないが、怖いもの知らずの当時、二、三日かけてバルトーク風のあやしげな曲をいくつかつくり、野口氏に手渡した。リハーサルにも立ち会えず、不安なまま、文化祭の当日でかけていった。

暗幕で暗くした教室には、すでに数十人の観客が椅子に坐って開幕を待ち、小さな人形劇用の舞台には、赤や青のゼラチン・フィルターをかけて待機している本格的な舞台照明器から淡い光が投げかけられ、傍らのピアノとチェロ用の譜面台にも別の照明があてられていた。やがて演奏者や人形遣いの生徒たちが入場し、舞台裏で手で人形を操作する『セロ弾きゴーシュ』がはじまった。重々しくはじまったチェロとピアノの合奏は、思っていたよりリズムが面白く、いささかごつごつした不協和な和音も心配していたような汚さはなく、胸をなでおろしたしだいであった。劇が終わり、教室の電灯がつけられたステージ・コールで、野口氏から人形遣いの生徒や演奏者たちとならんで、《作曲家》として紹介され、面映ゆい思いをしたものであった。

戦後まもなく刊行された、堀辰雄や片山敏彦あるいは山室静といった同人たちによる雑誌『高原』には、中村真一郎のプルースト風の長編処女作などが連載され、活気に溢れていたが、私も師や山室静氏のすすめで、小説とも散文詩ともつかない一文を掲載し、このまま作家として創作をつづけようかと思い迷ったが、それはあまりにも安易な道であるし、小説を書くにしても、その方法論を明確にし、勉強しなくてはよい作品は書けないと考え、他の芸術をまなぶ決心をした。それがいつのまにか西欧の古典音楽となったのだ。しかしそれも、作品の様式的分析だけでは満足できなくなり、その音楽がどのような《思想》を表現しているのか、またその思想はどのような時代的・社会的背景からきているのか、丸山真男との出会いによる社会科学への関心もあり、私の関心はそちらにひろがっていった。したがって、『音楽芸術』誌からバルトーク論執筆の依頼がきたときも、なによりもバルトークの斬新な様式が時代や社会とのどのようなかかわりから生まれたかを論じることとなった。それにひきつづいて二回目の原稿、ピアノ曲『ハンガリー農民歌による即興曲・作品二〇』の様式的分析を書いたが、これらは思いもかけず大きな反響をよび、他のいくつかの音楽雑誌からも執筆の依頼があり、ストラヴィンスキーやラヴェルなど個別の作曲家にとどまらず、「国民主義と音楽」などといった一九世紀音楽の社会科学的分析など、原稿執筆に忙殺されることとなった。とりわけ、のちにNHK交響楽団となった当時の日本交響楽団の機関誌『フィルハーモニー』の名物編集長・延命千之助氏との出会いは、私が音楽評論家あるいは音楽研究者として世に知られるにあたって決定的なできごとであった。当時京橋の雑居ビルの二階にあった日響の薄暗い事務室にでむくと、「わざわざおいでいただいて恐縮です」と、まだ若いのに数本の白髪がまじる髪の毛をかきあげ、細面に似合わず大きな眼鏡をかけたその奥の、これも大きな眼をまたたかせて、彼は揉み手をしながらあらわれた。近くの喫茶店で相対したが、彼は私の『音楽芸術』の論文を絶賛し、「もっと早くお会いしたいと思っていたのですが、なにせ雑誌の編集やら日響の雑務やらで、なかなか声をおかけする機会がなくて……」と、好奇心に溢れた眼をくりくりさせ、私の目を覗きこんだ。彼は『フィルハーモニー』誌を、たんなる聴衆サーヴィスの雑誌であるだけではなく、若い評論家や研究者を育てる場所として提供し、そのためにしばらくのち、われわれを編集委員として起用もした。月に一度の編集委員会から、若手研究者や評論家の自発的な集団が生まれ、同僚の研究を主題にしたり、また他の芸術も勉強しようと、針生一郎など美術評論家を招いて美術館巡りをしたりした。その中心メンバーは、私のほかに小泉文夫、平島正郎、皆川達夫、大宮真琴などであり、それぞれの家を各回の会合場所としていた。

「楽壇」という闘技場

ロマン・ロラン友の会の発会式で知りあったピアニストの園田高弘とも、彼がジュネーヴの国際コンクール参加のために渡欧するまで、親しくつきあい、ときおり譜めくり役まで申しつかったりした。当時、民間ラジオ放送が開局しはじめていたが、ある局の開局記念の演奏を頼まれた彼に、生放送で少々怖いので念のため譜めくりをしてくれと依頼された。かつてプラネタリウムがあったドーム型のひろいスタジオで、リハーサルのあと、いよいよ本番の演奏がはじまった。ピアニストの周辺のみに照明のあたった仄暗いスタジオに、スタインウェイのコンサート・グランド・ピアノの華麗な音響がひびき、私も陶然となった頃、ショパンの『バラード第一番』の何頁目かをめくった途端、父君から引き継いだにちがいない手垢にまみれた古いデュラン社の楽譜の閉じ糸が切れ、楽譜はばらばらになって木の床に散乱してしまった。生放送とあらば、音のしないようにと急いで拾い集め、順序をたしかめて譜面台に置きなおし、一瞬の冷や汗をかくこととなった。だがさすがは園田高弘、少しも動じることなく、腕に落ちかかった譜面を払いのけながら、堂々と弾きつづけたのだ。

また彼は、結成されたばかりの「実験工房」という名の芸術家の集団にも属していて、武満徹や湯浅譲二など所属作曲家の作品や、西欧の前衛作品の初演にあたっていた。私もときどき、たとえばオリヴィエ・メシアンの『時の終わりのための四重奏曲』などの初演に譜めくり役としてたちあい、彼らの作品に強い関心をいだいたが、武満たちとは挨拶程度で、親しく口をきくようになったのは、かなりのちであった。そこには音楽評論家の秋山邦晴もいたが、彼とは親しくした。当時はアフロ・ヘアのように縮らせた毛を逆立て、頬骨の張った細面の小さな眼を輝かせ、いかにも前衛の一員といった容姿であり、書くものも前衛礼賛の一色であって、いささか同業者であるわれわれを辟易させたものである。その後彼の渡米のための歓送会などをおこなったが、七〇年代のはじめには、おそらくアメリカの「文化革命」の影響で顔立ちまでやさしく変わり、私も思想的にも芸術的にも、彼とは全面的に意気投合するようになった。

当時の日本の「楽壇」なるものには、たしかにあらゆる分野で世代交替の波が押し寄せ、新しい力が古い勢力と拮抗しはじめていた。批評や評論の領域では、大新聞に執筆するような有力評論家はほとんど左翼のイデオローグで、演奏批評でも園田高弘などの新人にはきわめてきびしく、他方、世界や国内の音楽状況の論評では、ソヴィエトの作曲家たちの作品が大きく扱われ、あるいは国内の労働運動に関連する音楽運動などに高い評価があたえられたりした。彼らはまた、吉田秀和氏のようないわばモダニストは、「アメリカ帝国主義」の文化的尖兵であるとして批判し、東西対立のイデオロギー的図式をそのまま「楽壇」にもちこんできた。私はもちろん、アメリカの礼賛者でも反共主義者でもなく、また逆に左翼イデオロギーに毒されてもいなかったが、彼らの論理があまりにも粗雑であったので、彼らの本の書評などで手厳しい批判を加えたり、あるいはソヴィエト音楽に対する正当な判断をこころみようと、ショスタコーヴィッチやプロコフィエフなどの作品を評価しつつ、ジュダーノフなどの政治的干渉や「社会主義リアリズム」それ自体の芸術的時代錯誤をはげしく批判した。のちにロシア語に堪能な入野義朗氏から、ソヴィエト作曲家同盟の機関誌『ソヴェツカヤ・ムジカ（ソヴィエト音楽）』に「きみの論文に対する批判がでているよ」と教えられ、目にすると、たしかに私の論文に対する反論で、まことに光栄なことであったが、残念なことに、その日本語のできる評論員は私の名の漢字を正確に読めなかったらしく、私の名は《カタナ・キタザワ》と表記されていた。つまり《方》をマサではなくカタと読んだうえに、《邦》と《那》とを混同したのだ。

しかし、いわゆる社会主義の本家からのこうした反論にもかかわらず、若い左翼的な作曲家の集団が、その同人誌にバルトークについて書いてほしいと、私に接触してきた。「山羊の会」と称する彼らは、しかしながらなかなか魅力的なひとたちであった。その中心となっていたのはもっとも若い林光であって、原宿にあった彼の家は、「山羊の会」だけではなく、あるバレエ団の幹部たちをはじめ、新しい左翼的な芸術家たちの溜り場となっていた。かつて《神童》のひとりであった彼は、しかしながら守田氏の家で会った神童と異なり、大人となり、結婚してもまだ神童の面影を残してはいたが、仲間とともに「楽壇」に新しい風を吹き起こそうと、意欲にみちたまなざしをしていた。小柄で、小さな丸顔に大きな眼をまたたかせ、早口でシニカルにしゃべる彼のかたわらには、大柄でどっしりしたかまえの外山雄三と、いささかはにかみやで神経質そうな間宮芳生がいて、ときおり林の機関銃のような話に割ってはいってきた。当時彼らは社会主義リアリズムを信奉しながらも、その単純な図式を超えて、実作者としていかに日本独自の様式をつくりだそうかと苦しみ、ハンガリーの農民の歌の創造的変換によって、まったく新しい前衛的様式を創造したバルトークに大きな関心を抱いていたのだった。のちに三人それぞれが賞を獲得するような、すぐれた個性的な作品を書いているが、外山雄三は指揮者としての資質にもめぐまれ、多くの交響楽団と共演することとなった。彼の演奏するベートーヴェンなどは、その解釈の深さによって、世界的にもっとも高い水準にあるといってよい。ともあれ彼らとの交流は、私にとって青春のさわやかな思い出となっている。

またその頃、私は柴田南雄・入野義朗両氏がかかわっていた楽譜出版社に編集員として加わることとなり、みすず書房を辞職した。当時はアマチュア合唱団の全盛期で、主な出版物は男声・女声・混声などの合唱曲であり、仕事は古今東西の曲を集めては編曲し、訳詞をつけ、楽譜浄書に回し、できあがったものをピアノで弾いてみたりして校正することであった。編曲の仕事は柴田・入野両氏が担当し、私は曲集めや訳詞、あるいは校正を分担した。また声楽の教則本や歌曲集なども刊行したが、『フーゴー・ヴォルフ歌曲集』や『ムソルグスキー歌曲集』などはほとんどすべてをひとりでてがけたもので、思い出に残っている。とりわけムソルグスキーは苦労して訳詞をつけ――もちろん私はロシア語はできなかったのでフランス語訳を参照し、入野氏の助力をえたが――、その訳詞が『音楽芸術』誌上で畑中良輔氏に《すばらしい演奏効果がある》と激賞されたのが印象に残っている。

結婚という通過儀礼

ある日、あらかじめ手紙で連絡はあったが、三畳の狭いアパートの一室に、若い魅力的な女性が訪ねてきた。東京芸術大学音楽学部の楽理科の学生で、卒業論文に音楽社会学を主題にしたいから、個人的に論文指導をしてほしいという依頼であった。恋がなかなか成就しない苦しみをあじわっていたときであったので、私の諸論文に感銘したという、いささか崇拝のまなざしでみつめてくれるこの若い女性とこの狭い空間で膝つきあわせて話しあうのは、かなり危うい情緒のゆらぎを感じることでもあり、そのため私の勤める楽譜出版社に昼休みに訪ねてもらうことにした。楽譜出版社は、樹々の影が街路に色濃く模様を描きだす田園調布の住宅街にあり、女社長の邸宅が仮の事務所であった。古風な家具のおかれたそのゆったりした応接間で、論文指導をしたり、あいまにはピアノの連弾などをこころみたりした。こころみたというのは、彼女のピアノの腕前はなかなかのものであったが、私はシューベルトの『軍隊行進曲』やブラームスの『ハンガリー舞曲』を初見で弾くには、かなりやさしいものを選んでも、少し手が混んでくると、たちまち脱落してしまったからである。しかし、連弾で手が交錯して触れあったりと、こうして二人だけですごす時間が増えるにつれて、それが私の内側でこころよく楽しくあればあるほど、危うさも増しはじめていた。

そこであるとき、思いきって青木やよひに結婚を申しこむ決心をしたのだ。彼女にとって私は多くの選択肢のひとつにすぎないうえ、もともと結婚そのものが彼女の人生の選択肢のひとつでしかなく、ひたすら自己実現を志していた彼女にとって、それは思いもかけない難問であった。私の申し込みが宙に浮いたまま、かなりの時間が経ち、そろそろ諦める決断をしなくてはならないと考えはじめた頃、いわば救世主があらわれ、事態は急に展開することとなった。

当時みすず書房に勤めるかたわら、母とともに巣鴨で小さな薬局を経営していた彼女の家をある夜訪れると、あらかじめ招いていたらしい彼女の母の友人が相談役として待ちかまえていて、和やかな雰囲気のなかでほとんどが雑談であるような話しあいがもたれた。明るい色の粋な小紋の着物に黒っぽい羽織をみごとに着こなしたそのひとは、五十歳前後のきわめて美しい女性で、黒い瞳をいきいきと輝かせ、柔らかなしかも張りのある声で会話を主導し、私はたちまちその魅力に囚われてしまった。のちに大磯の高級ホテルの女性マネジャーとなったそのひとは、頭の回転も早く、すべての物事の判断が的確で、私とすっかり意気投合してしまった。その夜はそのまま別れたが、あとで彼女の助言がやよひとその母に決定的な影響をあたえたようであった。つまり私に好意をもってくれた彼女が、「あのひとならいいんじゃない、決めてしまっても、あとで後悔することにならないと思うわよ」といったことが決断につながったようだ。高橋菊枝さんというそのひとには、このことでいまでも感謝しているし、その後もときどきお会いし、亡くなられるまえにも電話で話をしたりしたが、深く印象に残るひとであった。彼女はいまでいう未婚の母でもあったが、おそらく大正デモクラシー時代が生んだ、自由で先駆的な女性たちのひとりであったと信じている。

こうして交際をはじめて五、六年で、青木やよひは私との結婚を承諾することとなった。おたがいに決めた結婚の条件とは、それぞれが自己実現をめざすため、家事は分担する、おたがいが束縛と感じるようになったら、いつでも結婚は解消する、というものであった。当時、虎の門にあった共済会館の二階建ての建物で、まだ五月二日というのに真夏のような暑い日、もちろんまだ冷房などのない部屋で、ささやかな結婚披露宴がおこなわれた。親族は呼ばず、それぞれの親のほかは、片山敏彦夫妻をいわゆる媒酌人とし、やよひの関係で辻清明夫妻（ただし本人はイタリア旅行中で欠席）、丸山真男夫妻（ただしこれも本人入院中で欠席）、野田良之氏、小尾俊人氏、私の関係で柴田南雄・敏子（のち戸田敏子）夫妻、入野義朗氏、楽譜出版社の内藤百合花社長などをお呼びした。こうした祝宴の主人公を演ずる気疲れとともに感じたのは、充足感とはおよそ遠い気の重さとでもいうべきものであって、それは、気楽で自由な独り身と訣別し、妻という名の他者と社会的生活をいとなむ責任と、この席につらなった錚々たるひとびとから受ける知的で人格的な重圧感からきていた。

当時、米軍の接収から解除されたばかりの熱海ホテルが、最初の宿泊所であった。蘇鉄の植込みが似あう南欧のヴィラ風の二階建ての建物に、海を見下ろすひろい芝生のなだらかな斜面、階段をおりて海際の崖につらなる遊歩道とプールなど、古雅なこのホテルは、美味な料理とあいまって、私たちのお好みとなり、それからしばらく毎年、結婚記念日に訪れることとなった。新婚旅行はそこから関西へ行き、当時大阪市立大学教授として単身赴任をしていた蛯原氏の案内で京都の古寺巡礼をしたのち、奈良に回り、ここでも古寺巡礼をして、あらためて日本文化の故郷に触れることにした。ただ私としてはその頃、皇国史観に毒された戦時中の反動で、西欧の近代にのみ目がむいていて、竜安寺の石庭にしても、その高度な抽象性に心打たれはしたが、小さな庭に全宇宙を投影する禅文化の本質にまでは関心がいたらなかった。法隆寺にしても唐招提寺にしても、かつて『万葉集』を読んだときのように、飛鳥文化のおおらかさにあらためて感銘したが、それらが自分自身のアイデンティティとどう結びついているのか、深く追求することはなかった。

こうして二人の結婚生活がはじまったが、片山敏彦の弟子たちのあいだでささやかれていた、あの二人の結婚は何ヶ月もつか賭けをしよう、などといった陰口にもかかわらず、またその後の多くの試練や紆余曲折にもかかわらず、それは、これを書いているいまにいたる、五〇年近くもの歳月につづくこととなった。

教師生活のはじまり

結婚してまもなくのある夜、住まいとしていた巣鴨の薬局に私宛の電話がかかってきた。名古屋大学文学部に非常勤講師として集中講義にきてほしいという要請であった。「それはたいへん光栄ですが、学歴がないので無理だと思います」という私の返事に、その美学・美術史教室の助手は、「小・中・高を教えるには免許がいるけれど、大学は学部教授会が承認すればいいんで、問題は学問的業績だけです」と答え、至急、履歴書と業績表を送ってほしい、と、業績表の書き方を懇切に指示してくれた。戦後、バルトークの紹介や研究は作曲家の柴田南雄氏とわけもっていて、私は開拓者とはいえなかったが、音楽社会学については、日本ではじめて体系的に研究を開始したものといえた。戦前、マックス・ウェーバーの未完の論文「音楽の合理的・社会的基礎」が、『音楽社会学』という題名で、しかもほとんど読むにたえない訳で出版されていたが、日本人の論文としては皆無であり、その意味で私のいくつかの論文は希少価値があった。ただあとでわかったことであるが、当時名古屋大学文学部には左翼的勢力が強く、「音楽社会学」という学問的題名がそのままマルクス主義的なものであると誤解され、それが私を招く原因となったようだ。たしかに私の論文には、学説史の一部としてマルクス主義的アプローチを紹介していたが、よく読めばわかるように、私の立場はウェーバー的な知識社会学を目指していたし、ある点ではそれは、マルクス主義とは対立するものであった。

当時、名古屋大学文学部は戦災で焼けたため、名古屋城内の旧陸軍兵舎をそのまま仮校舎としていた。天守閣も旧兵舎の大部分も焼失し、焼けた木材は搬出されたが、コンクリートの土台や散乱する瓦の破片などはそのままという、荒涼とした風景が周囲にひろがっていた。ただ樹々の緑だけはゆたかで、鬱蒼とした繁みのあいだからは、蓮の葉におおわれた深い堀や、優雅な曲線をえがいてそびえる苔むした壮大な石垣、焼け残った二の丸の白壁やあざやかな緑青色の屋根などが覗きみられた。歩くだけでもひどくきしむ音をたてる古い兵舎の廊下には、しかし学生たちの熱気が溢れていた。生まれてはじめての大学の講義とあって、初日はかなりの緊張で、学生たちの顔をみる余裕などはなく、もっぱら用意してきたノートと黒板に書く文字にのみ視線は集中した。講義の終わりにいくつかの質問があり、そのときはじめて学生の顔をまともにみる始末であった。そのうえ、講義が終わってほっとし、学生食堂で高村助手とコーヒーを飲んで話をしながら、学生が提出した三、四〇枚の受講表を眺めていると、その生年月日欄の記述で約三分の一の学生が私と同年輩か、年上であり、最年長者は七歳も上であることに気づき、愕然とした。まだ戦後の混乱期のつづきで、軍隊から復員し、生活のためにいったん社会にでてから入学しなおした、あるいは復学した学生が多かったのだ。愕然としたというのは、私自身も体験した戦後の生活のきびしさを想起したのと、そんなに苦労してはいってきた学生たちに、私が教えるだけの価値あるものをもっているか、という自省の念からであった。

夜は、週番士官の当直室かなにかであった畳敷きの部屋に泊まったが、裸電球の照明が、中央にひとつ置かれた座卓を照らすだけで、高い天井も部屋のひろい片隅も仄暗いものさびしい場所で、修行僧のように勉学にいそしむのもはじめの何日かで、数日後には、懐中電灯を頼りに真っ暗な城内を抜け、食事をかねて繁華街に映画などをみにいくようになってしまった。もっとも繁華街といっても当時は映画館は数軒しかなく、三日もみるともう観賞するものはなく、ケイリー・グラントと、のちにモナコ王妃になったグレイス・ケリーの主演した日本語題名『おしゃれ泥棒』を同じ映画館で数回も繰りかえしみて、明るく明媚な南仏の風景や英語の会話を堪能することとなった。

映画といえば、これはやむをえず何度かみたにすぎないが、すぐれた映画は繰りかえしみることによって、感動をあたえる根源はなんであるか、方法論的に解明するのが好きであった。記録的な回数でみたのはマルセル・カルネの『天井桟敷の人々』やジュリアン・デュヴィヴィエの『舞踏会の手帳』、ジャン・ルノアールの『大いなる幻影』、あるいは戦後の作品ではルネ・クレマンの『禁じられた遊び』やロベルト・ロッセリーニの『戦火の彼方』などであり、若干のものは、いまでも家庭用ヴィデオで所有し、暇なときにみることとしている。一九六〇年代のアラン・レネの『去年マリエンバートで』や、同年代末のアメリカ映画などにも多くの知的衝撃を受けたが、そのことはまたあとで語ろう。いずれにせよ、すぐれた映画は、物語や筋といった文学的要素を超えて、シネマトグラフィックな美や構成そのものによって表現し、語るのであって、それはまさにすぐれた音楽が、音響的な美（それがなんであるかは問題だが）や構成そのものによってまずひとに感動をあたえるのと同じなのだ。芸術のすべての領域が同じ構造をもっているのを、私はしだいに確信するようになった。したがって、それらが時代や社会ともつかかわりかたもまったく同じであり、音楽社会学は芸術社会学に発展するはずであった。ただのちに、私の関心は《近代》から離れ、しだいに《未開》にむかいはじめたため、この構想はまったく別の様相を示すこととなった。

桐朋学園音楽科

同じ年の秋、例の若手の音楽評論家や研究者の集まりで親しくなった大宮真琴氏から、彼が専任であったフェリス短期大学の音楽科に専任講師としてきてほしいという要請があり、引き受けるつもりで彼の鎌倉の家にうかがったりした。だがそれを平島正郎氏から聴いた入野氏と柴田氏が、フェリスに取られるくらいならこちらに専任として採用すべきだと吉田秀和氏に進言し、翌年の四月から私は桐朋学園短期大学の専任講師として赴任することとなった。だがこの選択には若干のためらいがともなった。なぜなら、音楽批評界の主流であった左翼勢力は、吉田氏と桐朋学園にはアメリカの中央情報局（ＣＩＡ）から資金が提供され、西側諸国とのいわゆる片面講和後の文化拠点の一環として、音楽的反共勢力の養成に使われているという、根も葉もないうわさを流し、それがかなりひろく浸透していたからである。

その頃の京王線仙川駅の周辺は、駅前の小さな通りをかこむ数えるほどの商店や、若干の住宅を除くと、ほとんどはなだらかな斜面にひろがる畑や、丘のなぞえに散在するこんもりとした雑木林で、はるかに霞む平地の稲田に伸びる線路から、数両連結の電車が、のどかな警笛を鳴らし、ゆっくりと昇ってくるのがみられた。その丘のうえの一画に、桜や木犀など一群の樹々をめぐらせた校門に、白亜二階建ての木造校舎という、どこにでもみられる戦前の典型的な学校建築の桐朋女子高等学校は、かつて陸軍将校の子女の通う旧制女学校として知られ、戦後もその折り目正しい教育で多くの中産階級の子女を集めていた。靴を脱いで履き替える玄関をはいり、受付で案内を請うと、短期大学を含めた音楽科は一番奥の校舎と教えられ、白亜の校舎が終わったその先にある戦時下の急造校舎にちがいない、風雨にさらされて塗装も剥げたみるからに貧相な平屋の木造校舎にはいってみた。入り口が逆の方向にあるのを知らず、粗末な板敷きの廊下を歩き、事務室にたどりつく頃には、ＣＩＡの幻想はすっかり雲散霧消してしまっていた。「すみません、履き替えてください」とあわてて女性事務員がもってきたスリッパを履き、隣の部屋に案内されると、粗末な応接用家具のむこうに二つの事務机を置き、吉田氏と入野氏がむかいあって仕事をしている姿がみられた。「やあ、いらっしゃい」と、かつての論争を忘れたかのように寛大に、いささかジャコメッティの彫刻を想起させる、逆立った髪と頬骨の張った細面に、眼鏡の奥の眼だけを柔和にゆるめて、吉田秀和氏は私をむかえてくれた。

音楽社会学や音楽史の講義を担当するだけではなく、事務処理の能力があるとみられたのか、カリキュラムや時間割あるいは学年暦の作成からさまざまな雑務にいたるまでまかされ、かなり多忙となった。はじめて訪れたとき、教室をいくつかに仕切った個室から漏れてくるピアノやヴァイオリンの音の少なさに驚いたが、学生は自宅で練習し、教師の家でレッスンを受け、学校には自己が習得する単位の授業があるときだけ出席する方式で、したがって実技教師たちと顔をあわせるのも、試験や会議のときだけであり、日常的に接触するのは気心の知れた吉田氏と入野氏や、のちに作家として有名になった丸谷才一氏、片山敏彦の弟子でもあり、若くして亡くなったドイツ文学者原田義人氏など外国語教師だけであった。その意味ではわずらわしさのない快適な職場といえた。原稿の執筆や放送の出演など、自分の仕事がはかどったのも当然である。ただ月に一度、幹部会と称して、音楽科の理事長であった三井不動産社長の江戸英雄氏をふくめ、学長でピアノ科主任の井口基成、弦楽科主任の斎藤秀雄、声楽科主任の伊藤武雄、吉田・入野両氏と書記役をかねて私とが集まり、運営や教育の基本方針を討議した。財閥解体でなくなった三井本社のあった三井本館の最上階の重役食堂が、しばしば会議場となったが、人影が映るほど磨きあげられた白大理石や黒大理石などを内装に惜しげもなく使い、高い天井に水晶のシャンデリアが煌き、黒檀のどっしりとした大きな食卓や彫刻のほどこされた同じ色調の椅子のならぶ豪奢な部屋で、男の給仕人が取り分けるフルコースの美味な料理をあじわい、戦前の財閥の絢爛とした生活を偲ぶのも、また一興であった。

井口氏はいわゆる豪放磊落な性格の親分肌のひとで、その意味ではきわめて付きあいやすく、私もしばしば旅先の旅館や寿司屋などでのその豪快な飲酒の相手をしたが、その直情径行にいささか芸術家としての繊細さや判断力に疑いをいだいた。事実、しばらくのち、親しくしていた卒業生のピアノとヴァイオリンのリサイタルのリハーサルを聴いて助言を頼まれ、ドビュッシーの『ヴァイオリン・ソナタ』の終曲のある部分で、「ここはフランス語でアン・キュイヴレ、つまりファンファーレ風にと指定されているのだから、もっと高らかに」と注文し、彼らも納得したのだが、本番ではファンファーレ風の音がまったく聞こえなかったのでそのことを問うと、「井口先生がそこのところはもっとおだやかにといわれたので……」と、彼らはことばを濁し、ばつの悪そうな顔を私にむけた。

きれいにととのえた銀髪と、絶えず視線を移すまなざし、とがった顎と薄い唇でせきこむような早口でしゃべる斎藤氏は、容貌そのままに神経質で、付きあいにくく、学園に寄付をつのる演奏会で聴いた彼のチェロは、およそ感銘からはほど遠かったが、指揮者や管弦楽団を育てる腕はたしかであった。これものちに彼の自宅によばれ、尾高忠明、飯守泰次郎、井上道義などといった指揮科の学生のまえで、彼らにピアノを弾かせながら、リヒアルト・シュトラウスなどの管弦楽曲の分析を講義したりしたが、こうしたときは日頃の無愛想ぶりが想像もできないようなご機嫌で、冗談なども口にするほどであった。

日中戦争の初期に、上海戦線で銃弾を受け、左手を失くした声楽家の伊藤氏は、温厚な紳士で、ときには酔ったおりに戦争体験を語ってくれたりしたが、会議ではあまり発言をしなかった。もっとも人間的な共感をいだいたのは江戸英雄氏で、銀髪に艶やかな血色の丸顔で、個性ゆたかな幹部たちのいささか混乱した話題を、茨城訛りで精力的にまとめるおだやかで懐の深い姿勢に、芸術家たちには決定的に欠けている大人の社会人の魅力を感じた。当時の下落合のお宅にもお邪魔したが、ピアニストの弘子夫人や美しい姉妹――残念ながら京子さんはフランスに留学中で不在であったが――ともども、そこですごした時間は心温まるものであった。

取りもどした青春

教師に劣らず学生たちも個性ゆたかであり、講義の反応もよかった。ほとんどは女子学生であり、講義中に学生たちの顔をみるゆとりができてきたお蔭で、しばしば眺め渡すと、そこかしこにそれぞれ異なった魅力的なまなざしに出会うこととなった。休憩時間などには、しばしば狭い学生控え室にたむろする華やかな一団から声がかかり、そこにはいって彼女らと他愛のないおしゃべりを楽しむこととなった。毎夏、学校主宰でおこなわれた信州の野尻湖の夏季合宿に参加してからは、彼女らとは急速に親しくなっていった。

はじめて望む野尻湖は、樹々や緑の畑のあいだに古い農家の散在する、俳人一茶の古里にふさわしい村々を過ぎたところに、小さな青い湖面をみせていた。若干の宿屋やお土産屋、あるいは小さな桟橋に繋留された素朴な遊覧船の発着所や、同じくその杭につながれたボートを管理する貸しボート屋などがあるだけのバスの終点から、湖に沿った田舎道をさらに歩いていくと、落葉松の林のなかに木造の古びた山荘が散在する外人村があり、岸辺の木製のデッキや桟橋には、赤や黄色の海浜用パラソルがならび、その下の庭椅子で読書に耽るひとや、思い思いの水着の半裸体をまばゆい日光にさらすものなど、男や女の白人たちがみられた。そのさらに奥へと歩いていくと、やがて樹々のあわいに黒い瓦屋根をのぞかせる古い二階建ての旅館が、孤立して岸辺に望んでいたが、それがわれわれの合宿所であった。畳敷きの客室からみはるかすと、岸の松の枝越しに午後の陽光をうけてきらめく青い湖が対岸にまでひろがり、その緑の山々の中腹に、小さなホテルの白壁と赤い屋根が陽射しのなかに浮かび、そこから崖下におりる小径と船着場がはるかに望まれた。私たちもしばしば学生たちを誘って旅館のボートを漕ぎだし、ホテルにお茶を飲みにいったりしたものである。

合宿といっても学生同士、あるいは学生と教師との懇親をはかるのが目的といってよく、泳いだり、ボートを漕ぐといった《体育》のあいまは、もっぱら遊びやおしゃべりであり、次から次へとさまざまなゲームや遊びを繰りだす学生たちの遊びの才能に、畏敬の念をおぼえるほどであった。夕食後の花火の打ち上げなどひとしきりの遊びのあと、消灯時間となり、われわれ二、三人の付き添い教師が部屋で持参のウィスキーやブランディーなどを開けていると、二階から就寝したはずの例の華やかな一団が浴衣やネグリジェ姿でそっとやってきて、「消灯時間なのにずるいじゃありませんか」とか、「先生たちが手本を示しているのだから、私たちもそれに習おうというだけですわよ」などと理屈をつけて、寝ている他の学生たちに遠慮したひそひそ声ながら、遅くまでおしゃべりを楽しんだ。彼女らの中心になっていたのは才気煥発なピアノ科の学生であったが、ギリシア彫刻の女神を思わせる彫りの深い色白の顔立ちに、同じくアプロディテーのようなゆたかな姿態の彼女は、そこにいるだけでも魅惑的であり、私もしばらくのあいだその魅力に囚われることとなった。この合宿以来彼女らは、私をまったくの友達あつかいしはじめたが、考えてみれば私と彼女らは四、五歳ほどしか年がちがわず、友達あつかいは無理からぬことであった。

こうして私は、失われた青春を、しばらくのあいだ取りもどすこととなった。しかし、そのために知の航海への野望が失われたわけではなかった。

IX　知の航海（二）

古き良き石神井

結婚生活とは蹉跌の連続である、といってもいいだろう。恋焦がれたひとと共同生活をはじめるといっても、それは二つの個体というい わば異文化の出会い、あるいは誇張していえば二つの異なった世界の出会いであって、すべての点でいきちがうのは当然といえる。はじめは、思いやりがおよぶ範囲より、理解がおよばない範囲のほうがはるかにひろいのだ。だがたとえ年月を要するとしても、その差を縮小する努力は絶えず必要であり、いつか、思いやりが理解の壁をうがつこととなる。たしかに、それによって二つの世界が同じものになるわけではない。どのように親しい人間であっても、それぞれの世界は、究極の理解を拒絶するほどはるかに異なったものであり、その意味で人間は、孤独な存在にほかならない。しかし、忍耐と努力は、二つの世界の交流を可能にする。

二人だけの生活をこころみることによって蹉跌の連続から脱出するためにも、また、二人が独立して仕事をするには巣鴨の家があまりにも手狭であるため、郊外に土地をもとめ、私たちの住宅を建てることを決意した。いまでは信じられないことであるが、練馬区が人口を増やすため、農地を買いあげては市価より安い分譲地を各地に造成し、売りだしていた。いくつか下見したあとで、私たちは石《しゃく》神井《じい》公園の分譲地を申し込み、四、五倍の競争率であったが、幸運にもそこを手にいれることができた。これも信じられないことといえるが、当時は土地の値段よりも家屋の建築費のほうがはるかに高かった。土地と建築費の一部は住宅金融公庫のローンであったが、残りは手持ち資金だけでは足りず、やよひの母からの若干の借入と、かつてドイツのバウハウスに留学したという知人の年配の建築家に若干の分割払いをお願いして、吹き抜けのひろい空間のある居間を中心とした洒落た山荘風の家を、どうにか手にすることとなった。

その頃はまだ、石神井公園は都心の小学校の低学年の遠足地であって、信州の田舎駅ともまがう白樺や鈴懸の樹々にかこまれた木造の素朴な駅舎から吐きだされてくる、教師に先導されたリュックサックや水筒姿の子供たちが、軒の深い古い商家にとりまかれた駅前広場をよこぎって、公園の方向へと歩くのがしばしばみられた。八百屋や肉屋や豆腐屋などといったささやかな商店街を抜け、旅館や料亭あるいは小さな丘のうえの古い医院などのある坂道を降ると、左手にひろびろとした水田地帯や遠い丘のうえのかぐろい森が望まれ、右手は、風にみだれる狭緑の枝の影を水面に映す柳の並木越しに、ボート場の木製のデッキや白塗りの小屋、さらには繋留された何隻ものボートがみられ、漣《さざなみ》のたつ湖面のかなたには、石神井城跡の緑の小山、小さな島やそこに渡る石造の眼鏡橋、あるいはさらに奥の三宝寺池の深い森などがみはるかされ、遊歩道沿いの右側のゆるやかな丘には、ひろい庭をそなえた邸宅の屋根が、庭木のあいだにみえかくれしていた。

奥の三宝寺池は、森にかこまれ、滾々《こんこん》と湧きでるいくつもの泉が池と湿地帯を形成し、岸辺にはミツガシワや葦、あるいは蓮などが生い繁り、水中に突きでた古風な東屋のたたずまいとともに、石神井の名にふさわしい武蔵野の古代の面影を伝えていた。入り口には、ゆたかな涌き水を利用したヘラブナや虹鱒の釣り場もあり、釣り客や散歩のひとびとをあてこんだ二軒の古風な茶店までが、季節によって「おでん」や「かき氷」などの旗をたて、縁台に緋毛氈などを敷いて店を開けていた。冷たい透明な水が溢れんばかりに流れる小川では、農家のひとびとが、リアカーに積んだ収穫したての大根などを洗う姿がしばしばみられた。

わが家は、西武線の線路の北側に位置し、消防器具の置き場である小屋と鉄骨を組んだ小さな火の見櫓の横の踏切をこえ、カラタチの生垣に囲まれた糖業協会の運動場やテニス・コート、あるいは木造の小さな都営住宅を左手に、ひろびろとした畑に点在する農家の、欅《けやき》などの高木をめぐらせた屋敷林を右手にみてすすむと、やがて戦前に開発された古い住宅地がひとかたまりあらわれるが、それが途切れたあたりにひろがる、区の分譲地の一群の新築住宅のなかにあった。その裏手は見渡すかぎり畑におおわれたなだらかな丘の起伏であり、ところどころに農家の屋敷林や雑木林が、緑の影をつくっていた。「こんなところにまでこないと家は建てられないのですかねえ」と、設計のためはじめて現地を訪れた年配の建築家は溜息をついたが、私たちはこの自然のゆたかな環境を気にいっていた。

新築祝いをかねて友人たちを招いたり、若手の批評家や研究者の集まりをひらいたり、また桐朋学園の例の華やかな一団がたびたび遊びにやってきたりしたが、青木やよひとの二人だけの静かな生活は、たしかに二人の絆を強固にし、かつてないおだやかな感情を育てていった。そのうえその絆をこのうえなく強くしたのは、犬たちであった。

犬たち

犬たちがやってきて、すぐにそうした認識を手にしたわけではないが、彼らは知の航海にとって重要な伴侶であった。なぜなら、それまで基本的に《近代》というものを信じてきた私たちにとって、犬はその狭い枠組みを打ち砕く最初の生き物だったからである。つまり、人間のみが神に選ばれた存在であり、他の生物や自然は人間よりも劣り、人間に奉仕すべきものであるとする人間中心主義は、近代の思考体系の基本的な柱のひとつであるが、それが音を立てて崩壊しはじめたのだ。

はじめにきた犬は、私たちがフリッツと名づけた。大学病院の基礎医学の若手の研究者であったひとが、自宅で飼っていた雄の秋田犬と血統書付きの雌のシェパード犬とのあいだに生まれた混血犬で、目鼻立ちに西洋狼やシェパード犬を想起させるものがあったからである。近所の鶏をくわえてきては犬小屋で食べ、飼い主が損害賠償とお詫びにかけまわったという母親の気質を受け継いだのか、彼は小さいうちからきわめて野性的で気性の強い犬であった。散歩の途中で自分の数倍もある大きい犬に出会うと、子犬のくせに闘争心をむきだしにして吠えかかり、好んで挑戦した。家の裏手の田園地帯には、丘陵の下に低地がひろがり、水田に稲が実り、そのあいだを縫って澄んだ水の流れる小川が土手にかこまれていて、いつもこのあたりでは皮紐を解いて散歩させていたが、あるとき対岸に子供たちがつれた大きな犬が通りかかると猛然と吠えたて、水飛沫をあげて川を渡ろうとし、慌てた私たちに首輪をおさえられ、かろうじて「川中島の合戦」を回避するのであった。

なによりも自由を愛していて、庭にのみ閉じ込められるのを嫌い、私たちが気がつかないうちに生垣の下に穴を掘っておき、居間の様子をガラス戸越しに観察していて、私たちが仕事や新聞に専心しているとみるや、その穴から脱走し、半日どこかへ遠征するのをつねとしていた。頭のよさも神童なみであり、居間の板張りの床に新聞紙を敷き、骨をあたえるのだが、夢中になってかじるため、しばしば新聞紙をはみだし、そのたびに「新聞紙のうえでたべるんですよ」と遠くから長椅子に坐ったやよひがいうと、骨をくわえて新聞紙にもどり、食べつづけていた。自己主張もはげしく、露台に置いた屋外用の寝椅子を愛用していたが、客がきてその椅子に坐ると、「これはぼくの椅子だからすわるなっ」と吠えたてたりした。健康で野性的であるのに油断していたためか、冬、ディステンパーに罹り、家のなかで布団に寝かせたりしたが、よくならず、代々木にあった動物愛護病院に入院させ、様子をみたが、数日後、病気の悪化ではなく、病院で着せられた綿入れを食いちぎった窒息死で、六ヶ月の生涯を終えることとなった。やよひが背中に巻いてやった萌黄《もえぎ》色の毛のスカーフはそのままであったから、おそらく、家に帰りたい一心でそうした行動をとったのであろう。ふつうは病院で処分するという遺体を引きとり、ボール箱にいれて家まで運ぶことにした。ひとり息子をうしなったかのような私たちに同情し、その頃よくわが家に遊びにきていた片山敏彦の子息の治彦さんが付き添って、いったん片山家に寄り、死に顔をみた片山敏彦から、「うん、かわいい犬だったね」とお悔やみをいただくこととなった。

フリッツとの別れの悲嘆に耐えきれず、私たちはすぐに次の犬を飼うことにした。今度やってきたのは、祖父の代までドイツにいたという血統書つきのドイツ・シェパードの子犬であったが、フリッツとはあまりにも対照的な個性や性格で、犬にこれほどの個性の違いがあるのかと、驚きの連続であった。フリッツ同様、生まれて一ヶ月で杉並の獣医の家から引きとってきたが、箱のなかで泣き叫び、「家に帰る」とあばれたフリッツとは大違いで、いれられた靴箱にただおとなしく坐り、バスの振動などによろめきながら、自分の身になにが起こっているのか理解できない様子であった。家に落ち着いても、一日六回あたえられる挽肉や牛乳の食事を黙々ととるだけで、あとは居間の造り付けの机の下にもぐりこんで、ひたすら睡眠をとるだけであった。「今度の犬は、寝てばかりいて面白くない犬だわねえ」と、遊びにきたやよひの母を嘆息させ、失望させたようであった。だが《寝る子は育つ》という諺の通り、毎日計量するたびに、数百グラムずつ太っていき、三ヶ月後には、フリッツよりも大きい体格となり、頬や胸から手足、腹や尾の裏などが赤褐色、頭から背にかけては黒々とした毛並みの、みごとなシェパード犬が誕生することとなった。俊敏なフリッツとちがい、すべてに鷹揚でのろのろしていたこの子犬は、いつも母親の乳房にありつけず、栄誉不良の貧弱な身体であったため、私たちにほとんど無料でわけてくれたのだが（もちろん相応の謝礼はしたが）、わが家にはじめて検診にきた親もとの獣医は、「立派な犬になりましたねえ」と目を丸くして驚き、こんな犬だったら手放さなかったのに、という残念な表情をありありと浮かべた。

立派な犬に自然に育ったわけではもちろんない。『シェパード犬百科事典』という分厚い本を片手に、その指示通り、夜も目覚ましをかけては起き、牛の上肉を挽いては生であたえ、神童的なフリッツが一遍で覚えた排泄の躾なども、辛抱強く繰りかえし教え、さらにはふつう訓練所にいれて教える一般的な訓練を、これも本を片手に、夏休みを幸い、ひと夏かけて訓練したしだいであった。

レックス・フォン・ヒシューソウ

ドイツ・シェパード犬は、同一の犬舎で生まれた一胎の子犬たちは、その回数にしたがってアルファベット順に名をつけるため、この犬は、例の獣医氏がそこから飼育を委託されていた犬舎、つまり盲導犬の訓練で有名な塩屋賢一氏の犬舎で出生した一二番目の一胎仔のひとりとして、Lではじまる名をつけなくてはならなかった。登録するときに、そちらの意向を尊重しますといわれ、ラテン語で《法》を意味するレックス（Ｌｅｘ）という名前をつけた。正式にはレックス・フォン・ヒシューソウといい、祖父はドイツの訓練犬のジーガー（チャンピオン）であり、血統書をみると父方・母方あわせて、五代さかのぼる血筋に十数頭のジーガーの称号をもつ犬がいるという、いわば雑種の私などがおよびもつかない名門犬であった。

神童であったフリッツに対して、レックスは《大器晩成》を絵に描いたような犬であった。子犬のときは排泄の躾もなかなかできず、異物嗜好があって砂利や靴下を食べてしまい、獣医に電話をかけるなど私たちをあわてさせ、「この犬は馬鹿じゃあないの」と嘆かせたりしたが、大きくなるにつれて、しだいに恐るべき知能を示しはじめた。しかもそれは、フリッツのように断固と自己主張するのではなく、昔の日本人のように、控えめで遠慮深く、鷹揚でありながら、すべての指示を正確にまもるだけではなく、私たちとの日本語での対話はほとんど理解し、表情や鼻先や前足をつかって反応するのであった。初期の頃、保健所で狂犬病の予防注射をうけていて、その年もある日、散歩につれだすふりをして保健所に向かおうとしたが、途中、近所の主婦に出会い、「お散歩ですか」ときかれ、「いいえ、保健所に予防注射にいくところなんです」とやよひがいった途端、レックスは道端に坐りこみ、梃子でも動かなくなってしまった。ただ彼女が、どうしても予防注射は受けなくてはならないのだ、と懇々と諭すと、四、五分後ようやく腰をあげて、いやいやながら保健所にむかうこととなった。

また奇妙なことに彼は水が嫌いらしく、暑い夏の日などに三宝寺川にはいって水浴びをしようと私たちが膝まで水に浸かってみせても、動こうともしなかったし、身体を洗うのもいやがり、終わってバスタオルで全身を拭いてやるやいなや、唸り声を発して猛然とタオルに噛みつき、振りまわしながら庭中を駆けて意趣晴らしをするのであった。当時、動物学者コンラート・ローレンツの『攻撃』という本を読んだばかりであったので、これこそ攻撃性の儀礼的転移だと、私たちは大笑いした。私たちが笑うと、彼はますます悔しがり、いっそうの唸り声を立てて暴れまわるのだった。表情や表現がゆたかで、その顔をみたり、声をきいたりすれば、彼がなにを考え、なにを欲しているかすぐに見当がついたし、また彼のほうでも、私たちがなにをいおうとしているか、なにを期待しているか、的確に知り、判断して、私たちと彼とのあいだで、一度も齟齬をきたしたことはなかった。とりわけ私たちが《レックスの愛情乞食》と名づけたように、私たちの愛情表現に敏感であるだけではなく、自分の愛情表現も溢れるばかりであり、また逆に、私たちが二人そろってでかけたりするときは、両頬をふくらませて大いなる不満の意を表明し、ふつうならでかけるものを玄関まで見送るのに、背を向けて抗議の意志をあらわしたりした。

なによりも驚くのは、状況を自分で判断して、節度をもって行動することであった。犬好きの客がくるとそばにまつわりつくのだが、玄関をはいってきただけで犬嫌いの客と見ると、遠くに坐って私たちを見守るだけでけっして近づこうとはしなかったし、それでも「大丈夫ですか」などと怖がる客のときは、「隣の部屋にいってなさい」という私たちの指示を忠実にまもっていた。そしていつもこうした優等生であるだけではなく、ふざけるときは徹底してふざけ、自己の攻撃性を発散させていた。当時流行した映画の主人公である狼の名から《ロボごっこ》と名づけた遊びでは、私が彼のいやがることをすると猛然と唸り、牙をむいて私の肩にのしかかっては、私が笑いながら「ごめん、ごめん」と謝るまで、威嚇しつづけるのであった。

おそらく塩屋氏のところへ引きとられたら、盲導犬として訓練されたにちがいない犬であったが、私たちのところへきて、彼は《犬の本性《ケイナイン・ネイチャー》》を十分に開花させたのだと思う。もちろん私も盲導犬や介助犬の有用さと価値を大いに認めるものであるが、しかしそれはあくまで人間に奉仕するための存在であって、犬自身の立場からすると、ローレンツのいう攻撃性をはじめ、自己の本性のかなりの部分を抑圧する自己犠牲のうえになりたつ性質のものであり、けっして彼ら自身の自己実現としての幸福となっているわけではない。事実、犬はもっとも身近な家畜として何十万年ものあいだ人間の友人であったが、同時に彼らは独立した種として、そのうちに野性的な世界を保ちつづけてきた。たとえば、私たちにまったく聴こえない雷鳴がはるか遠くで鳴りはじめると、レックスは穴を掘りはじめるが、それが家の中であるときは奥の部屋の押入れを開けてくれと要求し、その板敷きの床を掘ろうとひっかきはじめるのであった。はじめてのときはそれがなんであるかまったく理解できなかったが、やがて数十分もすると私たちの耳にも雷鳴がとどき、ようやくその行動の意味がわかるしだいであった。あるいは、彼は胃腸の具合が悪いとき、庭にでて特定の草を探し、それをかなりの量食べるのをつねとしていたが、おそらくそれは、人間にも効く薬草であったにちがいない。まだ近代の幻想にとり憑かれていた私たちは、それを奇妙な行動としかみなかったが、のちに野生動物は薬草をかなりよく認識していること、そしてホピの伝説では、医師であり司祭であるメディシンマンの祖先たちは、穴熊から薬草の知識を教えられたとするのを知り、あらためて動物の《知》に感銘を受けたものである。またときおりではあるが、彼は私の口を開けさせ、喉の奥まで時間をかけてゆっくり舐めまわすことをしたが、やよひには絶対にそのようなことはしなかった。彼が死んだかなり後年、北極狼について記述した動物学者の論文を読んだが、そのなかで、雄の北極狼は群れのボスに忠誠を誓うとき、ボスの口のなかを喉の奥まで舐め、返礼にボスは彼の口をかるく噛んでやるという一節があり、そのときはじめて私に対するレックスの行動の意味が理解できた。親から教わったわけではないこれらの行動は、いうまでもなく遺伝情報によっているが、それはすべて、自然に適合する犬の知恵や、社会的動物としてのルールを示していたのだ。

国会の銀杏の並木道

犬たちにさまざまなことを学んでいるうちに、世界は変化しつつあった。歴代の日本の保守政権は、憲法第九条に違反する疑いのかなり強い自衛隊を設置し、アメリカの《核の傘》にはいるだけではなく、積極的に米ソ冷戦の一方に加担しはじめていた。日本社会党は、かつてGHQのお膳立てに乗って革命を志向する共産党系の赤色労働組合から分裂した、その意味ではむしろ反共労働運動であった総評（日本労働組合総評議会）とともに、いわゆる進歩的知識人の論説そのままに、《非武装中立論》などを唱え、こうした動きに抵抗していた。冷戦に資本主義の立場から加担するか、革命を志向して社会主義の立場に立つか、そのいずれでもない非武装中立論を目指して国内政治の多数派形成に努力するか、という三つの選択しかないとすれば、私としては、理想としては理解できるが、大衆に対する現実的な説得力をもつとはいえない非武装中立論を、やむをえず選ぶほかはないと考えていた。その頃、一九五二年の、ソヴィエト圏の国々を含まない対日平和条約締結時に結ばれた日米安全保障条約を、一方的なものではなく、相互的なものに改訂しようと意図した岸政権は、五九年に改訂案を示し、アメリカとの折衝と合意のうえで、一九六〇年の一月にいわゆる新安保条約の調印をおこない、二月には条約批准のための国会審議をはじめることとなった。そこに記述された「極東の範囲」が地政学的にどこであるか、はげしい論戦となったが、その決着がつかないうちに、五月一九日、二〇日にかけて安保特別委員会および衆議院本会議での条約批准の強行採決がおこなわれ、政治状況は騒然とし、混乱をきわめることとなった。いわゆる六〇年安保のはじまりである。

私も怒りを感じたが、それはなによりも強行採決などによって向う一〇年にわたる日本の運命、いいかえればわれわれ国民の運命を決定してしまってよいのか、という自己の存在をかくも安易に拘束されてしまうことへの怒りであった。こうしてはいられないと、まずひとりで国会周辺にでかけたが、そこは緊迫し、騒然とした雰囲気につつまれていた。両側に銀杏の巨木が並木となってつらなるひろい舗装道路には、横にわたした竹竿を手に手に握りしめた学生たちや、赤い旗をかかげる旗手を先頭に、腕を組みあった数百人の集団が、携帯拡声器をもったリーダーの「あーんぽ」という掛け声に「ふーんさい」と全員が鬨《とき》の声のように応じたり、ときには「きーし（岸）を」「たーおせ」と標語を変えながら、地響きのする足音をたて、ジグザグの軌道を描いては、怒涛のような勢いで駆け歩いていた。これが音に聞く「全学連主流派」であったのだ。かつては共産党の指導下にあった学生団体であったが、さまざまな対立や分裂を繰りかえす共産党指導部に反旗をひるがえし、「反主流派」として党に残った一派と袂を分かち、独立したものであった。日本共産党を、ソヴィエトや中国の顔色をうかがう日和見主義として批判し、革命をめざすラディカルな理論と過激な行動で恐れられていた。彼らは共産党の宣伝車が通りかかると、それを取りかこみ、車体を足蹴にしたり、運転手に殴りかかったり、真の敵は岸政権ではなく、共産党であるかのように、憎しみと敵意をむきだしにするのであった。

国会の裏手の、当時木造二階建てであった貧弱な議員会館の周辺には、総評系の労働組合員や共産党系の組合員などが、それぞれの赤や青の組合旗をかかげてたむろしていた。議員面会所の前には白天幕が張られ、「日本社会党議員団」や「日本共産党議員団」などと染め抜いた青や赤の襷をかけた議員たちが、署名を待つ請願書を山積みにした机をまえに、それほどの緊迫感もない様子で、手持ち無沙汰にすわっていた。議員会館に出入りするひとびとのなかに、丸山真男の弟子である顔見知りの学者をみつけ、話をきくと、各大学の代表的な学者・研究者をつらねた政府への抗議声明を作成するところであり、今後芸術界や音楽界にもよびかけを拡大していくつもりだから、きみも参加してくれ、といわれ、議員会館の古びた会議室にはいっていった。そこにはすでに、案文作成のために集まった何人もの若手の学者たちがいて、議論が白熱していた。法的な吟味にも耐えられるようにと、かなりのひとたちは法学者であったが、議論が白熱するのは抗議声明の根本的な立場や思想的基盤などではなく、一字一句の、私にとっては枝葉末節と思われる部分であることに驚き、この緊急の状況なのに、このひとたちはいったいなにを考えているのだろうか、と唖然としてしまった。会議が終わってまだ陽射しの高い路上にでたとき、同席していた安保反対新劇人会議の若手の演出家——たしか竹内敏晴氏だったと思うが——と顔をみあわせ、「学者というのはかなわないひとたちですなあ」「ほんとう、まるで異人種ですよ」と嘆息しあったことを覚えている。

それでも声明は数日後発表され、またこの声明作成の中心となった学者たちがはじめた知識人の数百人の請願デモに参加し、わが意に反していつのまにか、この運動のスポークスマンの役割を果たすこととなり、デモの先頭で新聞やラジオ記者たちとの応対に忙殺されることとなった。それとともに、抗議運動を各界にひろげようという彼らの意向を受け、私は例の「山羊の会」の林光たちに話をもちかけ、また例の若手批評家・研究者の成員や、桐朋学園の若手教師たちにもよびかけ、六月一日、旧草月会館のホールで「民主主義を守る音楽家の会」をたちあげることとなった。もっともこの会の名称や、私が草案を書いた当日に発表する抗議声明の案文は、はげしい議論を引き起こした。つまり、強行採決が民主主義のルールの蹂躙であり、それに対して抗議すべきだという私の基本的立場（それは丸山真男から直接影響をうけたものだが）と、まず新安保条約反対をうたうべきだという共産党的な立場との衝突であった。激論がつづいたが、むしろ左翼的立場にあるはずの林光が、明敏な戦略家の本領を発揮して、民主主義を守るという基本線でまとめたほうが、左翼以外のより広汎な音楽家を糾合できると主張し、結局私の意見が通ることとなった。

当日は、実行委員たちや左翼系のひとびとはもちろんであったが、井口基成をはじめとする演奏家、多くの作曲家、いわゆる楽壇の長老たちなど、思いがけないひとびとが参加し、各音楽大学の学生たちも集まり、会場は超満員の熱気で溢れかえった。私は数人の実行委員とともに司会をつとめ、抗議声明を採択し、それを持参して国会へデモをおこなった。集会に参加しただけのひとも多かったが、それでも音楽家たちを先頭に、後尾に学生がつづく百数十人の隊列は、晴れ渡った空のもと、赤坂見附の目抜き通りを行進し、国会への坂を登り、議員面会所で出迎えた社会党・共産党の議員団に声明を手渡し、解散した。翌日、各新聞に写真入りで記事がでた。左翼系の劇団の多い演劇界などはいちはやく行動を起こしていたが、無党派的色彩の強いこの運動は、いわゆる安保闘争の初期ではかなり珍しいものであったからだと思う。

六・一五事件

各音楽大学にも学生組織ができ、「民主主義を守る音楽家の会」は、それ以来、大規模デモのよびかけがあるたびに参加することとなった。その頃、労働組合などから《動員》されたそれらしいひとびとだけではなく、なかには子供の手をひいた若い夫婦や、幼児を肩車にした父親などもまじった、いわゆる一般市民たちが、国会の周辺に集まるようになり、赤や青の組合旗だけではなく、手製のプラカードをかかげたり、標語を書きこんだ色とりどりの風船などを頭上に浮かべたりして、あたり一帯は、華やかなお祭気分をかもしていた。われわれがデモに出発すると、音楽家の会などはもっとも無党派的と思われたのか、その最後尾について歩きだすひとびとも多くいた。

ある美しい夕方、まだ昼間の熱射が残っている舗装道路のアスファルトを踏みしめながら、われわれは国会から数寄屋橋交差点にむかって行進をはじめた。通常は、デモの届け出進路は、そこから左に曲がり、東京駅をめざすものであり、銀座の大通りはデモの禁止規制の対象となっていた。ところがその日、われわれのまえを歩いていた数人の国会議員とそれをかこんでいた数十人の議員秘書団が、「われわれが責任をもつから銀座にでよう」と、そのままっすぐに行進しはじめた。暮色が迫り、街路灯に灯がはいり、多彩なネオンサインがまたたきはじめた大通りには、すでに買い物客や散策のひとたちが溢れていたが、彼らのかなりは、歩道に立ち止まってわれわれに手を振ったり、拍手を送り、大都市ではすでに安保問題がただならぬ関心をあつめていることを、ひしひしと実感させてくれた。服部時計店のまえを左折すると、われわれは銀座の大通りを道一杯にひろがり、手をつないで歩くという、いわゆるフランス式デモをはじめ、まだ当時タクシー程度しか走っていなかった交通ではあったが、それを止め、賑やかな電飾に輝くビルの谷間を、シュプレッヒコールや歌声で埋めてしまった。歩道にはますますひとだかりがし、なかには白いコック帽や板前姿など、店のなかから飛びだしてきたひとびとも入り混じり、あるいは開店したばかりのナイトクラブの二階の窓からは、演奏中のジャズバンドがにわかに曲目を切り替え、われわれの歌にあわせて当時流行の労働歌「若者よ、身体を鍛えておけ」をけたたましく吹き鳴らし、彼らのうしろでは、ホステスと思われる女性たちが手やハンカチを振る姿が、仄灯りに影絵となって浮かんだりしていた。恐れていた警官隊の介入もまったくなく、われわれは凱旋気分で東京駅に到達した。

六月一五日、それまでのお祭気分は一変した。すでに梅雨にはいっていたその日は、全般的な曇り空で、ときおり低い黒雲が走り過ぎては驟雨を降らせていた。定例のデモで国会の周りを歩いていると、その日にかぎってあまり人相のよくない黒服の男たちが歩道にたむろし、女子学生の多いわれわれのデモの隊列にむかって下品な野次や罵声を浴びせ、なにか異様な雰囲気をかもしだし、さらに進むと、はるか前方のゆるやかな坂のうえに、白布に「昭和維新行動隊」と墨書した幟が大きくゆれ、その周辺ではひとの渦があわただしく乱れ、その方向でただならぬことが起こっていることを告げていた。われわれの隊列もその動きを不安にみまもりながら緊急に停止し、指導的な立場にあった私も、もしあの前方の混乱がこちらに波及してきたらどう対処すべきか、瞬時に思考をめぐらせているうちに、やがて警官隊の紺のヘルメットや制服がその渦のなかにみえかくれし、救急車のサイレンがきこえはじめた。前方の隊列から、「安保反対新劇人会議の列に、棍棒をもった右翼が乱入し、かなりの怪我人がでた」という知らせがはいってきた。数十分後、ようやく隊列は動きだし、その現場にきてみると、あたりに破られたプラカードや飛ばされた婦人帽などが散乱し、アスファルトのうえには血も飛び散っていた。交差する三宅坂への道を、ヘルメット姿の警官隊が群れをなして封鎖し、警棒で制止している先には、幟をかかげた右翼団体の黒服の一団が、なおもデモ隊に突入しようと怒声をあげながら機をうかがっているのがみえた。

夕方、デモが解散し、学生たちを帰宅させたあとでも、なにか決定的なことが起こりそうな予感に襲われ、われわれ数人のリーダーは、夕闇の日比谷公園で待機していた。ときおりはげしい驟雨が過ぎ去るなか、やがて闇をついて緊急自動車のはげしいサイレンが、各所で交錯してきこえはじめ、われわれは国会周辺にむかった。だが坂をのぼりかけると、雨に濡れ、算を乱して駆け下りてくる多くのひとびとと出会うこととなった。彼らは口々に、全学連が国会に突入し、警官隊と乱闘し、かなりの死者がでている、周辺の警官隊も、おとなしいデモ隊まで強制的に解散させようと警棒で殴りかかり、負傷者が続出している状態だ、国会に近づくな、と叫び、われわれもとにかくラジオなどで情報を収集し、今後の行動は明日協議しようと、それぞれの家路をたどることとなった。

　翌朝、林光の家に集まるため電車に乗ると、かなり混んでいた車内は異様な静けさに支配され、ほとんどのひとは、昨夜全学連主流派が国会南門から構内に突入し、警官隊との乱闘で女子学生一名が死亡し、多数の重傷者がでたこと、また昼間、全学連反主流派（共産党系）と新劇人会議のデモの列に右翼が乱入し多数の負傷者をだしたという、国会とその周辺を暴力と血で彩ったいわゆる六・一五事件を報道する朝刊を、食い入るように読んでいた。ただひとり若い男が、プロ野球の昨夜の結果を知らせているスポーツ新聞の第一面をひろげ、熱心に読んでいて、一瞬こんな政治に無関心な若者がいるのかと思わず見返すと、着衣が泥に汚れているのが気になり、ふと胸元をみると、「安保反対新劇人会議」のプレートをつけているのがみえ、思わず笑ってしまった。昨夜は国会周辺で警官隊の暴行にさらされ、ひいきチームの結果を知ることができなかったのだ。

　六月一六日、女子学生の死亡と多数の負傷者をだした混乱を受け、政府は警備の不安があるとして合衆国大統領アイゼンハウアーの来日を中止し、それはあいかわらず国会周辺にあったデモ隊にささやかな満足感をあたえた。翌一七日、政府を批判しているのか擁護しているのかまったく意味不明の「暴力を排し議会主義を守れ」と題する新聞社七社共同宣言なるものがだされ、いままでわれわれに同情的であったマス・メディアの論説が大きく転換したことを知った。だがマス・メディアがどうであれ、われわれはいままで通りのたたかいをつづけるほかはないと、その後のデモにも参加しつづけた。ただ、ふたたび右翼の乱入があるかもしれないと考え、プラカードの取手をすべて頑丈な木材にし、男の学生たちすべてにもたせて、デモの外側に配置することとした。こうして条約批准自然成立という最後の日をむかえることとなった。

定例のデモが終わった夕刻、まだ無数のひとびとが解散せず、立ったり坐ったり、思い思い姿で国会を包囲していた。内側に警官隊の装甲車をならべて封鎖された国会の南門の鉄格子の扉には、亡くなった女子学生の遺影がかかげられ、いくつもの花束が捧げられていた。まだ多くが頭や腕に血のにじんだ包帯をしたり、泥や血にまみれた衣服のままの全学連主流派の学生たちも、そのあたりに坐りこんでいた。夕闇が迫り、南門のまえに停車した白い塗装の総評の宣伝車の屋根に投光器のまばゆい光があてられ、そのなかに、眼鏡をかけ、白髪に似合わず若々しく知的な男が進みいで、マイクを手に、凛とした声で「私は、日本社会党書記長の江田三郎であります……」と語りはじめた。これが最近党内で頭角をあらわし、書記長に抜擢された江田三郎か、と、われわれだけではなく、あたりのひとびとの注目が集まるのが感じられ、全学連の学生たちでさえ、その声に聴きいる様子であった。話の要点は、本日は国会内のすべての消火栓からホースが張りめぐらされ、出火に備えている、これは全学連の諸君に再度国会内に突入させ、国会に火を放ち、練馬の自衛隊の出動を要請するための陰謀である、全学連の諸君はこの陰謀や挑発に乗らないよう、すべからく自重をお願いしたい、たしかに新安保条約は、今夜の午前零時に自然成立することとなっているが、これに敗北感をもってはならない、今後も新安保を阻止するさまざまな政治活動は可能だし、なによりも次回の総選挙で、安保反対の勢力が多数派を形成するよう、努力することが大事である、といったものであった。朗々とした声にくわえて、それはきわめて論理的であり、説得力に富んでいて、学生たちからは野次ひとつあがらなかった。私も感動し、こうしたすばらしい人材が委員長になれば、社会党の将来は輝かしいものとなるにちがいない、と確信した。

夜、ある建物に、「東京大学教授団」と書かれた白い襷をかけた一群のひとびとが出入りし、各方面の偵察状況や情報を集めていた。彼らのなかに「民主主義を守る音楽家の会」設立時に丸山真男の紹介で知り合った篠原一氏をみいだし、さそわれて私もその一室にとどまることにした。彼らは、全学連が再度国会突入をはかるなら、それを説得によって思いとどまらせ、また警官隊との乱闘がはじまる場面でもあれば、そのなかにわけいって暴力を阻止し、それによって負傷することは覚悟する悲壮な決意をいだいているようであった。その顔ぶれのなかに、当時すでに雑誌『世界』などに論説を発表し、気鋭の国際政治学者として知られつつあった坂本義和氏の姿もみられ、わが家の近隣に住んでいるというよしみで紹介をうけた。夜を徹して全学連も坐りこみを解くことなく、やがて曇り空が明けはじめ、国会議事堂の、巨大な塔を乗せた白花崗岩の建物が青ざめた光のなかに浮かびあがってきた頃、彼らや、同じく徹夜して坐りこんでいた労働組合員、さらにはわれわれの「民主主義を守る音楽家の会」の数十人の学生たちなど一般のデモ隊がいっせいにたちあがり、国会の周囲に最後の行進をはじめた。全学連のあとにつづいて必死のジグザグ・デモをする音楽学生たちに私が手を振って激励すると、彼らからは威勢のいい反応がかえってきた。地下鉄の駅にむかいながら、歴史とはわれわれ人間がつくりだすものであるにもかかわらず、しばしばわれわれの行く手を阻む巨大な惰性の壁となってわれわれを翻弄する両義性をそなえていることを、痛感しつづけていた。

「民主主義」の茶番劇

しかし、自然成立であきらめるわけにはいかなかった。すでに青木やよひは、坂本義和氏が地域ではじめていた「民主主義を守る石神井市民の会」で活動していたが、私も、国会周辺での行動が終わりを告げたので、おくればせに参加することとなった。小学校の教室に七、八〇名が集まるというかつての熱気は失せていたが、それでも地味な地域運動に取り組もうという主婦や商店主、あるいはこの地域に住む知識人や学者など、数十人が毎月、区役所出張所の集会室にやってきて、地域の民主主義運動をいかに展開すべきか、丸山真男など招いた講師の話を聴いたり、討論をしたりした。

数ヶ月たったある日、会の規約や運動方針を討議のうえ決めようと、木造の都営住宅群の中央にある集会場で例会を開く予定となり、中心となって会を運営してきた数人が、坂本義和氏の家に集まり、文案を練ることとなった。いかにも緻密な脳が組みこまれているといった風の大きな頭と白皙の顔、瞬くことがないのではないかと思うほど大きく見開いた眼で相手をじっとみつめ、少しでも曖昧な表現があると、すかさず「それはどういう意味ですか」を連発して相手をたじろがせる坂本氏は、しかし誠実な人柄と内に秘めた強烈な知識人としての使命感で、会の成員に人望があった。できるだけ自由でオープンな会にしようというわれわれの意図をまとめ、当日集会所にはいっていった。ところが会場は溢れるばかりの見知らぬひとたち、しかも屈強な労働組合員風の男たちで埋めつくされていたので、私とやよひは、会場を間違えたのかと、思わず引き返そうとしたほどであった。会がはじまるやいなや、《緊急動議》なる声があがり、まったく異なった規約案が提出され、「民主主義を守る会」なのであるから、《民主的》に、どちらの案が採用されるか、挙手による多数決で決定せよと迫られることとなった。「議長不信任」などの声もあがり、議長が交替し、われわれはただただ唖然として退場することとなった。

当日までわれわれは知らなかったのだが、某々大学の教授や講師で、この会に一知識人として参加していたはずの二、三名のものが共産党員であり、この会の乗っ取りをはかって党員に動員をかけたのだ。われわれは旧来の会を離れ、新しい会をつくり、三宝寺池の天然記念物である水草の名をとって「ミツガシワの会」と名づけ、会員に経緯を記した文書を配布した。文書配布の翌日、共産党機関紙『赤旗』に、坂本義和氏を名指しで《反共分裂主義者》と非難する記事が掲載され、さらに「六〇年安保」で稼いだ金で「安保塀」を建てたなどと彼を個人的に中傷し、「ミツガシワの会」を反共分裂運動と非難するビラが、地域一帯に配られることとなった。共産党のいう《民主的》とか《民主主義》というものはこういうものなのかと、あらためて感心したしだいであった。それとともにその豹変振りに感心したのは、会の初期の集会では坂本氏やわれわれを激賞し、この運動こそ戦後民主主義の精髄だなどと主張していた、近くに住むある著名な《進歩的知識人》が、『赤旗』の攻撃記事がでるやいなや、急速にわれわれの運動に背をむけたことである。かねてから社共統一戦線をとなえていたこのひとにとっては、反共分裂運動に加担することなどは、知的自殺行為にほかならなかったようだ。後年、私が構造主義によっていわゆる論壇に登場すると、また手のひらを返したように《わが友北沢方邦君によれば》などと著書に書いたそのひとは、数十年後、伊豆高原に移住し、私も隣人になったよしみにと挨拶に訪れてみたが、けんもほろろの玄関払いを受け、あらためて数十年前の怒りを思いだすこととなった。あとで触れるように、そのとき私は江田三郎の社会党離党に殉じて参議院選に立候補し、落選した直後だった。共産党との敵対はもとより、社会党まで分裂させようという反共分裂主義者は、不倶戴天の敵だというのであろう。死者を鞭打ちたくはないが、機やひとの顔をうかがっては絶えず豹変するこのひとは、一種の人格喪失者であったにちがいないと、いまでは確信している。

いずれにせよ、安保闘争は私に多くの教訓と思想的刺激をもたらした。また、自分自身にこれだけの行動力や組織力があることに、誇りと自信を覚えた。しかし知の航海はまだ、停泊すべき港さえみいだせない状況であった。片山敏彦の影響はまだ直観的なものにとどまっていたし、丸山真男やマックス・ウェーバーも、近代社会科学方法論の枠内での刺激でしかなかった。まして流行したJ・P・サルトルなどの実存主義は、自分が牢獄のなかに囚われるのでなければ自由をみいだせないという、ある種の逆理的論理や、近代的頽廃のなれの果てともいうべきその恐るべき主観主義に、それこそ《嘔吐》をもよおしかねない嫌悪感をいだいていた。とにかく自分の存在の全体を賭けられる、科学的方法であると同時に思想であり、さらに行動の原理であるようななにものかが必要なのだ。そうした模索は、まだまだつづくこととなった。

X 知の航海（三）

風にゆだねた漂流といっても、舳先《へさき》に吹きよせる風の方向や匂いには敏感であり、いま考えても、選択の結果を誤ったことはなかったといってよい。だが、マルクス主義経済学と近代経済学との学問的対立が、そのまま東西のイデオロギー対立とされるような時代では、そのいずれの岸から吹く風にも惑わされず、自分自身の針路をみきわめるのは、きわめて困難な作業であった。そのなかで、いわばアリアドネーの糸ともいうべきものとなったのは、私の感性にほかならず、わが家の犬のように吹く風の匂いを嗅ぎわけ、この方向は危ない、あるいはこちらのほうが正しい潮にめぐり会う可能性が高い、などと模索をつづけていた。必要に迫られてマルクス主義も学ぶこととなったが、その極端な客観主義や唯物論は、結局、極端な主観主義と唯心論である実存主義の裏返しにすぎず、両者を統合しようとするサルトルのむなしい努力は、失敗に終わるほかはないと考えていた。キリスト教的な神にはまったく関心がなかったが、これら神なきあとの索漠とした不毛の思想を超える、魂のひだに触れるようななにものかを求めて、私はなおも漂流をつづけることとした。

四年制大学を創る

六〇年安保の数年まえから、桐朋学園短期大学を四年制大学に拡充しようという計画がもちあがっていた。この問題をめぐる幹部間の対立から、改革に消極的であった吉田秀和氏は退任し、ほとんど彼の一存で運営してきた吉田体制ともいうべきものは崩壊した。大学創設のためには多額の資金が必要であったが、その調達や新校舎の建設、あるいは図書の購入など施設面はもっぱら江戸理事長と入野氏がうけもち、私が教育理念やカリキュラムをふくむ体系、したがって教員の再配置や必要な人材の獲得など内容面をひとりで作成して文部省の審査に提出することとなり、アメリカのジュイリヤード音楽院やインディアナ大学音楽学部などのカリキュラムなどを参考に、近代的な立場ではあるがとにかく理想的な音楽の専門教育体系をつくろうと、知力をかたむけた。六〇年に新校舎の建設が進行し、その夏、ようやく文部省の認可が下り、学生の募集要綱から入学後配布するガイド・ブックにいたるまで、すべてひとりで作りあげた。桐朋学園女子高等学校の校長であり、学園全体の理事長でもあった生江義男といういわば名物男がいて文部省との折衝を担当してくれたが、認可が下りた祝賀の席で、太い猪首に太い縁の眼鏡と、その奥の柔和ではあるがときおり鋭さをみせるまなざしの、一見相撲取りのような肉づきのいい顔をすっかりゆるませて、「今度の大学は、入野君と北沢君が二人でつくったようなものだな」とねぎらいのことばをかけてくれた。四年制大学は、六一年の四月に発足することとなったが、後年、六〇年代の終わり頃卒業した学生たちの同窓会があり、その席で数名の卒業生から、「いま考えると、六〇年代が桐朋（学園大学音楽学部）の黄金時代でしたわね」といわれ、その時代の教育を主導した私としても、それはこころよいひびきであった。そのうえ、すでに名前をあげたひとびとのほかにも、すべての教育を校舎でおこなうごく普通の大学に変身したお蔭で、大学にやってくる別宮貞雄、遠山一行、三善晃、石井歓、宍戸睦郎などといったひとびとと親しくなり、直接音楽の現場から退いたいまとなっても、遠くから変わらぬ友情をもちつづけている。

開学と平行して、私にとってははじめての国際会議が開催された。「音楽=東と西の出会い」と題されたこの国際会議は、ルディヤード・キプリングの《東は東、西は西》を超えて、東洋と西洋の出会いと相互理解を図ろうという趣旨であり、西欧の一流オーケストラによる西欧古典音楽の演奏からインド古典音楽にいたる音楽祭と平行しておこなわれるものであった。いわゆる共産圏からも学者や研究者が参加する予定であり、事実何人ものひとびとが来日して参加したが、海外の推進者のひとりがソヴィエト体制の批判者であり、日本の財界や外務省・文部省が支援しているという理由で、ここでも東と西はそのまま冷戦対立の東西と曲解され、左翼の音楽関係者は、これはアメリカＣＩＡの文化活動の一環であるとして、いっせいに反対運動をはじめた。こうした趣旨であるから、その専門からしてぜひ参加すべきだという私の勧誘を、小泉文夫氏をはじめ東洋音楽学会の関係者たちは反共的文化運動に加わりたくないと拒否するありさまであった。のちに親しくなった建築家の前川国男が設計した東京文化会館が完成し、音楽祭は大ホールで、国際会議は小ホールで催されることとなり、打ちっ放しのコンクリートの壁が銀色のオブジェ風の反響板と奇妙に調和する小ホールの舞台で、私は「高度産業社会における創造的芸術の状況」という題で、伝統と西欧近代のはざまにあって苦悩する日本の音楽状況を知識社会学的に分析する講演をおこなった。

その会議で、チェコ国営放送の音楽プロデューサーのイヴァン・ポレドニャーク氏と親しくなり、わが家に招いたり、片山敏彦の子息の治彦氏が運転する車で、鎌倉見物に誘ったりしたが、その後一九六八年の《プラーハの春》事件のとき、ソヴィエト軍やワルシャワ条約機構軍に果敢に抵抗するプラーハの民衆の姿に感動し、激励の手紙を送ったが、そのまま音信不通になってしまった。近年プラーハを訪問した機会にチェコの知人を介して行方をたずねてもらったが、残念ながら手がかりはなかった。

この会議が刺激となり、私も日本の古典を深く知る必要に迫られ、《日本音楽思想史》なるものを構想することとなった。題名からして丸山真男の影響はあきらかであるが、中国の四書五経、とりわけ『詩経』や『礼記』楽記編、『論語』や『筍子』楽論編、あるいは『老子・荘子』などで、中国の古代や老荘・儒教以後の音楽思想をあきらかにし、それと日本との比較をし、さらには神楽や雅楽、あるいは能や近世音楽などの具体的ありかたからわが国の音楽思想を探るという野心的なものであった。東京芸術大学などの図書館に所蔵されている『教訓抄』や『体源鈔』など雅楽の伝書の写本まで、変体仮名の読み方に苦労しながらも渉猟し、「序論」をまとめ、『桐朋学園大学紀要』第一号に掲載することとなった。だが、すぐに方法的に行き詰まり、結局本文は書かれないままで終わった。なぜなら、たとえほんらいの思想史であっても、言語で記述されたものは全体的な思想の抽象化された一部でしかないうえ、感性的表現が優位にある音楽では、言語で書き記されたものはほとんど暗喩でさえもなく、それによって《思想》をとらえようとすれば、挫折するほかはないからである。西欧音楽思想史といった欧米の著者の原書を何冊も読んだが、それらもこうした方法の限界を露呈するだけで、まったく参考にならず、私のうちにしだいに思想史という学問そのものに対する疑いが芽生えてきた。ただ、このときの中国や日本の音楽理論書からえられた教養は、のちに役に立つこととなり、その一部は『メタファーとしての音』で展開するにいたった。

師との別れ

その年の秋、片山敏彦はこの世を去った。日常的な多量の喫煙に由来する肺癌の治療のため、東京大学付属病院に入院していたが、四月、見舞いにうかがうと、日当たりのよい病室の寝台に半ば身を起こし、まだ元気な様子であった。「ほう、今日はなにかあったの、その格好は」と私の礼服姿を見やり、「今日は四年制大学の入学式をかねた開学式で、少々祝杯もあげてきまして……」という私の答えに、「それはよかったね」とほほえんでくれ、やよひの「ご気分はいかがですか」という問いかけに、「うん、まあまあだよ、コバルト照射の治療を受けるのだが、あれはなんともいえない美しい青い光だね、この世のものとは思われないような光だよ」私は《天上の光《アストラル・ライト》》ということばを思いだした。ユダヤ教の密教であるカバッラーでは、天上の光は青とされている。片山敏彦は最後まで詩人でありつづけた。

片山敏彦といえば、私たちはよく、彼の好みそうな音楽会や演劇の上演の入場券を手にいれて彼を誘ったが、最後となったのは、六〇年安保の年の四月に上演されたポール・クローデルの『クリストファー・コロンブス（クリストフ・コロン）』であった。やよひが傾倒する演出家にして俳優のジャン・ルイ・バローの演出で、彼の一座による上演であった。つてがあって私は、リハーサルの見学にいき、いまは取り壊された産経ホールの客席の暗闇にもぐりこみ、同じリハーサル見学のひとたちと思われる数人のすぐ後ろの席に坐った。照明のリハーサルらしく、だれもいない舞台が明るくなったり暗くなったり、またさまざまな方向からスポットがあてられ、不在の主人公が輝く姿が想像されたが、一場面が終わると、私のまえの席の男が暗闇でメガフォンをとりだし、野太い声で「オー・コンティニュ（つづける）」と叫んだのに驚き、暗がりを透かしてその横顔をみると、まさに映画でおなじみのバローそのひとであった。

その本公演はすばらしいものであった。かつて「麦の会」という新劇団の女優であったやよひは、日本のいわゆる新劇に飽き足らず、途中でやめたのだし、私も新劇の舞台は、我慢と忍耐がなければとても最後までみることはできなかったが、これは時間の経過を忘れさせるものであった。たしかに台本は、コロンブスの到来によって土着の《蒙昧》な神々に代わってキリスト教の神の《光》がもたらされ、ひとびとは無知と暗黒から解放されるという宗教的・文化的帝国主義の強烈な香りにみちていたが、舞台をひとつの宇宙とみたて、大道具もほとんど置かず、照明のみが多彩に変化するなかで繰りひろげられる壮大な象徴劇は、神楽や能というわれわれのかつての演劇がそうであったように、近代のリアリズムを超えた演劇ほんらいの姿を開示し、私たちを陶然とさせた。

帰りに片山敏彦と治彦・梨枝子兄妹と、当時はまだテューダー朝風の木造建築であった銀座の三笠会館で食事をともにしたが、終わり頃に、舞台を終え、化粧を落としたバロー劇団の俳優たちも食事のためにおなじフロアにあらわれ、兄妹が彼らの席にいき、プログラムに署名をもらってはしゃいだりしている雰囲気のなかで、片山敏彦は終始上機嫌で、ひとしきり昔のパリでの思い出話などを語った。

他にこうした強烈な印象を受けた演劇は、伝統的なものとしてコメディ・フランセーズによるモリエールの『町人貴族《ル・ブルジョア・ジャンティヨム》』や、七一年のニュー・ヨークでのオフ・オフ・ブロードウェイつまり地下実験演劇、あるいは八〇年代のピーター・ブルークのインド叙事詩による『マハーバーラタ』など数多くあるが、それらについてはまた触れる機会があるだろう。ここでは、五九年二月におこなわれた第二回イタリア歌劇団公演での、ヴェルディのオペラ『オテッロ』の、感動的というよりも、戦慄と昂奮に圧倒された上演を書き記しておかなくてはならない。まだ本格的なオペラ劇場はおろか、東京文化会館さえない頃であったから、それは米軍から返還されてまもない旧東京宝塚劇場が舞台となった。私にとってはすでに述べたように、かつて、その地下のPX（米軍専用購買部）のスナック・バーは、トラッシュ・ボーイとして働いていた場所であり、幕間に、多くの観客とともに、食堂として改装されたまさにそこに坐り、オペラを聴くにふさわしい正装でやよひと二人の食事をとることとなったのであるから、そのめぐりあわせに複雑な感慨をいだいたのは当然である。

すでにゲルハルト・ヒュッシュなどを客演に招いたり、それなりの努力をつみかさねた日本のオペラをいくつかみてきたが、新劇同様、それらを観賞するのはかなりの我慢と忍耐のいることであった。だが、開幕前の暗闇の管弦楽席にアルベルト・エレーデがあらわれ、指揮棒が一閃するやいなや、私たちの耳、いや身体全体はキプロス島の嵐にさらわれ、幕があがるとともに、暗い舞台に渦巻く群集の情念の爆発である合唱に応え、将軍オテッロが塔の屋上に姿をあらわし、凛として放った第一声に、思わず背筋に戦慄が走り、息を呑むこととなった。黒塗りの顔にみなぎる気品、光輝ある将軍以外のなにものでもない立ち姿、そしてその声、大オーケストラの奏でる怒涛の響きと群集の叫びを超えて、その張りのある輝かしい声は、劇場の高い天井にこだまし、聴衆を圧倒するのだった。これが音にきくマリオ・デル・モナコの第一声であった。そこからイヤーゴ役のバリトン、ティート・ゴッビとの丁々発止の競演がはじまり、第一幕の終わり、デスデーモナとカッシオとの不倫の証言を天地に誓う、モナコとゴッビの恐るべき二重唱で聴衆の昂奮は頂点に達し、幕が降りるのをまちかねてすさまじい拍手と歓声を浴びせるのであった。

キューバ危機と知識人

六一年、合衆国大統領にあたらしくジョン・F・ケネディが就任したが、翌年の秋、キューバに米本土を射程に収めるソヴィエトの中距離ミサイルが配置されているとして、米海軍によるキューバ海上封鎖が実施され、キューバにむかうソヴィエトの輸送船が刻々と封鎖線に接近し、その処理を誤れば本格的な第三次世界大戦が発火するという、いわゆるキューバ危機が発生した。米・ソ両軍だけではなく、大西洋条約機構軍とワルシャワ条約機構軍も最終的にして全面的な警戒態勢にはいり、大陸間弾道弾がいつ発射されてもおかしくない緊迫した状況となり、もし戦争に突入すれば、多くの米軍基地をかかえる日本にも、水爆を搭載した弾道弾が降り注がれるのはあきらかであった。私は、日本共産党のあくどいやりかたに怒りを感じていたし、原水爆禁止運動でソヴィエトの核実験を容認する共産党系の原水協にもあきれていたから、ソヴィエトの立場を擁護するつもりは毛頭なかったが、外交交渉を無視して、いきなり軍事行動にでたアメリカは批判されるべきであると考え、六〇年安保で知りあった丸山真男のある弟子が、つね日頃日本の知識人が観念的で行動力がないと、勇ましい発言をしていたことを思いだし、この危機に対する知識人の声明を作成するとともに、軍事行動に反対するピケを、たとえ少数でもアメリカ大使館のまえに張り、世論に訴えるべきだと、文案とプラカード作成用の厚紙やフェルトペンなどを持参して、彼を法政大学に訪ねることとした。

彼はもうひとりの同僚を誘い、われわれは大学のカフェテリアで、コーヒーや紅茶をとりながら話をしたが、《大状況》なるものがなんとなく話題になるだけで、私の文案はいっこうに討議の対象とはならず、午後の陽射しを浴びた窓際のテーブルのうえで、その紙片はいたずらに指先でもてあそばれるだけであった。なによりも驚いたのは、明日にでもわれわれの頭上で水爆が炸裂するかもしれないこの恐るべき事態に対して、彼らがほとんど深刻な危機意識をもっていないことであり、延々とことばを弄んでいるが、行動する意志など皆無であるということであった。そのうちに話題は最近の学界でのできごとに変わり、聴いているうちに私はたとえようもない虚脱感にとらわれてしまった。雑誌『世界』に寄稿するようなトップクラスの知識人でさえこうなのだから、もはや水爆が落ちても、それは運命として諦めるほかはないのだ、と。ただ幸いにして翌日、息詰まる数時間ののち、ラジオはソヴィエトの艦船が反転して封鎖海域から去ったことを告げ、さらに数日後、ソヴィエトのフルシチョフ書記長がキューバからのミサイル撤去を発表し、キューバ危機はようやく終息した。

戦時中、われわれ個人の運命は、国家の意志に弄ばれ、翻弄されていた。だが平和時といえども個人の運命は、われわれの預かり知らぬ地球規模の意思決定のメカニズムにゆだねられ、それによって弄ばれることには変わりないし、それに逆らうことはほとんど不可能なのだ。ただ、平和な状況がつづくあいだは、われわれはそのような意思決定のメカニズムを、身近な選挙や政治的・社会的運動を通じて少しずつ改革することはできるし、そうした努力が必要であることはいうまでもない。だが、いったん危機的状況が到来すると、もはやそれは機能しなくなり、たとえ民主主義国家であろうとも、個人の運命は、国家意志に屈服し、翻弄されざるをえなくなる。キューバ危機の、刻々と迫りつつあったあの運命の瞬間を思いだすと、私はいまでも個人を押しつぶすあの耐えがたい歴史の圧力を心に感ずる。

アンセルメとの出会い

幸か不幸か、その頃音楽関係の仕事は、『フィルハーモニー』誌への寄稿以外ほとんどなくなってきていた。一〇年来念願のピアノをついに免税で購入し、しばらくはそれに夢中になり、ショパンのワルツやマズルカの易しい曲から練習をはじめ、数年で、同じショパンの『バラード第一番』や『スケルツォ第二番』、あるいはドビュッシーの『水の反映』や『前奏曲集』のかなりの曲を弾きこなすようになった。近隣のよしみで親しくなった坂本義和夫妻や、東京大学経済学部教授の小宮隆太郎夫妻、あるいは文芸評論家の粟津則雄夫妻、あるいは当時まだ無名の辻邦生氏などを招き、クリスマスなどにわが家でパーティーを催したが、あるとき粟津氏にせがまれてドビュッシーの『水の反映』を弾き、それが、このような難曲（もちろんアマチュアにとっての）を人前で弾く最初にして最後の機会となった。その後、信州大学に単身赴任し、一五年ものあいだピアノに触れることがほとんどなくなったため、いまではすっかり腕が落ちてしまったが。

それはともかく、音楽関係の仕事が少なくなったお蔭で、社会科学や人類学を勉強する余裕が生まれ、また大学で比較音楽学という名の講義ももつこととなったため、西欧以外の音楽やその理論の研究もはじめることとなった。そんなおり、高名な指揮者のエルネスト・アンセルメが来日し、NHK交響楽団を指揮することとなった。かねてからその著者『人間意識における音楽の基礎』に注目していた私は、当時N響の事務長をしていた小川昂さんを通じてインダヴューを申しこんだ。その本は、現象学の方法をもちいて、人間の意識に音楽の体系がどのように出現するかを主題とし、実数の関数と整数の比との対応関係である《対数《ロガリズム》》という数学的概念を使って、西欧近代の古典音楽がその和声と終止形によって、いかに合理的に人間の意識に作用しているかを分析したものである。その西欧近代中心主義と内容の難解さにいささか辟易したが、きわめて刺激的な本であった。インタヴューの質問の要旨はあらかじめフランス語で作成していったが、かつてのストラヴィンスキーの友人で（その頃はストラヴィンスキーの新しい様式に批判的であったが）、ディアギレフの「ロシア・バレエ団」の指揮者としてその数々の初演をおこない、またスイス・ロマンド交響楽団の創設者としてストラヴィンスキーの初期の作品やフランス音楽の演奏に比類のない力を発揮していたアンセルメに会うということは、かなりの緊張と昂奮をともなうことであった。

当日、N響練習所の指揮者室で待つこと十数分、リハーサルを終えたアンセルメがはいってきた。薄い白髪に大きな白皙の顔、筋の通った太い鼻柱に、なによりも強い印象をあたえる大きく透明な灰色のひとみ、その知的な顔立ちといい、ややくぐもった声で語る明晰な話といい、すべては私を魅了するものであった。このインタヴューは、私の撮った写真入りで、『日本読書新聞』に掲載されたが、のちに会った小川さんは、「彼は、あなたのことを、ひじょうにエクセレントな（優秀な）ひとだだといっていたよ」と、アンセルメの褒めことばを伝えてくれた。

これがきっかけになったわけではないが、『読書新聞』にしばしば寄稿するようになり、いわゆる論壇時評なども連載するようになった。あるとき、機関誌『フィルハーモニー』の編集会議で会った小川事務長に、「あなたの方邦という名前はめずらしい名だと思っていたら、今度、『読書新聞』にまったく同姓同名のひとが論壇時評を書いているねえ」といわれ、「あれは私です」と答えると、彼は大きな眼をさらにひらいて「ええっ」と絶句した。

また同じ頃、『現代の理論』という月刊雑誌に文化・芸術時評を連載することともなった。雑誌の主宰者であり、当時新左翼運動をはじめていた安東仁兵衛氏がわが家を訪れ、『現代の理論』も文化・芸術に視野をひろげるべきだと丸山真男に助言され、私を紹介されたとして、助力を頼んできたからである。往年の水戸浪士もかくやという鋭い目つきの安東氏は、骨の髄まで政治的人間であり、およそ文化や芸術に遠いひとであったが、崇拝する丸山真男の推薦する人間ということで、私に知的好奇心をいだき、その後もしばしば時評以外の原稿を依頼するようになった。さらに同誌は、かつて日本共産党の構造改革派――イタリア共産党のトリアッティなどの提唱した資本主義制度の漸進的構造改革理論を継承した――に属していた長洲一二氏をはじめとする知識人が同党の除名後結集してはじめた理論誌であり、彼らは日本社会党に接近し、江田三郎書記長の構造改革政策のブレーン集団を形成していた。それを機会に、私もしだいに江田三郎やその周辺のひとびとに近づくこととなった。

小川昴事務長といえば、忘れられないのは、一九六六年のロマン・ロラン生誕百年祭での、N響によるベルリオーズの劇的交響曲『ロミオとジュリエット』全曲の日本初演であった。その年の正月、みすず書房主宰でロマン・ロラン生誕百年祭をおこなう予定だとやよひから聴き、どうせかなりの広告費をかけるなら、もっと多くのひとを惹きつける記念碑的な事業をしようと意見一致し、そこから二人で行動をはじめた。小尾編集長の了解はとったが、だれもがそんな大きなことはいまからできるはずはない、と否定的であった。私が、文部省・外務省・フランス大使館・NHKの後援を取りつけられる事業だからと小川さんを説得し、一一月に偶然空いていた東京文化会館大ホールを確保し、やよひがまず、のちに外務大臣となったフランス大使館のデュフールク参事官と折衝し、本国の了解をえたうえでという条件つきながら、大使館の後援の確約をとりつけ、それから外務省・文部省と交渉し、かなり時間がかかったが、ようやくすべて実現可能となった。指揮は当時の新進気鋭の若杉弘、ソリストにアルトの戸田敏子、テノールの中村健、バスに高橋修一を起用し、合唱はカピュレット家が東京混声合唱団と日本合唱協会、モンターギュ家が二期会合唱団という豪華な顔ぶれで、一一月二一七日の当日を待つばかりとなった。

開幕を告げる鐘が鳴り、ほぼ八分通りの入りの客席に聴衆がつくと、東京文化会館大ホールのひろびろとした舞台にはオーケストラの椅子や合唱団の席が所狭しと並べられ、その左袖に高く、花輪に飾られたロマン・ロランの肖像写真が掲げられているのがみえ、やがてそのまえに、スポットライトを浴びてトゥーサン代理大使が立ち、大使が本国に帰国中であるので、と断って祝辞を述べた。フランス語での朗読のあと、「私が日本語に訳します」という代理大使の達者な日本語に聴衆はどっと沸いた。演奏者たちが粛々と入場、着席し、期待が高まるなか、若杉弘があらわれて拍手を受け、指揮棒の一閃に、一時間数十分にわたるこの壮大な劇的交響曲は、ベートーヴェンの『第九交響曲』を受け継ぎながらもよりロマン主義的な深い情念と絢爛とした音響によって、モンターギュ・カピュレット両家の葛藤と憎しみを超えた愛に託して人類の友愛と結合をうたい、聴衆を感動させ、鳴り止まぬ拍手を喚び起した。

ヴァイオリンの小妖精

その頃、当時のレニングラード音楽院への留学から帰国したばかりの桐朋出身のあるヴァイオリニストと、家が近いこともあり、親しくなった。音楽の理論的で精神的な教養を深めたいという彼女の要請で、週に一度、わが家で個人的な授業をおこなうこととなり、ブルーノ・ワルターが自己の音楽表現の秘密を語った『音楽と音楽作りについて《オヴ・ミュージック・アンド・ミュージック・メイキング》』という本をテクストに、楽曲の解釈と表現について討議した。そのうちに実際の楽曲について指導してほしいということになり、彼女の家で、近々弾く楽曲の分析や、その表現についていわゆるレッスンをすることとなった。最初の曲はシベリウスの『協奏曲』であったが、第一楽章の第一主題にあらわれる三連音符を、多くのヴァイオリニストは装飾音のように弾き流してしまうが、この短三度のゆらぎは、この主題のもつやや暗くはあるが深い情念を強調する重要な動機であり、のちに展開部で主要なはたらきをすることとなるから、少し重いくらいのアクセントをつけるべきだとはじめに注意すると、彼女は「まったく同じことを、ロストロポーヴィッチにいわれました」と大きな眼をさらにひらいて答えた。また、のちに不幸にも事故で水死した彼女の妹がピアニストであり、二人でリサイタルを開いたりしていたが、そのリハーサルでもレッスンを頼まれ、シマノフスキーの『アレトゥーザの泉』やバルトークの『ヴァイオリン・ソナタ第二番』などの楽曲分析や解釈について語り、表現について注文することとなった。負けず嫌いの性格の彼女は黙々とそれをこなしたが、妹さんには、「そんなことできない」と悲鳴をあげられ、困惑することとなった。

いずれにせよ、気の強い彼女が、たんに私のいうことを素直に受けいれてくれたからというだけではなく、音楽に対する秘めた情熱を内側に感じさせるその才能によって、夭折した天才的ヴァイオリニスト、ジネット・ヌヴーの後継者になりうるのではないか、と、私の期待はしだいに大きくなっていった。それに加え彼女は、女性としてもいささか危険な魅力を振り撒いていた。いささか危険というのは、音楽にむかう態度とは異なり、異性に対する強い情熱や真の情念を内面深くに秘めているかどうか自覚がないにもかかわらず、そうした対象を求め、したがってその回りには、崇拝者でもある男たちが謂集していたからである。私はそうした彼らのひとりとみなされたくなかったので、一歩身を引いていたが、たしかにその魅力には逆らいがたいものがあった。私にとってはそれは、どこまでが彼女の音楽的な魅力であったのか、どこまでが異性としてのそれであったのか分かち難かったが、彼女の練習や演奏会につきあうだけではなく、友人たちを招いてのパーティーをはじめ、多くの私的な場面でも交際を深めることとなった。

あるとき、その彼女に誘われて、周辺の男たちやカトリーヌというフランス人の女性などとともに、夏、房総の海岸に遊びにいくこととなった。誘いには応じたが、男たちとは少し離れて、こころよい海風に吹かれながら、読書でもしようと、かねてやよひを通じて手にいれたフランスの学界での話題の書を携行することにした。つまり、やよひによれば、それはマルクス主義や実存主義など、既存の思想を超えるあたらしい思想や方法を提示しているもので、知の漂流をつづけている私が、絶対に読むべき本だというのである。そのホテルにはプールもあったが、私のお好みはその先にひろがる白い砂浜であり、そこで白と青の海浜傘の下に寝転ぶと、涼しい海風と繰りかえし砕け散る波の音、周囲に降り注ぐ燦々とした陽光、プールからかすかにきこえる遊ぶひとびとの嬌声など、なにものも妨げることのない自由な余暇の時間を陶然とさせるような光景がひろがり、読書に集中することができた。

たしかにその本は、冒頭から私を巻きこむ魅力に溢れていた。内容はかなり難解であったが、いままでの人類学を悩ませ、各種の対立する見解を生んできた《トーテム現象》とよばれるもの、つまり、たとえばある氏族が鷲を神話上の祖先とし、それにまつわるさまざまな儀礼や伝説を所有しているといった現象が、実はその種族が宇宙をとらえる全体的で超合理的な思考体系の表象にほかならないことを述べていた。たしかにそれは、人類学固有の問題の分析であったが、トーテムというものが宇宙や自然の具体的事物でありながら、同時に高度に抽象的な思考をになっていること、いいかえればものごとという客観性が、思考という主観性をにない、またそれが個人の主観性を超えた普遍的なものであるとする主張は、従来のすべての科学を呪縛してきた主観・客観のデカルト的二元論を解体する革命的な考えを表現していた。私にとってはそれは、かつて感じたことのない知的衝撃であった。

いつのまにか、辞書を片手に読書に夢中になっていた私の頭のうえに、人影がたちはだかるのを感じ、頭をあげると、そこに、金髪を無造作に束ね、やや下膨れの顔に大きな灰色の瞳でひとをじっと観察する大柄なカトリーヌが立っていた。皆と一緒にプールで遊ばないのを不思議に思い、私を誘いにきたのだった。「なにを読んでるの」という彼女に、私はフランス語で答えるのが面倒だったせいもあり、黙って本の表紙を示した。「ああ、あなたは園芸《オルティキュルチュール》に趣味があるのね」といわれ、驚いて表紙をみると、たしかにそこには三色スミレの絵が印刷されていた。「しかしこれは、いわゆる未開のひとびとのトーテム現象を分析する本で、最近フランスで話題となっているものですよ、だからラ・パンセーというのは、当然《思考》のパンセーでしょう」と頭を指すと、彼女は本を手にとって頁をめくりながら、「でもねえ、フランス語でラ・パンセー・ソヴァージュといえば、どうしても《野生の三色スミレ》のことになるわよ。人間が手をくわえたのが栽培種《ル・キュルティヴェ》で、ソヴァージュというのは、自然に生えたものをいうのだから、もっともこの著者はラ・パンセーということばに、二重の意味をあたえているのでしょうね」といった。そのときはじめて私は、クロード・レヴィ＝ストロースがこの本の題名にあたえた暗喩的意味を理解したのだ。「あなたがこないのでみんな心配しているわよ、いっしょにプールにいきましょう」彼女の明るい声に、いささか読書に疲れていた私も立ちあがり、身体の砂をはらってプールにむかうこととした。

構造主義との出会い

レヴィ＝ストロースが提唱したこの科学的方法であり、思想であるものは、《構造主義》とよばれた。なぜなら人間が相互に意志疎通しあい、思考するのは、トーテムにかぎらず、子音・母音といった言語的音声、高低やリズムをともなう音楽的音、あるいは青や赤といった色彩やさまざまな形などといった具体的な《記号》によってであり、その記号を束ねて思考につくりあげるものこそ《構造》にほかならず、たとえばわれわれが母語を自在に話せるのは、われわれのなかにあらかじめ、言語を繰る思考の構造がそなわっているからなのだ。

その秋、『野生の思考』を読みつづけていた私の研究室に、ひとりの編集者がたずねてきた。『読書新聞』や『現代の理論』への寄稿に注目したためと思われるが、当時、『世界』や『中央公論』などとならぶハイレベルの知的雑誌であった『展望』に、現代の諸問題をあつかう論考を書くように求められたのだ。私のうちに、例によって怖いもの知らずの知的冒険心がむくむくと頭をもたげ、この新しい構造主義の方法によって、現代の状況をとらえてみようという、途方もない考えが浮かんできた。

こうして「現代文化批判――弁証法的思考の回復」という長大な論考を書きあげ、それは『展望』一九六七年七月号に掲載され、思いがけない反響を喚び起こすこととなった。当時まだ面識のなかった長洲一二氏が、『朝日新聞』の論壇時評で大きくとりあげて賞賛し、わが国の人類学の開拓者のひとりであった石田英一郎氏は、いくつかの雑誌に載せたエッセイで激賞し、当時そこの助手であった青木保氏を介して、私を東京大学東洋文化研究所に講演に招いてくれた。当日、教授クラスの出席は少なかったが、助教授や講師や助手、あるいは大学院生などが参加し、こうしたアカデミックなエリート層を相手に講演するのははじめてであり、かなりの緊張感をあじわうこととなった。その頃運転免許をとって乗用車を購入し、まだほとんど駐車規制のなかった都心を乗りまわし、その日も東京大学構内に乗り入れていたが、その帰りに石田教授をお宅まで送ることとし、途中、教授の誘いで郊外のある中華料理屋にたち寄り、食事をともにした。額から頭頂にかけて秀でた、みるからに知的な顔立ちにもかかわらず、きわめて温厚な人柄に甘えていると、眼鏡の奥の鋭い眼をまたたかせながら、ときおり私の知的傲慢を打ち砕くような透徹した見解を披瀝され、感銘と刺激を受けた。その後知り合いとなった長洲一二氏といい、石田英一郎氏といい、またしばらくのちにさまざまな場で私を知的にひきたててくださった歴史家の堀米庸三氏といい、私の身のほど知らずの知的挑戦に対して受けた、この時代を代表するすぐれた知識人の賞賛や激励を、私はいまでも感謝しつづけている。

その後も構造主義の方法による論考を書きつづけ、また出版後三〇年近くロングセラーとなった『構造主義』と題する本をまとめたが、その数年のわが国の知的世界は、構造主義ブームともいうべき状況を呈していた。執筆だけではなく、大学や研究所、あるいは企業や官庁の研究会、また学生たちの大学祭などでの講演が引きも切らず、断るのに苦労するほどであった。だがマス・メディアがブームをつくりだしたのは、かつて流行した実存主義や行動主義などが退潮したあとで、久々に西欧に新しい思想が登場し、話題となったという《流行》または知的ファッションの追求にほかならず、私が珍重されたのは、私がその最初の紹介者、または《知的輸入業者》と思われたからである。事実その後、構造主義ブームが沈静し、私がその方法によってオリジナルな仕事をはじめると、メディアはもはや関心を示さず、無視するようになっていった。

だが、マス・メディアの軽薄なブームにもかかわらず、構造主義を、デカルト的二元論を打破する、いいかえれば近代の思考体系や科学的方法を超える革命的な思想であり、方法であるとして知的衝撃を受け、真剣にそれを追求する多くのひとびとがいた。とりわけ学生たちは敏感であった。なぜならその頃、中国では文化大革命がはじまり、アメリカでは、ヴェトナムへの大規模な軍事介入に反対する学生たちの反戦運動が、全米的にひろがりつつあったからである。

つまり、中国の文化大革命は、今日では毛沢東派と劉少奇・鄧小平派との権力闘争の側面のみが強調され、伝統文化や遺産の破壊をはじめ、江青などの四人組の主導した多くの誤りや、いわゆる武闘による悲惨な結果が知られていて、ほとんど全面的に否定されているが、そのもっとも重要な思想的核は、ソヴィエト社会主義への批判として、社会主義は資源と富の平等な分配によって、たんに人間に物質的・経済的満足のみをあたえればよいのか、という社会主義の根源を問うものであった。むしろ社会主義は、欲望を無限に追求するような人間のありかたや人間の内面を変革する、いいかえれば彼らのいう人間の《文化》を革命的に変えることによってはじめて達成されるというのだ。ソヴィエトやそれをモデルにする劉少奇・鄧小平体制は、経済的・物質的成果だけを追求しているが、その意味ではそれは、国家が主体となるか私企業が主体となるかのちがいだけで、資本主義とまったく同じ道を歩むものにほかならない。このような資本主義の道を歩む《走資派》に異議を申したて、権力を奪還しなくてはならない、というのが毛沢東の考えであり、そのために、日本でいえば中学・高校生にあたる純真な《紅衛兵》を、「造反有理」（反対には必ず理がある）のモットーのもとに動員し、権力奪還にたちあがらせ、社会主義そのものを再度変革しようというものであった。

アメリカでは、泥沼化するヴェトナム戦争に対する反戦運動は、しだいにそのような戦争を生みだす資本主義への根源的な問いとなり、それはたしかに一方では、ソヴィエト・モデルとはちがう新しい社会主義を志向する《新左翼《ニューレフト》》運動となっていったが、他方それは、欲望を肥大化し、経済的・物質的利益のみを求める資本主義または近代の《文化》への根本的な疑いをもたらし、WASP（ホワイト・アングロ・サクソン・プロテスタント）とよばれる社会層に主導されてきた支配文化《パラマウント・カルチャー》を否定し、古代インド哲学や中国の老荘思想、あるいはお膝元のアメリカ・インディアンの宇宙論やそれにもとづく深い知恵に救いを求め、それによって新しい文化を形成しようという《反文化《カウンター・カルチャー》》の運動を生みだした。後者は、資本主義的であれ社会主義的であれ、近代文化そのものを変革しようという「文化革命」にほかならず、あきらかにその根底では中国の文化大革命と共通する論理をになっていた。

構造主義は、まさにこうした世界的な文化革命の状況のなかに登場したのである。それはすでにみてきたように、近代の思想や思考体系を乗り超える基本的な科学的方法を示していたし、トーテム現象をはじめとする「野生の思考」が、近代の合理主義的思考にまさる超合理的で全体的な構造をもつことをあきらかにすることによって、近代的・西欧的人間が人類の知的進化の頂点にあるとする近代的人間像を、根底からくつがえす恐るべき知的革命であったのだ。心ある学生たちがそれを直観的に理解し、私のところへやってきたのは、この意味で時代の必然であった。

XI　新しい世界の展望（一）

知の航海が終わったわけではもちろんないが、たとえ目的地そのものはまだ霧のかなたにあるとしても、少なくともそこにむかう針路はあきらかになったのであり、したがって漂流状態は終わりを告げたといってよい。しかし、私が個人の内面や思想として新しい針路を探りあてたことは、けっして偶然ではなく、時代の表層に吹く風や潮流ではない、目にみえない深層に流れはじめたあたらしい潮の行方を、そこはかとなく感じとったからである。そのうえ通常は、表層の風や潮流と深層の潮の流れは逆であり、深層の流れを知り、それに掉さすものは、しばしば時代と真っ向から対立するものとなった。しかし、ほとんど奇跡といっていいほどごくまれに、しかもごく短い時期、表層の潮流が深層の潮の流れと一致するときがある。たとえばフランス革命の初期がそれであり、人間の真の解放を志向する深い潮は、啓蒙貴族たちをも巻きこむ時代の潮流となって動きはじめた。だが、やがて革命の動乱や戦乱のなかで、ふたたび時代の潮流は逆流となって溢れかえる。そのなかで、ベートーヴェンのように、目にみえない深層の潮の告知するものに耳をかたむけるのは、きわめて困難な業である。それと同じく、六〇年代末から七〇年代はじめにかけてのわずか数年、深層の流れは《文化革命》として一時、時代の表層の潮流となることができた。しかし、その希望に満ちた輝きは一瞬にして終わり、やがて時代の潮流は、逆の方向にむかうこととなる。しかしわれわれは、それを嘆くことなく、それがつねに自明の前提なのだ、と心を決めてかからなくてはならない。

変革の熱気

たしかにそれは輝かしい時代であった。いたるところで既成の権威への反逆や反乱が渦巻き、いたるところで変革の熱気が沸きたっていた。東京大学正門の上の、鉄製の高い弧状の枠には、学生たちの手で毛沢東の肖像と赤地に金文字で「造反有理」と書かれた額が掲げられ、大学で、なにかとてつもないことが起こりつつあることをひとびとに告げていた。あるいは新宿の花園神社の境内に赤い天幕が張られ、異形の役者たちが出入りして、既成の新劇に飽きたりないひとびとに、なにか心躍らされるような演劇的できごとが待ちうけているかもしれないと、語りかけていた。若者が集う繁華街には、いくつもの小さな地下劇場が開かれ、政治的風刺劇からベケットの『ゴドーを待ちながら』のような本格的前衛演劇にいたるまで、客席や通路を埋めた観客を相手に、俳優たちは舞台狭しと躍り跳ねていた。また地下の喫茶店のような場所で集会がもたれ、学生組織の指導者や地下演劇の演出家、あるいは変革運動に理論的支持をあたえている知識人などを招いて、膝つきあわせた討論などがおこなわれていた。雑誌や週刊誌は、いたるところで泡立つ反逆や反乱を派手々々しくとりあげ、あたかも自分たちも同調者であるかのように振る舞い、読者の歓心を買おうと競っていた。

大学ではじまったこの劇の第一幕第一場は、日本大学であった。神田キャンパスから波及した大学の民主化や機構改革の要求は、他のキャンパスにもおよび、各学部は、大学側に立つ体育会系の学生や右翼の乱入を防ぐため、学生たちの手でバリケード封鎖された。彼らは日大全共闘（全学共闘会議）とよばれ、私も彼らに招かれ、江古田の芸術学部に講演におもむいた。商店街に通ずる狭い街路に面した正門は閉ざされ、その内側は机や椅子、あるいは角材などを組み合わせ、打ちつけたバリケードが高々と積みあげられ、その下に身をかがめなくては入れない入り口がつくられ、白や赤のヘルメットをかぶり、襲撃に備えた太い棒を手にした学生たちが、出入者を検問していた。校庭では、同じく襲撃に備える訓練らしく、思い思いの服装の学生たちが、師範格の空手着の学生について、腹からしぼりだすような掛け声をかけ、空手の練習にはげんでいた。前衛風の内装の講堂には、満員の学生たちがつめかけ、私の話に熱心に聴きいってくれた。話の内容はもはや覚えてはいないが、いわゆるアジテーション（扇動）が嫌いな私としてはおそらく、われわれが直面している状況とは、要するに近代文明の根源が問われているのであって、思想的には、それを支えてきたひろい意味での近代合理主義を超えなくてはならず、社会的には、それによって資本主義・社会主義を問わず築かれた、すべてがモノと化す物象化の世界を変革しなくてはならないが、構造主義は、思想的・方法的変革の突破孔をうがったのだ、という持論を語ったと思う。どこまで理解されたか疑問だが、反応は悪くなかった。

しかし、それは皮切りにすぎなかった。日大のような大学改革や民主化への直接的で具体的な要求もあったが、そもそも現行の大学制度が、アメリカのように産・軍・学一致でないまでも、知によって体制を支え、エリート的支配層やそれに奉仕する中間および下層知識層を育てることによって、民衆の抑圧機構と化している、いまや大学という制度自体を変革しなくてはならない、というのが各大学のいわゆる全共闘の主張であった。たがいの連絡があったわけではないと思うが、私は東京をはじめ、各地の大学の全共闘に招かれ、講演をして歩いた。なかには京都大学のように、全共闘に同調する教官の集団にも招かれ、そこで交換した名刺のひとつに竹本氏という助手のものがあったが、彼が名乗っていた筆名から有名になった「滝田修事件」――彼が扇動して過激派に自衛隊員を襲わせ、武器を奪取しようとしたという（結局は冤罪であった）――に、のちに巻きこまれることとなった。それはともかく、いまでは思いだせないほど数多くの大学を訪ね、張りめぐらせた色とりどりでサイケデリックな立看板やプラカードに溢れ、これも色とりどりのヘルメット姿や地下演劇まがいの扮装で学生たちが練り歩くという、ほとんど祭のような光景を繰りひろげるバリケードのなかや、バリケードを築くにはいたらないキャンパスの講堂や教室で、無数の学生たちと対話をしつづけた。全共闘に対立するのは、私学などでは、大学側の意向をうけた右翼あるいは体育会系の学生であったが、国公立の大学では、全共闘を悪質な破壊集団とよび、徹底的に批判し、対決するのは、多くは共産党系の民青（民主青年同盟）とよばれる組織であった。したがって私も、共産党の機関紙『赤旗』で、破壊分子を扇動する悪質な知識人として名指しで批判をうけ、また共産党系の学者が書いた本のなかでは、私の名を冠した一章が設けられ、マルクス主義理論から批判が加えられていたが、当時もいまも私は、一国家の公党からそのような知的な《大物》としての扱いをうけたことを、光栄のいたりと考えている。

安田講堂の「落城」

しかしここでも、お祭気分は前半だけであり、全共闘系の学生と民青系の学生との暴力的な衝突が多くなり、また全共闘と大学側との交渉過程で役職にある教授などのいわゆるつるしあげや監禁事件が続発するにつれ、状況はしだいに険悪なものとなっていった。バリケード封鎖を解き、授業を再開するために、警察に要請し、機動隊を導入して封鎖解除を強行する大学が増えはじめた。色とりどりのヘルメット姿の学生たちは火炎瓶を投げ、投石や棒をふるって抵抗し、紺のヘルメットと同色の乱闘服の機動隊は、銀色の等身大の盾をならべてじりじりと前進し、轟音を発しては催涙ガス弾を乱射して学生たちの排除をはかり、街路や校庭は、飛び散った赤い炎や散乱する石、あるいは転がった弾体からひどい刺激臭をはなって噴出する催涙ガスの白い靄で充満し、市街戦さながらの光景を現出していた。

東大全共闘と各大学の応援部隊が各学部の建物や安田講堂の封鎖と占拠をつづける東京大学にも、機動隊導入近しというわさが流れ、事実、状況は切迫しつつあった。当時、社会党構造改革派の事実上のブレイン組織となっていた雑誌『現代の理論』に集う知識人たちの外郭に学生組織があり、社会主義学生戦線の名から「フロント（戦線）」と称していた。はじめは非暴力を唱え、穏健な活動をしていたが、しだいに急進化して、全共闘の一翼をにない、共産主義同盟（「ブント」と略称されていた）

系の赤色、革命的共産主義者同盟（「革共同」と略称されていたが、革マル派と中核派とに分裂し、暴力的に敵対していた）系の白色、社会党系の社会主義青年同盟から分裂した「解放派」の青色、第四インターナショナル・トロツキー主義者（「四トロ」と略称されていた）の黒色、などのヘルメットと区別する緑色に白で「フロント」と書いたヘルメットをかぶり、いわゆるゲバ棒と称する乱闘用の棒を手にし、デモをするようになっていた。かねてから『現代の理論』の主宰者安東仁兵衛氏に、もうわれわれの手におえないので、学生に影響力のあるきみから、なんとか暴力を放棄し、ほんらいの活動にもどるよう説得を試みてほしい、といわれていたし、何名かの指導者にも面識があったので、説得とまでいかないであろうがとにかく様子をみにいこうと、東大占拠防衛のための全共闘決起集会におもむいた。

私が到着したときはすでに日が暮れはじめ、安田講堂まえの決起集会を終えた全共闘各派が、東大構内でのデモ行進に移っていた。それぞれの党派の旗を押したて、赤いヘルメットの百数十人の集団を先頭に、赤と白に塗り分けてＭＬ（マルクス・レーニン主義）と書かれたヘルメットの集団、白地に黒々と「中核」と書いたヘルメットの集団など、千人規模のデモが、いずれも乱闘用の棒をかかげ、密集隊形でジグザグに練り歩いていた。その最後尾に、たしかに緑色ヘルメットの五、六〇人の集団が、緑色の旗と棒をかかげて、あきらかにこうした場面に慣れた他の集団とは異なるぎごちなさで、ジグザグ・デモをおこなっていた。だが携帯用拡声器を手にした指導者は、「ゲバ棒をもっと高くあげろ」「もっと声をだせ」と叱咤激励し、他の集団に匹敵する戦闘的な集団に変身させようとしているようにみえ、およそ近づきがたい雰囲気であった。夜の闇があたりを包みはじめたが、構内の街灯だけではなく、彼らを追いかける各社の報道陣がたえず浴びせかけるテレビ用投光器のまばゆい光や、カメラのフラッシュの閃光が、色彩ゆたかな彼らの姿を照らしだし、一場の景観となっていた。

しばらくして、図書館の建物の裏手、三四郎池に面した広場あたりで、突然ただならぬ物音と喚声があがり、報道陣や見物客がいっせいにそちらの方向に駆けだしていった。赤門の方角から数百人の民青の一隊が、黄色いヘルメットと樫の棒で武装し、全共闘の隊列とむかいあい、先頭集団は小競り合いをはじめていた。にわかに投げかけられたテレビ・ライトを煌々と浴び、くすんだ茶色の化粧煉瓦の建物や池に下る道の樹々の緑を背景に、色とりどりのヘルメット集団が怒号とともにからみあい、唸りをあげて棒が振り下ろされ、あるいは打ちあわされていた。はじめは数にまさる民青が全共闘を押しまくっていたが、騒ぎを聞いて駆けつけてきた全共闘の主力部隊に押し返され、両軍は図書館の建物をはさんで対峙し、罵声をあびせあう一応の自制した状況となった。いつ乱闘がはじまってもおかしくない緊迫した空気が張りつめ、巻きこまれて負傷する危険もあり、この混乱のなかで緑色ヘルメット集団と接触するのは不可能と判断し、私は《戦線》を離脱し、毛沢東の肖像がかかげられた正門から、街路樹の影が照明をさえぎる仄暗い歩道を、地下鉄の駅へとむかった。大学闘争は革命ともいえない騒乱にすぎないが、どのような革命も正しい目標をかかげた理性的状況から出発し、華やかな祭にいたるが、そのあと、必ず暴力が血塗られた姿をあらわし、革命を歪め、その理念を泥にまみれさせる、大学闘争もまったく同じ経過をたどっている、と考えながら……

翌年の一月、安田講堂は《落城》した。どんな用件で訪れていたのか忘れたが、当日、私はある新聞社の編集局にいた。ひろい室内に並べられた机にはそれぞれ書類が山積みされ、いたるところが雑然としていたが、ほとんどの記者が出動した社会部などは、いわゆる担当デスクが残るのみとなり、いつもの喧騒はあまり感じられなかった。室内の各柱の棚には大型のテレビが置かれ、当時はじまったばかりの色彩映像で、朝から安田講堂の《攻防戦》を映しだし、多くの記者がそのまえに釘づけになっていた。講堂のうえを飛ぶヘリコプターからの映像をはじめ、地上から、あるいは東大の他の校舎の屋上からと、設置した何台もの撮影機や携帯用カメラなどが、安田講堂のくすんだ茶色の化粧煉瓦の壁や時計台、そこに掲げられた赤や青など色とりどりの学生各党派の旗やスローガンを書いた垂れ幕、屋上や高い窓から火炎瓶や石を投げ下ろす学生たちの、これも色とりどりのヘルメットやタオルの覆面姿、あるいは灰色の装甲車や放水車を先頭に講堂入り口に迫る、銀色の盾をかまえた紺色のヘルメットと乱闘服の数えきれないほどの機動隊員、などを映し、アスファルトのうえで炸裂する火炎瓶の真紅の炎、白い煙の尾を引き、発射される催涙弾、窓ガラスを破って注ぎこまれる放水の同じく白い水煙など、はじめてみる色彩テレビ画面のあまりもの美しさに魅入られ、しばし画像の伝えるメッセージを忘れていた。たしかにそれは現実のできごとであった。しかし、ブラウン管に映ずることの美しくも凄絶な画像は、はるかにへだたった別の世界、アリスの不思議の国に似た夢または幻想の世界のできごとにしかみえなかった。私は、情報社会においてひとが陥る最初の罠に囚われた自己を感じた。そこに映っているものが《現実》であるか架空のできごとであるかは問題ではない。そこに映ることによって、すべては現実を反転した《虚像《ヴァーチャル・イメージ》》に還元されてしまうのだ。

こうして美しくも凄絶な虚像はブラウン管を一日賑わわせ、やがて消え去り、それとともに大学闘争も終焉をむかえることとなった。

ワルプルギスの夜

朝日新聞社から発行されていた知的週刊誌『朝日ジャーナル』には、アンセルメ来日時にその思想を紹介する記事を書いたが、のちに名物副編集長の酒井伝六氏が接触してきて、多くの論考を執筆することになった。エジプト学にも造詣の深かった酒井氏は、すでにその頃から環境問題に注目していた慧眼の士であり、がっしりした体躯と、やや薄くなった頭頂をかたむけ、眼鏡の奥からやや細い眼をじっと注ぎながら、有無をいわさぬ調子で原稿依頼の意図を語るひとであったが、押し付けがましいところはなく、よりよい記事を書いてもらうためには、千里の道をもいとわぬといった情熱をもっていた。

彼のお蔭で私は、日本ではじめて《管理社会》論を提唱することとなったが、またこのことばほど誤解されたものもなかった。つまり、いわゆる先進国とよばれる高度産業社会は、これから脱産業社会へとむかうが、それはかつてのように支配層が法や強制力で統御《コントロール》する社会ではなく、電子計算機の情報によって半ば自動的に管理《マネジ》される社会であり、この情報の網の目が国家や個々の社会組織の意志を超え、効率や最適効果の追求として国民を目にみえぬしかたで拘束する社会である、ただ人間社会には、感性や質の問題にかかわるような、電子計算機の数値的計算や操作を超えた計算不可能性または操作不可能性が存在するのであり、それが今回の大学闘争や文化革命のようなしかたで反乱を起こし、情報による管理を覆そうとすることは、今後もありうるだろう、というのが私の主張であった。ところが一般の受けとめかたは、人間が、たとえば時間でいえば分秒にいたるまで管理者に管理される社会などというもので、のちには選手をそのように管理するという《管理野球》の名さえ生まれることとなった。もっともその場合でも、電子計算機に記憶させたデータで選手を管理する点では、多少ほんらいの管理社会の意味に近いとはいえよう。

それはともかく、こうしたメディアでの発言が増えるとともに、個人的に接触してくる学生も多くなった。桐朋学園大学での講義でも、前列の椅子にみかけぬ学生たちの姿が目立つようになり、こうした学生のほうが熱心であって、講義が終了すると私をとりかこみ、教室から廊下、あるいは研究室までついてきて質問を浴びせるのだった。他の音楽大学だけではなく、一般大学からの《盗聴生》たちであった。なかには同じ桐朋学園ながら、当時創設されたばかりの短期大学演劇科の学生たちが、自分たちの授業を抜けでて聴きにくるありさまであり、ついには演劇科の責任者の千田是也氏に直訴したらしく、私は演劇科でも教えるようになった。白髪に、いつも紅潮したような顔色の福々しい二重顎、一見柔和だがときおり鋭く光る細い眼、俳優らしい凛とした背筋で歩く千田氏は、学内でよく顔を合わせ、人間的には好きだったが、彼の演出や理論はあまりにもスタニスラフスキー理論や社会主義リアリズム一辺倒で辟易し、敬遠していた。だが学生たちは、そうしたあたえられた枠組みを打ち破るだけの若いエネルギーと自由さに溢れていた。しばらくのちに、同じ演劇科の安部公房氏も、おそらく千田教室の社会主義リアリズムに対抗する演劇を学内で樹立する意図から、私に接触し、彼の教室で新しい演劇理論を講ずるよう求めてきたが、私は安部氏にかぎらず実存主義も嫌いであったし、学内の派閥関係に利用されるのがいやであったため、あいまいな返事をし、態度を保留していた。その数年後、どのような理由からかいまも知らないが、安部氏は演劇科をやめてしまった。

どこの学校も創生期には個性的な人材を輩出するが、ウェーバーのいう《カリスマの日常化》ではないが、しだいに凡庸化の道をたどるものであり、音楽科も例外ではなかった。しかし演劇科は創生の熱気に溢れていた。講義題目（なんであったかまったく忘れてしまったが）にとらわれず、好きなことを教えて学生を刺激してください、という千田氏の要望に答えて、学生たちが参加しつつ楽しめるような勝手な授業をおこなった。とりわけそのなかで、岡島治夫（のちCSヨーガ・センターの主催者として瑞徳を名乗る）、橋本準（のち正食による治療法の開拓者として宙八を名乗る）、のち一時モダン・ダンスで活躍した畑中稔、他大学の学生であった江口正彦といったひとたちとは、助手同様に授業を手伝ってもらっただけではなく、その後私自身の新しい演劇活動への参加で、のちまでも交遊を保つこととなった。

男子学生だけではなく女子学生もきわめて個性的で、演劇的な自己主張だけではなく、異性としても積極的に自己主張するような魅力にみちていた。いつの時代にも、ある種の精神的な昂揚期には人間解放の機運に乗じて、女性解放の声や行動がたかまるものであるが、この時期も例外ではなかった。

まだその頃は、男と女の関係は結婚などという尺度ではかられ、私自身もそうした枠組みのつくりだす迷妄に囚われていたと思う。だが彼女らにとっては、そのような枠組みは因襲にすぎず、また深刻な恋愛なども季節はずれの旧習であって、自分たちも楽しむ性的な関係をふくめ、たがいに拘束しあうことのない自由こそ至上のものであった。私とやよひとの性的な結びつきもほとんど完璧であり、いま考えてもこれ以上の性的なパートナーはいなかったと思うほどであるから、そうした欲求不満はまったくなかったといえる。にもかかわらず、魅力的な彼女らの積極的な誘いに応じないことは、不可能に近かった。授業の終了後、当時、解放区などといわれた新宿に、彼女らと繰りだし、何軒かの安い居酒屋などを梯子し、狭い店内の仄暗い照明のしたで、ほとんど肌ふれんばかりに膝つきあわせて語りあうのは、それだけでも官能的な楽しみであった。

そのなかのひとりとは、彼女が卒業して女優として活躍しはじめてのちも、かなり長期にわたって深くつきあうこととなった。彼女については、私の演劇的パフォーマンスを語るときに、ふたたび触れることになると思う。

高度成長の祭り

七〇年代のはじめまでは、経済的高度成長による物質的《豊さ》の増大もあって、反乱や反逆も許容するような、社会全体の祝祭的気分はつづいていた。七〇年五月、新安保成立一〇年目の条約自動更新に反対するデモがおこなわれ、一年に何日もないような晴れわたった美しい青空のもと、日比谷公園は社会党・総評系や全共闘系、あるいは一般市民の何万という人波で埋まり、公会堂まえの広場や野外音楽堂だけではなく、緑の樹々のあいだまで、赤や青の旗や例の色とりどりのヘルメット、あるいはスローガンを書いた風船や色彩ゆたかなプラカードがゆれ動き、上空を旋回する新聞・テレビ各社や警視庁のヘリコプターの爆音を圧するばかりに、歌声やシュプレッヒコールが木魂《こだま》し、昼頃出発したデモの先頭が東京駅に到着しても、後尾は依然として公園に待機せざるをえず、全員が東京駅にたどりついたのは、もはや日暮れというありさまであり、翌日の新聞はいずれもトップの大見出しで、「新安保反対七万人のデモ」と報じた。

大阪千里丘陵で、万国博覧会が開催されたのもその年であった。その前年の夏、大阪城公園で、万博に反対する各集団や組織がひらいた「反万博」で、連日開催されたシンポジウムのひとつに出席するため、当時開通したばかりの東名・名神高速道路を五時間ばかり走ったが、フロント・グラスの視界には、つねに五、六台程度の車しか映らず、夏の陽射しを浴び、陽炎を立ち昇らせる舗装路が、ゆるやかな曲線を描きながら緑の山岳地帯をつらぬき、あるいは風にゆれる稲穂が緑のさざ波を立てる水田地帯を横切り、延々とつらなるのが見渡せるだけであり、長距離運転を堪能させてくれた。「反万博」は、これも全共闘や市民団体のお祭であって、空襲で焼失した天守閣跡の堀端は、白や黄色の天幕が建ちならび、講演やシンポジウムの会場、あるいは食べ物屋から各地の物産の店など、恐るべき蒸し暑さの炎天に汗を拭き拭き歩くひとで溢れ、さながら規模の大きい大学祭の観を呈していた。

「反万博」に参加したにもかかわらず、私は三回も万博を参観するという自己矛盾を犯すこととなった。なぜなら、一回は『朝日ジャーナル』での取材のため、もう一回は、しばらくまえに知りあった建築家の前川国男氏が設計した「鉄鋼館」の招待、そして最後に演劇科の学生たちに誘われ、万博見物と万博協賛の芸術祭に訪れたマルセル・マルソーのパントマイムをやよひや彼らとともにみるためであった。かつて建築家協会事務局を通じて講演を依頼してきた前川氏とは、講演の当日、間接照明のやわらかな光にみちた建築家協会のひろびろとしたサロンでお会いしたが、なでつけた銀髪に意志的な顎、太い縁のロイド眼鏡の奥に眼光鋭く、恰幅のいい体躯にゆったりとした身振りで、いかにもなかば芸術家でなかば事業家である大型建築の設計者にふさわしい自信と知性にあふれたひとであった。石田英一郎氏の場合と同じく、なぜかすっかり気に入られ、その日だけではなく、何度か食事をともにすることとなった。のちに伊豆に仕事場をつくることとなったとき、だれか設計監理してくれるお弟子さんはいませんかと尋ねると、まわりにいた建築家や評論家、あるいは建築雑誌の編集者を見まわしながら、「いや、おれがやる、おれだって住宅はできるんだ、T（氏）の自宅みたいなひとの住めないような家はつくらんからね」と、当時流行のある《前衛建築家》への敵対心をむきだしにして語り、この堂々とした建築家でさえも、一世代以上も若い同業者に競争心をもっているんだと、思わず笑ってしまった。もちろん、多忙の前川氏にそんな時間的余裕があるはずがなく、また完璧癖の彼にかかったら予算もどれだけ膨らむかという私たちの心配も重なり、この話は実現しなかったし、結局彼の弟子筋のみねぎし・やすお氏を紹介してくれることとなったが……

鉄鋼館の出し物のひとつは、竹原はんの日本舞踊であったが、四方をかこんだ客席の中央にせりあがってくる舞台にひとりたたずむその姿は、まさに花恥らう若い娘そのものであり、とても七十代の老女の演技とは思えず、本物の芸のすごさを知ることとなった。大阪フェスティヴァル・ホールでのマルソーのパントマイムも、笑いの仮面をかぶった仮面師の顔から仮面がとれなくなり、顔は笑いながら、身体と手足で苦悶する凄絶な「仮面づくり」、あるいは万博協賛公演であるにもかかわらず、万博の主題「人類の進歩と調和」を笑いのめし、《未開》への回帰を暗示する「ビップの現代生活と未来」など、彼の恐るべき芸と反逆精神で、われわれを昂奮させてくれた。彼は大阪公演のあとで、合衆国と戦う戦時下のハノイへおもむいたのだった。

万博は、華麗なガムラン舞踊や音楽を披露するインドネシア館、目も綾なインド更紗のトンネルを抜け、繊細きわまる象牙彫刻や寺院建築の細部を繰りひろげるインド館、部族の仮面や彫刻、あるいは儀礼のありさまなど「野生の思考」のめくるめくほど多彩な表現を堪能させてくれたアフリカ諸国の展示館、あるいは日本の茶道に匹敵する深い意味をもつ《コーヒー道》ともいうべき、エチオピア館の提供するかつて味わったことのない香り高いコーヒーなど、ひとびとが長大な行列をつくるいわゆる先進諸国の展示館(そのいくつかは取材招待のお蔭で横のVIP用入り口から入れてもらったが)を尻目に、アジア・アフリカ諸国の展示館を心行くまで参観した。これらについてはすっかり通になり、学生諸君と一緒のときは、案内役まで買ってでたほどである。

『冬物語』

演劇といえば、その年の一月に日生劇場で上演されたトレヴァー・ナン演出・ローヤル・シェークスピア劇場のシェイクスピア『冬物語』を忘れることはできない。シェークスピア晩年のこの非現実的で奇妙な芝居は、さまざまな解釈が可能であるが、《冬》から《春》への季節の交替を、《近代》の伝統的な枠組みという《迷妄》に囚われた古い時代から、それを超えて人間に真の自由と解放を保証する《脱近代》という新しい時代への移行として重ねあわせたナンの解釈は、目の覚めるような衝撃力をもっていた。開幕に鳴り響くシタールによるインド古典音楽の「春のラーガ」、迷妄のガラス箱に閉じ込められ、ストロボ光の明滅を浴びて回転するシチリア王、序詞役「時」を演ずる黒人俳優のクリシュナ神のいでたち、ボヘミアの春の祭に登場するヒッピーたちの踊りと、大音響で鳴り響くロック音楽という、つい昨年話題となったウッドストック音楽祭の再現かとまごう場面など、まさにそれは文化革命の世代が捜し求めてきた《友愛の時代》の到来が、手の届く目近に存在しているという使信を伝達しているだけではなく、すでに数百年まえにシェイクスピアがそれを予告していたことを知らせていたのだ。マス・メディアでは、ピーター・ブルークによる『真夏の夜の夢』の新演出のほうが評判であったが、のちにみたところでは、たしかに目新しさと面白さに富んではいたが、これほどの深い文明論的省察はなかったといっていい。

ある朝、大学へいこうと庭の駐車場から車をだした丁度そのとき、アメリカ文化センターからの電話というのででてみると、近く館長がお目にかかりたく、お宅までうかがうので都合のよい日をお知らせいただきたい、とのことであった。館員の安藤金治氏とともにやってきた館長のウォレン・オブラック氏はまだ若く、坐るより先に、いきいきとした目で居間に架けられた私の絵や、ヘルマン・ヘッセの誕生日記念の署名入りの水彩画の額などを眺め、ヘッセの署名が本物だと知ると感嘆の声をあげ、いま米国ではヒッピーのあいだでヘッセがブームなのだと話しかけるなど、きわめて魅力的なひとであった。訪問の目的は、私を国務省の招待で合衆国に招きたいが、受けてくれるだろうか、という打診であり、私がきわめて率直に、このプログラムは従来、いわゆる親米派や反共知識人の招待にかぎられてきたのに、なぜ私のようないわゆる反体制派で、安保体制を批判し、ヴェトナムに対するアメリカの軍事介入に反対している知識人を呼ぶのですか、と質問すると、「いまアメリカは変わりつつあるのです、むしろあなたのようなひとにこそ、変わりつつあるアメリカを知っていただくことが、わが国の政策としても重要なのです」と、きわめて友好的に語り、安藤氏も、「あなたの最近お書きになったものは全部目を通して、館長とも十分検討した結果、ご招待したいという結論になったのです」と口添えされた。

当日一応返事は保留し、アメリカ通の坂本義和氏夫妻や丸山真男に相談したが、みな、それはいい機会だからぜひ行っていらっしゃいと応じ、坂本氏はみるべき場所や会うべきひと、たとえばワシントンDCでは独立ジャーナリストのI・F・ストーンを紹介するから、とまで相談に乗ってくれた。

その頃私は、なにが原因であったかさだかではないが、軽度の閉所恐怖症に陥っていた（いまはまったくその気はないが）ので、閉鎖的な航空機に長時間乗ることに不安があったが、招待を受けることにし、あたえられた予算の枠内で二人の旅行は可能ということで、やよひとともに出発することとなった。

文化革命的祝祭

それはすばらしい旅であった。なぜなら、七一年はアメリカでも、文化革命やヴェトナム反戦運動、あるいはステューデント・パワーによる大学改革運動、さらには黒人市民権運動のあとのブラック・パワーや「アメリカ・インディアン運動」（ＡＩＭ）に代表されるレッド・パワーなどの昂揚期のただなかにあったからである。またその頃十分な英語力のなかった私たちのための同行通訳も、のちに合衆国歴代大統領の公式通訳となったフミコ・ナカムラ（グレッグ）さんと、後半はのちに上智大学教授となった合衆国現代史の専門家松尾弌之氏と豪華な顔ぶれであったし、その記録は一部『朝日ジャーナル』誌に連載し、のちに『野生と文明』という題で本にまとめた。詳細はそれに譲るとして、もっとも印象に残ったことだけを書きしるしておきたい。

日本人観光客もみかけず、高層ホテルや高層コンドミニアム群もほとんどなかった古典的な静けさの支配するホノルルの、万物が茜色に染まる熱帯の夕暮れ、レセプションの庭園パーティーで会ったポリネシア系のハワイ州上院議員がわれわれをすっかり気に入ってくれ、「この歌の悲しみはわかるかね」といって、グラスを片手にさざめく客たちを尻目に、相撲取りのような体躯から朗々とうたいだした『アローハ・オエ』、独立王国ハワイの滅亡に悲痛な別れを告げる歌の意味を、このときはじめて理解し、ポリネシアの内面の奥深くを知ろうとする欲求が私のうちに芽生え、後年、マーシャル・サーリンズの本などに導かれるきっかけとなった。ワシントンDCでは、同じ人物交換プログラムでやってきた東南アジアのひとびとと数日行動をともにし、彼らと気軽に挨拶を交わしたが、そうする日本人はほとんどなかったとみえ（日本人固有の内気と多分無意識の人種差別からか）、彼らは好意をもって近づいてくれた。ただ、ポリネシア系の上院議員といい、東南アジアの知識人たちといい、あの頃もっと英語が話せたら終生の交遊ができ、私の世界ももっとひろがったのに、といまも悔やまれる。

東京のオブラック氏の館長室にもサイケデリックなポスターが貼られ、ロック音楽が鳴り響いているのに驚いたが、われわれの旅行や見学、あるいは人物との会見など、すべてを取りしきってくれるカウンシル・オン・リーダーズ・アンド・スペシャリスツのウィリアム・トポルスキー氏の部屋も、ヴェトナム反戦ポスターやロック・オペラの幻覚的なポスターに囲まれていた。国務省の本省の役人たちはもう少しスクエア、つまり堅苦しかったが、すでにその入り口でアメリカの驚くべき変化の一端を目にしたのだった。その印象は、ほとんど無政府状態の祝祭の日々といったおもむきのニューヨークで、頂点に達することとなった。

ウィークエンドのセントラル・パークはヴェトナム反戦の催し物や政治風刺の寸劇、あるいは瞑想やヨーガのワークショップから素人ロック・グループの演奏、また黒人たちのソウル・ミュージックの集団など、仮設舞台や色鮮やかな天幕あるいは草原に車座になってと、思い思いのやりかたで賑わい、公園の緑の樹々に映える目も綾な彩りのヒッピー風の衣裳のひとびとが、ほとんど雑踏といってよいほど群れをなし、あるいは歩きまわっていた。ふだんはお洒落でスクエアな目抜き通りの五番街もこうしたひとびとでごったがえし、なかには縮らせたアフリカ風の髪に、豹の毛皮を腰にまとい、槍を手に真紅のケープを背に翻した黒人が威風堂々と闊歩する姿など、目を疑うような光景が現出していた。マンハッタンの下町やウェストサイドには、オフ・オフ・ブロードウェイと称される地下演劇、つまり商業演劇のブロードウェイや日本の新劇にあたるオフ・ブロードウェイに反逆し、空きビルや空き工場の空間を利用してまったく新しい形態の演劇を創造しようと、数え切れないほどの演劇集団が活動していた。なかでもワシントン広場の南にひろがっていた空き倉庫群に本拠地をおく芸術集団がいくつかあったが、そのなかで運送会社の空きガレージを手作りの演劇空間に改造し、「ザ・パフォーマンス・グループ」を名乗る集団の芝居『コミューン』が、他を圧する内容とできばえであった。数年後に迫ったアメリカ合衆国建国二百年祭に照準をあて、ピルグリム・ファザーズの到着から西部開拓史にいたる歴史をアメリカ・インディアンの視点や自然破壊から読みなおし、渦中にあったヴェトナム戦争のソンミ村ミライの虐殺事件にいたるまで、公式の歴史をネガ写真として裏からみようという試みであった。古びたむきだしの煉瓦の壁の四方に三段につくりつけた木材の桟敷、そこに鈴なりの観客、地灯りのみの照明、船にもなり、戦場の丘にもなる曲面板の大道具ひとつといった、まさにグロトフスキのいう《貧しい演劇》の実験室ともいうべき中央の空間で繰りひろげられる声と肉体の圧倒的な饗宴、さらに俳優たちが客席に飛び込んで観客と対話をしたり、逆によびかけに応じて観客が中央空間に走りでて、ミライで虐殺されたヴェトナムの村人を体験したりと、この演劇空間全体の熱気は、この芝居が世界に語りかける使信をになっていることを示していた。

一九六八年に上演された、エウリピデスの『バッコスの信女たち』を下敷きに、現代の《文化革命》の力動的な胎動を描いた『ダイオナイサス（ディオニソス）69』で評判と成ったこの集団は、グロトフスキの影響下に出発し、日常訓練にヨーガをとりいれ、身体と精神の統合とその柔軟さをはかり、集団的即興という方法で劇をつくっていく画期的なものであったが、それを指導するリチャード・シェクナーとは、彼の来日を期に親しくなり、のち、演劇科の卒業生たちとのワークショップを何度か開くこととなった。

ホピの台地

しかし、なんといっても私にとって精神的・身体的に決定的な衝撃をもたらしたのは、合衆国南西部のアメリカ・インディアンのひとびと、とりわけリオ・グランデ・プエブロ諸族やホピ、あるいはナバホのひとびととの出会いであり、また彼らをとりまく、日本では想像もできない大自然のたたずまいであった。それらについてはすでにいたるところで書いたから、ここではその圧倒的な自然との出会いの最初の印象だけを書きしるしておこう。

とりわけ、あの夕暮れは忘れることはできない。ホピ文化センターのモーテルにチェック・インしたあとで、まだ夕食には早いと、私たちはホピの村にはいり、西端の断崖から日没を眺めることにした。海抜二千メートルを越すコロラド高原の、さらに高く聳える白茶けた広大な岩盤のうえにひろがっているションゴポヴィ村、傾いた強烈な陽射しを浴び、長く黒い影をひいて散在する、同じく白茶けた壁の家々、人気のない森閑とした通りを抜け、やや低くなった断崖の、まだ昼の炎熱を伝える白い岩に腰を降ろすと、そこには形容を絶した風景が展開していた。数百メートルはある断崖の、眼下にひろがる果てしない茶褐色の砂漠性の大地、それを縫う細い灰色の糸、ときおり太陽光を受けて一点きらりと光るとき、それが舗装されたハイウェイであり、走る車の窓のグラスの反射であることがわかる。その先数十キロは優にある地平線近くに、雲ひとつない青い空のもと、青灰色にかすむ奇怪なかたちの巨岩が連なり、赤みを増した西の地平はるか彼方には、海抜四千数百メートルのサン・フランシスコ・ピークが、標高差二千数百もあるとは思えないほど小さな、かぐろい優雅な姿をみせ、すべては神々しいまでに静まりかえっていた。耳許を吹くかすかな風の音、自分自身の息音以外にはなんの物音も聴こえない始源の静寂、そこに身をおくと、私という存在、ひいては人間の存在そのものが、たんなるひとつの点に収束してしまうほど大自然は広大であり、さらに宇宙は気の遠くなるほどのひろがりをもっていることが実感され、人間はこの母なる大地、父なる天によって生存を許されているとする、誤って未開とよばれているひとびとの哲学のみが、物質的環境の荒廃だけではなく、精神や身体の荒廃まで生みだしているこの近代文明の袋小路を脱出できる唯一の方向を示していることが、深く理解されてくるのであった。

やがてこの壮大な光景全体は、日没の真紅の炎につつまれ、大地までも不思議な茜色に染まり、さらには刻々とその色を変え、ついには世界は、赤紫から青紫へと、宇宙の天蓋から大地の玉座すべてに荘厳な光を投げかけ、《聖なるもの》とはなにか、を私たちに告知するにいたった。

これが私にとって、新しい世界の展望の根源にある原風景となったのだ。この体験の直後、ホピの子供たちと親しくなり、それが私たちとホピのひとびととの結びつきの出発点となったことは、いくつかの本に書いたとおりである。

XII　新しい世界の展望（二）

知の航海の針路が定まり、たとえ一瞬であろうとも、はるか行く手に新しい世界が開けるのがみえたにもかかわらず、ふたたびあたりは反動期固有の濃い霧に閉ざされ、しばしば、自己のうちにある針路や海図が不確かなものに思えるような不安が、ひそかに忍びいるときが訪れる。そうしたときはまた、現実の生活にも蹉跌や不如意がつきまとい、したがってひとは、目にみえない岩礁から聴こえるセイレーンの歌声に心惹かれ、座礁や難破にいたってしまう。実は、難破や座礁も目にみえず、したがって自覚もないことが問題なのだ。むしろそれによって生活水準は向上し、物質的安楽が保証されるが、もはや彼または彼女の内面の世界は荒廃し、言説は現実にからめとられ、創造力は枯渇する。セイレーンの誘惑に敗けないためには、オデュッセウスのように檣《マスト》に身を縛りつける必要は毛頭ない。必要なのは、船をともにするものとの魂の扉を開いた交流であり、それのみがセイレーンの歌声から、霧に閉ざされたはるか彼方からの使信を聴きわける力をあたえてくれるのだ。

古き良き伊豆高原

アメリカから帰国したその夏、伊豆高原に建てた仕事場が完成した。なだらかな緑の優雅な姿を横たえる大室山から、約千年まえに噴出した溶岩が形成した台地は、一面の雑木林におおわれ、海岸の断崖にむかってゆるやかに傾斜しているが、その一画に拓り開かれた住宅地であった。国立公園の範囲にあるため、開発がきびしく制限され、住宅の容積や階数、あるいは様式まで事前審査が義務づけられていて、お蔭で雄大で自然ゆたかな公園のなかに洒落た住宅が散在するといったおもむきであった。建築したばかりの頃は、薪炭林として利用されていた雑木林の樹木もまだ小さく、その梢のうえはるかに青い海がひろがり、大島をはじめとする伊豆七島が、遠く百数十キロ離れた三宅島にいたるまで、水平線にその影を映し、小さな漁船の群れだけではなく、外洋を航行する貨物船や大型タンカーなどが、白い航跡をひきながら行き交うのがみられた。まだ北ヴェトナムの空爆がつづいていた時代であったので、ときにはヴェトナム海域にむかうアメリカの大型航空母艦が、前後に巡洋艦や駆逐艦を従え、その灰色の精悍な姿をあらわし、かなりの速度で海峡を通過していくのをみることができた。双眼鏡の焦点を合わせると、舳先に蹴立てる白い波、回転する艦橋のレーダー・アンテナ、甲板上にならぶ艦載機まで識別でき、数週間後に起こるにちがいない事態を想像し、背筋に戦慄を覚えるのであった。

とりわけ冬の夕暮れは、息をのむ美しさであった。夕日の最後の光芒に、黄金色に映える冬枯れの樹立のあいだに、暮れなずむ海面の群青が透けてみえ、その彼方、赤紫に霞む島々が、かぐろさを増す空の色を背景に静まり、そのまえをよぎり、青黒い波涛を掻き分けて進むさまざまな船にまじり、ときおり傾けた船体の白色の塗装を夕日にきらめかせ、そこはかとなく非現実的な光景を現出する船もあり、黄金色から緋色、あるいは赤紫から青紫へと、刻々と変わる光の戯れのなかで、沈黙の劇が展開していった。中空に残る淡い茜色も薄れ、やがて消え失せる頃、海面に黒々と突きでた岬のうえのホテルや、海岸沿いの温泉街に灯がともると、宝石の砕片を撒き散らしたかのように島々の町の灯も気流のなかでまたたき、それらの中腹や突端に灯台の回転灯が光芒をなげかけはじめ、樹立や海や島々も漆黒の闇に閉ざされる頃、航行する船舶の燈火や、夜釣りの漁船の黄色や青の漁り火が波にゆれ、空には無数の星が、透明な大気のなかに燦然と輝き、宇宙の運行を告げ知らすのであった。

また春は、銀色から萌黄色、あるいは飴色から青苔色にと、樹木によって異なる衣裳で萌えいでる、目も綾な新緑の樹々と、その枝々を縫ってさえずる無数の野鳥の声に恍惚とする季節であった。ウグイス、ホオジロ、メジロ、イソヒヨドリ、ヤマガラ、コガラ、シジュウカラ、ゴジュウカラ、ヒタキ類やセキレイ類など、多様な歌が樹間にこだまし、あるいはオオゲラがどこかの家の板壁を、鑿《のみ》をふるう大工のように叩くかと思えば、アカゲラがすさまじい速さで幹の太鼓を打ち鳴らし、コゲラの地味な木つつきの音などはほとんど聴こえないほどであり、また道路には赤茶色の羽根のコジュケイの一隊が列をなして横切り、家の庭には、みごとな尾羽根の雄のキジが、あたりを睥睨しながら悠然と餌をついばんでいた。夏は思っていたよりははるかに涼しかったが、夜、庭園灯にはすさまじいばかりの虫が集まり、居間の網戸には、大きな甲虫や鍬形虫からさまざまな黄金虫、あるいは薄い青緑の大きな蛾や茶色の羽根の雀蛾、また青いキリギリスなど、昆虫の生きた標本展示館さながらに群がっていた。秋は、天を目指し盛りあがる臙脂《えんじ》色の葛の花や、桔梗《ききょう》の青い花の咲き乱れる草叢には虫たちがすだき、夜、澄んだ音色のスズムシや風鈴のかすかな音に似たマツムシ、あるいは賑やかなクツワムシやこれも静かな勤行の鉦に似たカネタタキ、室内でも《肩刺せ、裾刺せ》とゆったりとうたうコオロギやカンタンなど、夜半の静寂を縫ってあちらこちらで鳴き交わし、心ゆくまで聴きいっていると、平安朝貴族の雅びの境地もこれかと、ときの経つのを忘れるほどであった。

仕事で疲れたときは車を駆れば、いまどき日本でもめったにお目にかかれないような美しい海岸線を走ることができるし、夏は今井浜や白浜、あるいは西海岸の大瀬崎や戸田浜など、これも有数の海水浴場で砂を浴び、海に泳ぎ、波涛の音を子守唄に、半日、夢かうつつかの境地にひたることができた。

家の近くには、枝振りのよい松林の岬に囲まれた小さな入り江を、突堤で仕切った素朴な漁港があり、そこの魚屋では、朝獲りたての魚を手にすることができたし、魚屋の主人夫妻とも親しくなった。いまどき東京にもこんな腕のいい大工はいないと建築家に褒められた、わが家を建ててくれた大工夫妻をはじめ、地元のひとびとの人情も厚く、温かく、私たちはこの土地にすっかり惚れてしまった。

このゆたかな自然と快適な生活環境のなかで仕事ができないはずはなく、書斎の机からは何冊もの本が生まれでることとなったし、私もやよひもすっかりこの家が気に入り、やがて大学が定年となったら、ここを終生の棲家としようと考えたし、事実そうなりつつある。だが、残念なことに、開発は進み、かつてのゆたかな自然は多く失われ、ここに書きしるしたような光景は、ほとんど過去のものとなっている。とりわけ七〇年代の終わりから八〇年代のはじめにかけて、海岸線の松林に松食虫の被害が拡大したとき、のちに科学的にほとんど効果のないことが確認された農薬の空中撒布がおこなわれ、私たちも伊豆高原の管理事務所や市役所に、電話や手紙でたびたび中止を申しいれたが、結句は強行され、昆虫は激減してしまった。撒布が中止されてから数十年たつにもかかわらず、いまわが家の網戸にやってくる甲虫や鍬形虫は、なんとひと夏に一匹か二匹にすぎない。虫が激減すれば、それを捕食する野鳥も激減し、かつてのような囀りの交響曲は聴かれなくなり、たとえば樹林で遠く近く、美しい声を張り合っていたウグイスたちも、甲虫同様、春・夏を通してせいぜい一羽か二羽の声しか聞こえなくなってしまった。それに代わってわがもの顔に繁殖し、この一帯を支配するのは、カラスやヒヨドリといった《害鳥》、あるいは動物でも畑や果樹を食い荒らすタイワンリスといった《害獣》たちなのだ。もちろん彼らが害鳥や害獣となったのは人間の責任なのであるが。

いずれにせよ、かつて伊豆高原の黄金時代をあじわうことができたのは、せめてもの慰めといってよい。

ヨーガ

伊豆の家ができた年の暮れ、演劇科の卒業生や学生たちが集まって、にぎやかに「クリスマス・パーティー」なるものがおこなわれた。私が、すでに講義でも語っていたが、ニューヨークでみてきたばかりのグロトフスキ流の《貧しい演劇》こそ、われわれが目指すべき真の演劇だ、とその様相を話すと、アルコールの酔いも手伝って、全員がぜひそうした芝居をやりたいと昂揚し、まず基礎訓練にヨーガをとりいれなくてはならないと、だれかがヨーガ道場に入門し、習ってきたものを全員で学ぶことととした。そのだれかに、岡島治夫が志願し、かれが学んできたものを、翌年の夏、この伊豆の家で合宿して習う約束をした。

翌年の夏、約束どおり、三島の沖正弘ヨーガ道場で修行してきた岡島を指導者に、演劇科の有志とともに私もやよひもハタ・ヨーガを習うこととなった。ハタ・ヨーガとはすべてのヨーガの基本であり、究極の瞑想のヨーガであるラージャ・ヨーガや、身体のなかの目にみえぬエネルギーの流れである《プラーナ（気）》を股間の神経叢に集中し、それを統御することで《空中浮揚》さえも可能にするクンダリニー・ヨーガなど、高度のヨーガを修行するひとにも必須の基礎である。それは、数多くあるアーサナ（座法や特定の制御姿勢）を実践し、それらのアーサナを支えるプラーナーヤーマ（呼吸法）を通じて、身体と精神の不可分の統一をはかり、ひいては自己のプラーナ（気）の流れと宇宙のプラーナの流れを一体化し、自己の意識の消滅にいたろうとするものである。

オウム真理教の事件以来、ヨーガほど誤解されているものはない。事実事件後、あのときわれわれの指導者であった岡島瑞徳の道場や、日本で真の空中浮揚のできる唯一の行者として尊敬する成瀬雅春氏の道場にも、公安関係の刑事たちがやってきて、事情聴取をされたという。この袋小路に陥った近代文明から脱出し、それを超えた世界を発見したいという多くの若者の潜在的欲求を、権力欲や自己の醜い欲望の充足のために利用した《最終解脱者》という名の犯罪者の、人間の魂にかかわる詐欺事件は、教団内外に多くの痛ましい犠牲者をだして終わったが、マス・メディアその他で、この事件の深い本質をえぐりだした論評はまったくなかったといってよい。丸山真男は地方での講演の記録のなかで、オウム体制は戦時中の日本の閉鎖体制と同じであり、情報の遮断によって大衆を狂気に駆りたてた、と主張しているが、むしろオウムに走った若者たちは、情報過多の社会のなかで、たとえ誤っていたにせよ、これを脱近代のひとつのモデルとして選択したのであって、こうした分析はまったく見当違いといわなくてはならない。

スキーをはじめるために事前に二〇冊ばかりのスキーの本を読んだという丸山は、典型的な近代の観念論者であるが、ヨーガやそれ自体によってあらわされている深い思想または哲学は、山ほどの本を読んで観念的に理解しても、まったく無意味であるといえる。なぜならヨーガは、その実践によって身体と精神というより魂とのより高次の統合をはかっていくものであり、それ自体が、心身二元論に立脚する近代的観念論や合理論、あるいはその裏返しにすぎない経験論や唯物論の否定にほかならないからである。ヨーガを実践していないものに、ヨーガについて語ることはほとんど不可能といえる。

事実、それをはじめて数ヶ月、私は自分の身体と精神のありかたが、従来とまったく異なってきたこと、またそれによって世界が変わりはじめたことを自覚するようになった。まず最初に感じたのは、ヨーガの実践中、体内にあきらかに《気》《プラーナ》が流れることであった。たとえば倒立《シルシャーサナ》の姿勢の最中に深く呼吸法をおこなうと、気が熱い流れとなってしだいに上昇し、足の裏から放射されるのを感じることができる。気を制御できるようになれば、それを手のひらから放射して、病気や怪我の治療に役立てられるし、事実、私も私自身だけではなく、演劇科の学生の稽古中の怪我などで驚くべき治療効果があることをたしかめた。いま中国の古代道教に由来する「気功術」が、鍼灸や指圧などとならび、多くの治療効果があることが知られてきたが、その基礎になる呼吸法(気功では導引吐納法という)がプラーナーヤーマとわずかに違うだけで、原理はまったく同じである。結局、気とは、深い方法的な呼吸により、肺から赤血球に吸収された多量の酸素エネルギーから生ずるある種のプラズマであって、その実態は現在の科学では解明できないものといえる。

ヨーガの最終目標は、ラージャ・ヨーガなどの瞑想によって、この体内の気の流れが、宇宙の気の流れと一致する不滅の瞬間をあじわうことであり、その瞬間をサマーディ（三昧）と名づけた。宇宙の気の流れとは、この地上では、大気中の酸素の流れに変換された宇宙の量子論的なエネルギーにほかならず、仏教はそれを《生命》と名づけたのであり、自己の気と宇宙の気との合一による自我《アートマン》の消滅と宇宙自我《ブラフマン》への統合が、真の解脱（モクシャまたはムクティ）なのだ。この瞑想の過程で、クンダリニー（脊椎の基底にある神経叢）に気を集中し、それを制御できれば、空中浮揚も可能になる。偽の最終解脱者の《空中浮揚》なるものが、蓮華座で組んだ足や腿の筋力を利用した跳躍にすぎないことは、その写真で髪の毛が逆立っていることをみてもあきらかであるが、真の空中浮揚は、ただ気の制御によってのみ、静かに実現されるものである。最先端の物理学を知らず、きわめて狭い部分的真理でしかない古典力学の迷妄に囚われている近代主義者だけが、このいわば超常現象（ＥＳＰ）をまったく理解できず、それを詐術として非難している。彼らはこの日常的な実在《リアリティ》しかみることのできない、哀れなひとびとといえよう。

実験演劇の挫折

私にとってヨーガは、すばらしく目覚しい効果と自己変革をもたらしたが、目指した演劇のほうはそうはいかなかった。演劇の基礎訓練にヨーガをとりいれたのは、たんに身体が柔軟になり、よく透る声がだせるようになるといった実際の効果だけではなく、それによって精神と身体の集中力や安定性がたかまり、直観的な把握力がえられるからであった。その結果、演技者相互の微妙な刺激や反応のやりとりが可能となり、《集団即興》ができるようになる。たとえば「天地創造」という主題をあたえ、五、六人の俳優に自由に即興させると、何度かの試行錯誤のあとで、ただよう靄のなかから陸地があらわれ、樹木や草花があらわれ、動物が出現し、やがて人間が登場するといった集団的なマイムがつくられ、さらにそれに声を加え、必要があれば科白をつくり、と発展することとなる。

翌年の夏、ある労働組合の伊豆の研修施設のひろい一室を昼間借用し、一週間かけて集団即興の訓練をおこない、一定の成果がえられた。私はこれにもとづいて芝居ができると確信し、フランク・ウォーターズの『ホピの書』から、ホピの伝説と予言をとりだし、そのおおまかな筋に沿って集団即興を繰りかえし、それを確定し、積みあげていけば、おのずから《貧しい演劇》としての現代文明批判を、さらにはその予言にある原水爆による世界の滅亡と、そのあとにきたるべき世界を描く劇が完成すると考えた。一九七五年の春の上演を目指し、こうして『ホピの書』の計画はできた。だが不幸なことは、この計画の中心となり、学生たちを指導するとともに、演出の助手を務めてくれるはずだった当初からの仲間たちが、次々と彼らの仕事や就職などの事情で参加できなくなり、集団即興の訓練をほとんどしてきていない演劇科の学生たちを主体にしなくてはならなくなったことであり、計画の前途には、はじめから挫折の暗雲が垂れこめていた。さらにプロデューサーをひきうけてくれた人物が、私の演劇理念をほとんど理解できず、彼が演出助手に起用してくれたひとびとが、地下演劇出身とはいえ、既成の演劇概念を一歩も脱けでることができなかったこともあり、『ホピの書』の上演は、ある種の地下演劇らしさはあったとしても、私にとってはまったくの失敗であった。最後の数日の稽古から参加した岡島治夫にも、気の毒な目にあわせたと反省している。

ただ、当時、フランス領ポリネシアでの核実験に抗議し、立ち入り禁止の海域に船を乗りいれ、フランス海軍に拿捕されたのち、ヒロシマの反核行事に参加するため日本を訪れていた帆船「フリー」号の乗組員たちが、この芝居の趣旨に賛同して加わり、とりわけ打楽器による即興演奏で劇を盛りたててくれたことに、大いに感謝している。彼らとは、満月の夜、伊豆のわが家でひと晩をすごし、灯りを消し、月光を浴びて瞑想したり、私がシタールを演奏したりと、魂の交流をはかることができた。

その後、われわれの集団はこの失敗の経験を踏まえ、われわれの演劇の理念をひろめるため、原宿の竹下通りなどの小空間で、ワークショップ形式のパフォーマンスをおこなったが、持続するほどの反響はえられなかった。最後は、池袋西武百貨店の演劇空間で、『演劇の死と再生』と題したパフォーマンスを一九八四年におこない、そのまま解散することとなった。最後の公演には、のちにパントマイムで有名となった勅使河原三郎や、聴覚障害者の俳優なども加わり、神話的な生誕儀礼を模した最終場面では、観客も乱舞に加わり、小空間をパフォーマンスの歓びの熱気でみたすことができた。当初の仲間のうち、江口正彦と橋本準が指導的役割を果たしてくれ、一時俳優座に籍を置き、そのときは自由な立場で参加してくれた、長くつきあってきた例の女優や、モダン・ダンスで独自の様式を探っていた若く美しい女性舞踊家などが中心となってくれた。また、種々の手造りの楽器で、全場面に、それにふさわしい霊妙な音楽を即興的に奏でてくれた音楽家の集団についても、特筆し、感謝したいと思う。

ただこの十数年にわたる演劇的経験の教訓は、演技者のひとりひとりが自己の創造性をさぐり、実現していくという演劇改革が定着するまでは、まだまだ長い年月が必要であるということであった。とりわけ養成所や大学などで既成の新劇の訓練を受けてしまったものは、自己の内面を深くさぐることにはおよそ無縁であり、演出家という名の演劇的独裁者の指示にあわせて、いわゆる役作りという形式や心理の表面的な追求をするだけで、こうした改革の意図すら理解できないことに、深く失望することとなった。

ナルシシズムからの覚醒

『ホピの書』はまた、青木やよひたちがおこなっていた「原爆体験を伝える会」の運動に側面から参加する役割をもっていたが、私たちは当時からすでに、核兵器の廃絶だけでは充分ではなく、まだスリー・マイルもチェルノブイリも問題となってはいなかったが、原子力発電の危険性は恐るべきものであり、核そのものの廃絶が必要だと考えていた。瓢簞《ひょうたん》につまった死の灰が地上に撒かれることによって、人類の滅亡がもたらされるというホピの予言には、こうした使信がこめられるはずであった。『ホピの書』の上演のあと、私ははじめてホピに長期滞在し、彼らの神話的思考や儀礼の実際を調査する予定であったが、そのまえにニューヨークやワシントンで、アメリカの核事情やエネルギー問題を視察し、調査しようと、メキシコ・シティでの国際婦人年の世界会議に参加するやよひと別れてニューヨークに直行した。このアメリカ旅行と、やよひとともにしたホピの長期滞在は、『ホピの太陽』に詳しいので、ここでは省略しよう。ただホピのごくふつうのひとびととの出会いが、もはやわれわれ近代人が失っている人類の知恵の驚くべき深さと、この過酷な大地でゆたかな生活を可能にしている技術や方法のすばらしさを、さりげなく啓示してくれたことだけを記しておこう。動物、とりわけわが家の犬たちとの出会いに加え、まったく誤って未開などとよばれている、この高い文明を所有するホピのひとびととの出会いは、それらの科学的分析を可能にする構造主義の方法とともに、私に脱近代の方向がここにあることを確信させてくれた。

ヨーガの実践とホピでの生活は、私を身体的にも内面的にも、決定的に変えてしまったといってよい。どのような自己変革がなしとげられたか、ひとことでいうのは難しいが、ひとつは、私自身のうちにある近代的自我の迷妄からの離脱であった。現代のわれわれが、すべてのものの商品化や、マス・

メディアを通じたその刺激によってほんらいの人間の欲望を肥大化させ、逸脱していることを問わないとしても、われわれ自身の内部から欲望を消し去ることはできない。しかし欲望は、他者と対抗する自己の確立としての近代的自我の形成のなかで、しだいに自己中心的となり、他者やモノに対する私有欲あるいは所有欲となっていく。そこに心理的葛藤が生まれ、エディプス・コンプレックスなどがあらわれることとなるが、とりわけ異性である他者に対しては、それは現実の葛藤となり、ときには暴力まで生みだす。だがホピの社会では、そのようなものはいっさいない。なぜなら、ひとつは彼らが近代的自我に無縁であったことによるが、ひとつは社会の仕組みとしてそうした葛藤が生じないのだ。それが女性が社会の中心となる母系制にほかならない。現世にかかわるすべてのことを女性が決定する社会では、男はいわば漂流者であり、女性が投げかけてくれる網や綱を手繰るほかはない。男はひろく心を開いていないかぎり、網を投げかけられることはない。他者に対する所有欲などは存在する余地もない。

もちろん、一夜にしてそのような自己変革がなしとげられたわけではないが、そうした過程では、青木やよひとの関係も、おのずから変わってくることとなる。演劇科の女子学生たちとの自由な交際で、女性とのつきあいかたの新しい方法を学ぶ数年前、私は自己中心主義の陥穽におちいり、彼女との関係をほとんど破局の縁にまで追い込んでしまった。つまり、世界が自己を中心に回っているという錯覚に囚われているとき、ひとは他者との隠されたほんとうの関係に盲目であり、したがってほんとうの自己を知らず、おのれの影を追い求めているにすぎない。この恐るべきナルシシズムの迷妄は、水に映る影をつかもうとしては失敗し、そのたびに心の空洞を深くしていく。そこに自己の影を映すあたらしい影ともいうべき美しい水仙の花をみいだすと、心の空洞がそれによってたちまち満たされるという幻覚が生じ、溺れることとなる。こうして私は恋愛というよりも恋愛の幻影に惑溺し、ひとたびはやよひとの離婚まで考えることとなった。この私の一方的な罪が、どうして彼女に許されることとなったのか、おそらくそれは、蕩児の帰郷といった私のナルシシズムの甘えをも許容しながら、私がそれを超えてほんとうに人間的な成長をとげるかどうか、といういわば執行猶予期間を置くことで、彼女自身の心の沈静をはかったからだと思う。ヨーガやホピとの出会いによる自己変革のおかげで、数年かけて彼女とのあたらしい信頼関係を築いていくことができた。

この経験の本質的な部分は、まだ自己変革の過程のなかで書いた、ペネロペーのもとに回帰する六〇年代末のオデュッセウスとして、『囚われ――言語の海のオデュッセイアー』という実験的小説に結晶し、それは柴田翔氏の推薦で彼らの同人誌『人間として』第七号（一九七一年九月）に掲載された。

政治からのよびかけ

この旅行に前後して、雑誌『潮』や、その別冊で、長洲一二氏が編集顧問であった『日本の針路』に執筆したことが機縁となり、六〇年代後半に政治の世界に登場した公明党が、われわれに急速に接近してきた。当時、日本社会党は総評政治部と揶揄されるほど左翼的に保守化し、労働官僚の党となるとともに、江田三郎たちの構造改革路線を排除し、共産党と公明党が路線的に激しく対立しているのだからまったく不可能な《全野党共闘》などといった非現実的な戦略をたて、政策的にも体質的にも硬直化していた。われわれにとってもっとも現実的な選択と思われていた、共産党を除く野党による連合政権樹立の可能性を展望する江田の戦略は、党内で一顧だにされず、彼自身も、委員長候補はおろか書記長も降ろされ、副委員長という名誉職に祭りあげられてしまっていた。私はすでに六〇年代の終わりに、『現代の理論』の関係と、ひとつは六〇年安保の年に右翼少年に刺殺された当時の社会党委員長浅沼稲次郎の記念レリーフを日比谷公会堂に設置しようという運動にかかわった結果、当時書記長であった江田三郎と個人的に接触し、彼からぜひ政策ブレインに加わってほしいと依頼されていたが、党内での孤立とともに、この話も立ち消えとなっていた。こうした状況では、たとえ小党といえ、公明党が政権構想やその政策策定の中核となって連合政権をつくるほかはないと、長洲氏をはじめ、われわれは考えていた。

当時の公明党は、いい意味で素人集団であり、われわれの意見を率直に聴く度量をもっていた。長洲氏を座長に、歴史家の堀米庸三氏や、当時フランスから帰国したばかりの気鋭の経済学者西川潤氏など四、五名の学者がブレイン集団となり、月に一度、委員長をはじめ、公明党の幹部たちと政策研究会をもつこととなった。ある日、あらかじめ来意は告げられていたが、わが家のまえに黒塗りの乗用車がとまり、党の副委員長が下りてきた。居間でしばしの歓談のあとで用件がきりだされたが、それは驚くべきことに、次の党大会に提出する路線と基本政策についての草稿を執筆してほしいとのことであった。私は、私個人で書くより、ブレイン集団の衆知を集め、それをもとに党の書記局で起草すべきで、それが書記局員の勉強にもなる、と固辞し、結局はそのようになった。われわれの意見を聴くからといった単純な理由ではなく、われわれの目指す政治と公明党がとろうとする路線や政策が一致したからこそ、少なくとも一九七〇年代にはわれわれはこぞって公明党を支持したのだ。

その頃、当時党の書記長であった矢野絢也氏が、私に個人的な接触を求めてきた。竣工したばかりの京王プラザ・ホテルの最上階のレストランで席に案内されると、すでに矢野氏は私を待っていた。ひろびろとした展望用の窓からは、煙霧のなかで暮れなずみ、街灯やネオンサインのまたたきはじめた東京西部の市街地がみわたすかぎりひろがり、紫に翳る丹沢山塊の上方に、富士山の影が浮かび、室内の古風な装飾電灯の仄明かりをうけ、書記長としてはまだ若い気鋭の政治家は、河内弁の慇懃な口調ながら鋭いまなざしで私を観察しつづけていた。話は要するに、長洲氏はすでに神奈川県知事に転身し、他の国立大学教授たちも国家公務員法で政治活動ができないため、私が中心的な学者となって、主として政策面から野党連合政権づくりを手伝ってほしい、というのである。すでに江田三郎と当時民社党の副委員長であった佐々木良作と矢野の三人の合意と連携はできているし、なかでも江田氏からは私にぜひ参加してほしいとの伝言があったとのことである。

それが「新しい日本を考える会」であった。私としては、それが自民党の長期政権による惰性と腐敗で閉塞状況にある日本の政治に、なにか突破口をうがち、そこからあたらしい政治状況や未来が生まれることにでもなればと、基本政策と連合政権構想のまとめ役としてその役割をひきうけることとした。知識人として参加したのは、私のほかには、構造改革派の論客であり、当時岐阜経済大学教授であった佐藤昇氏など数名で、のちに民社党系の学者も若干参加することとなった。

政治は私にとっておよそ無縁な世界であったたし、とりわけ私の内面の世界からはほど遠いものであった。国会であたらしい活動をはじめ、重要なキャスティング・ヴォートをもっていた一公党からのこうした数々の申し出や丁重な待遇が、私の自尊心をくすぐったこともたしかである。だが、現世に生きているかぎり、政治のしがらみから脱することはできないし、また戦時下や戦後の経験は、政治に超然としているかぎり、その復讐を受け、それが自分自身への災厄となって振りかかってくることを教えていた。軍務に服し、第一次世界大戦の災厄をその身にこうむったリルケが、『ドウイーノの悲歌』でうたったように、大地から生まれたモノたちを、人間の手で変身させ、天使の領域にまで高める現世の仕事の頌《ほ》め歌をうたうとしても、それ以前に《鉄の鎚と鎚とのあいだに》押し潰されないことが条件である。六〇年安保以来、たしかに戦後民主主義は憲法意識、とりわけ第九条のそれとともに定着してきたが、経済成長による物質的豊かさの充足感とともに、もはや目標を見失い、《核兵器廃絶》など、核武装論者以外のすべてのひとが受けいれるにちがいないような、人道主義的でいささか観念的なスローガンを除き、現世を変革する政治言語を喪失したかのように思われた。だが、経済的繁栄によって目標が失われつつあるいまこそ、リルケが現世の頌め歌をうたえとした、あの大地に根ざした人間の仕事の世界を取り戻さなくてはならないのだし、そのために現世の変革のあたらしい目標と道筋をつくりださなくてはならないのだ。それが私が政治にかかわった唯一の理由であった。

江田内閣の幻想

江田・矢野・佐々木の三人は、政治家としてというよりも人間としてきわめて魅力的なひとたちであった。六〇年安保の夕闇の国会南門のまえ、宣伝車の屋上で、煌々とした照明を浴び、颯爽と演説していたあの面影はかなり衰え、太りぎみであったが、江田の鋭い政治的感覚や長期政策を考える知性は貴重なものであった。とりわけ、われわれが軽視していたわけではないが、ややなおざりにしていた農林漁業政策は、たんにいわゆる食糧安全保障の問題であるだけではなく、環境問題やエネルギー問題の根本にかかわるものであること、つまりリルケのいう《大地の仕事》の出発点であることを力説し、われわれを啓蒙してくれた。一見都会的な知識人にみえる江田であるが、若い頃農民運動で苦労した彼の思いがけない一面であった。また、かなり銀髪がまじってきた頭と太い眉の白皙の面に、目配りのきく鋭い眼、大阪弁で一気にまくし立て、一見豪放な河内人にみえる矢野が、繊細な神経と細やかな人情をあわせもつ知識人であることを発見し、大いに親近感をもつこととなった。端正な顔立ちではあるが、大きな眼を剥《む》き、ひとをまともに注視してたじろがせる佐々木良作は、社会党とは別の意味で路線対立や派閥的葛藤を抱える民社党にはまれな、正義感にあふれた剛直な人柄であったが、ひとのいうこと、とりわけ私の主張には率直に耳を傾け、イデオロギーや先入観にまったく囚われない度量と柔軟さをもっていた。事務所での定期的な会合や夜の宴会、あるいは箱根や熱海のホテルでの政権構想と基本政策の研究合宿など、それぞれ強烈に個性的な彼ら三人とすごした数年は、私にとっても忘れられない思い出である。

七六年、「ロッキード事件」とよばれる汚職事件が発覚した。日本の航空会社への大型旅客機の売り込みのみならず、海上自衛隊への対潜哨戒機P３Cの納入をはかった米国ロッキード社が、内閣閣僚や自民党首脳に巨額の成功報酬を払い、画策したというものである。当時、事務所には裏方として応援してくれた弁護士たちがいたが、そのひとりが、かつて裁判官時代、自衛隊違憲判決によって一躍有名になった伊達秋雄氏であった。ある日、会合の席にやや昂奮して飛びこんできた伊達氏が、「すごいことになりそうだ、（商社の）丸紅ルートで田中角栄首相が逮捕される予定だし、P３C関係で幹事長のNも逮捕されるはずだ、すでにNは別件の容疑がかたまり、検察は逮捕状を請求している」とまくしたて、列席者のあいだからはどよめきが起きた。「これはもう政変だ、自民党壊滅だな」「しかし社会党に政権担当の用意も能力もないじゃないか」「ここはわれわれがなんとかしなくちゃ」など、極秘の検察情報をもたらした伊達氏の昂奮はたちまち全員に伝播した。

だが周知のように、実際に逮捕されたのは田中角栄首相だけであり、N氏は逮捕を免れ、P３Cにかかわるいわゆる児玉ルートは、証人たちを次々と襲った不可解な事故や《病死》で、結局は幕を閉じることとなった。しかし、いずれにせよそれは、政治的な変革のひとつの機会であった。自民党からは、河野洋平氏をはじめとする《七人の侍》が脱党し、新自由クラブを結成して、世論の大きな支持をえることとなった。総選挙の結果、新自由クラブは躍進したが、油断もあってわれらの江田三郎は落選してしまった。それは「新しい日本を考える会」にとって大きな打撃であり、江田の不在のあいだ、われわれは額を寄せて善後策を協議した。私の構想は、もはやこれで江田の社会党内での政治生命は終わりといっていい、社会党は左翼保守党になってもはや再生の見こみはないのだから、彼はいわゆる江田派をひきいるのではなく、ひとりで脱党し、党外の市民団体や反公害団体とゆるやかな連携をとり、日本を改革する大胆な政策を提示する新党を結成すべきだ、というものであった。矢野・佐々木両氏と佐藤昇氏も、もうそれしか江田のとるべき道はないだろうと賛成し、江田の上京を待ち、落選の慰労会をかねて進言しようということとなった。

七六年の暮れ、マス・メディアの記者たちの目を避け、われわれはいつものようにばらばらに、浅草のある料亭に集まった。すでになじみの芸者さんたちが到着していたが、彼女らを別室に待たせたまま、江田・矢野・佐々木三氏と佐藤昇氏そして私の会談が二時間近くもたれた。私が進言役で構想を述べると、はじめは江田三郎は、「きみは社会党の歴史や、五〇年もやってきたぼくのことを知らないからそんな無責任なことをいう」と烈火の如く怒ったが、「北沢せんせはえらいいいにくいことをずばずばいわはったが、わしらも同じ意見でっせ」と矢野が割ってはいり、やがて佐々木も「新自由クラブの躍進をみてもわかるように、国民は変化を望んでいるんで、革新のほうにも新社会クラブが必要とされている状況だということは、江田君もわかっていると思う、革新の側の旗振り役は、あんたしかおらんわ」と冷静に語り、佐藤氏も同調して彼一流の論理を展開し、江田もしばらく沈黙して杯をあおりつづけた。結論は、来年の参議院選挙が新党旗揚げの好機であり、江田はその先頭に立って、全国区から出馬すべきだ、というものであったが、江田は、きわめて重大な問題だから、ひとりでじっくり考えさせてもらうだけではなく、まわりの支援者たちとも相談したいと、はじめの拒否反応から打って変わって、われわれの説得を受け入れたようにみえた。芸者さんたちが席にはべり、にぎやかになると、江田の顔もいつもの柔和さをとりもどし、笑みさえ浮かべるようになった。

江田三郎に離党を勧め、新党結成を進言した責任上、私もどのような新党が可能か、ひろい範囲の知識人と接触をはかった。かつて社会党に在籍し、江田と親しく、当時反公害運動に深くかかわっていた仲井富という個性的な男が、われわれの構想に加わってくれた。日本の政治全体を展望できるような抜群の感覚をもち、社会や政治の変革が一歩でも進められるなら、どこへでも身軽にでかけ、だれとでも仲良くなるという不思議な才能をもった彼は、その後も貴重な政治戦力となったし、いまもその特異な人柄に惹かれ、交遊はつづいている。それはともかく、ほとんど毎夜のように、常時矢野が予約していたホテル・ニューオータニのバーで、仄暗い照明に酒杯をきらめかせながら、矢野を中心に、われわれが招いた客と意見交換を重ね、新党や基本政策あるいは連合政権構想などの感触をたしかめた。なかでも好意的であったのは、「東大自主講座」運動で有名であり、反公害運動の星であった宇井純氏であった。われわれは半ば本気で「江田内閣」の閣僚名簿を考えていたが、そのなかで宇井氏は《環境庁長官》であり、われわれの目指す日本の政治変革のひとつの《目玉》となっていた。桐朋を辞める直前、宇井氏を特別講座の非常勤講師に招こうとして（学内外の反対でそれは実現しなかったし、そのときの学内の《雑音》も私が桐朋を見限るひとつの原因となったが）東大工学部の雑然とした研究室に彼を訪ね、自主講座の講義を聴いたあと、正門前の路地の寿司屋で食事をともにし、おたがいに好意をもちあったが、たとえそうした経緯があったとはいえ、社会・共産両党から非難され、敵視されていたわれわれの政治運動になんの偏見ももたず、率直に意見を述べてくれる彼の器量の大きさに、あらためて打たれた。ゆたかな黒髪の、身体にくらべ大ぶりの顔を傾け、やや細い眼をなかば地面に落とし、ゆっくりと語る彼の鋭い見解は、われわれの政策づくりにも大いに役立った。「ほんとうはどこか地方の町の町長になって、その町を環境先進モデルにするのが夢なんですが、東大助手を休職して環境庁長官になるというのも、また面白いですね、わたしの休職願に文部省がどんな顔をするか、興味深々だなあ」などと、われわれを煙に巻く話術にもたけていた。

だが彼を除くと、例によって日本の知識人が口舌の徒にすぎないことは、すぐに明らかとなった。われわれは参議院選挙で、全国区の江田に加え、何人かの知識人を都市部の地方区、とりわけ東京・京都・神奈川などで擁立し、新党の勢いを印象づけようと考え、そのために矢野などとともに何人もの学者・評論家を説得したのだが、結局だれも引き受けるものがなく、最後には責任上、私が出身地である静岡地方区から立候補することとなってしまった。江田の社会党離党と参議院全国区からの立候補の予定は、いうまでもなく連日新聞の第一面や社会面の大見出しとなり、政治の世界に大きな衝撃をあたえたが、「新しい日本を考える会」の内部でも、いわゆるコップのなかの嵐がはじまった。なぜなら、かつて社会党の代議士であり、当時ある私立大学の総長をしていたM氏が、スポンサーを気取ってそれが自分の会であるかのようにふるまっていたが、すでに息子を同じ参議院選挙に社会党全国区から立候補させることをきめていて、それと真っ向から利害が対立することとなる江田の離党と立候補に全面的に反対したからである。主要成員が全員集まる「幹事会」と称する会合の最後は、M氏と彼を支持する数名の学者と、江田の離党や立候補を支持する矢野・佐々木両氏とわれわれや弁護士たちが対決し、異常な雰囲気のなかで終わった。こうして「新しい日本を考える会」は内部分裂し、おのずから解散することとなった。

知識人の蜂起

数年まえから、桐朋学園の音楽科は《紛争》状態にあった。つまり、かつての吉田体制に代わり、入野体制ともいうべきものができあがり、すべては入野氏の一存で運営されていたが、同じ学園の高等学校音楽科を拠点としていた若手が、それに異をとなえて《民主化》を要求し、彼らに反対する大学の古参の教師たちや学生が、教授会や全学集会などで彼らを糾弾していた。ほんとうの民主化が実現するならと、私は彼らを支持し、労働組合結成大会の議長を務めたりしたが、結局は、改革派が勝利を収めてみると、今度は若手の集団的独裁体制とでもいうべきものが成立し、彼らの路線（なかに若干の共産党員がいたこともあり）や意に添わない私は、ことごとく運営の中心から排除されることとなった。いまが辞めどきと判断し、私はあっさりと辞表を提出し、自由の身となっていた。その身軽さから、江田に義理だてして参議院選挙に立候補することとなったのだ。

すでに社会党を離党し、四ツ谷の小さなビルの一室に、「社会市民連合」という新党の看板をかかげていた江田三郎のところへ、私は立候補の挨拶にうかがった。選挙用の文書やポスターの整理に余念のない秘書やボランティアの若いひとたちを背に、粗末な机にむかい書きものをしていた江田三郎は、いま思えばすでに肝臓癌に侵されていた身体をいささかおっくうげに動かし、私ににこやかに手をさしだした、「どうもいろいろご苦労さまでした、お蔭で手応えは十分で、なんとか新しい出発ができそうだよ」と。私が「静岡地方区に立候補することになりました、残念ながら、社会市民連合からではなく、公明党・民社党の推薦を受けるために無所属ということになりましたが」というと、「いや、いいんだよ、いずれ手をたずさえて連合政権をつくるんだから」と穏やかに答え、「そのうちに静岡にも応援にいかなくちゃならんね」と、眼鏡の奥に柔和な眼を光らせたが、私には太り気味の二重顎あたりにできた蕁麻疹《じんましん》が、ひどく気にかかった。これがこの世の別れであるとは、そのとき思いもかけなかった。まだ公示まえであったが、選挙のための遊説のただなか、浜松市のホテルの一室で、私は江田三郎死去の報を受けとり、「江田内閣」の幻影が音をたてて崩れるのを感じ、しばらく呆然としていた。

ロッキード事件の余波のなかで、七七年の参議院選挙はかつてない《知識人の蜂起》ともいうべき様相を呈し、吉武輝子氏などフェミニストをはじめ、多くの文化人や学者が政治改革をとなえ、立候補して落選した注目すべき選挙であった。私の公示まえの遊説にも、東大の篠原一教授や評論家の樋口恵子氏などが応援に駆けつけてくれたし、神奈川県知事の長洲一二氏も、県議会与党である社会党の懇請をあえて無視して、私の推薦者の筆頭に名をつらねてくれた。社会市民連合も、江田亡きあと、当時裁判官であった江田五月をいわゆる身代わりにたて、東京では、かつて市川房枝の市民選挙に指導的役割を果たした菅直人を地方区に擁立し、市民団体との連携を深める姿勢を示していた。

私にとって選挙そのものは、二度とあじわうことのない貴重な体験であった。いわゆる社公民（社会党・公明党・民社党）連合政権構想を支持して熱心に応援してくれたごく少数の地方議員は例外として、民社党の支援はほとんど形式的なものであり、それに比べ同盟系の自動車・繊維・電力といった労働組合の支援の手応えはかなりのものであったが、それは「選挙」というものの予想の範囲であった。しかし、公明党の支援は、私にはじめて日本の《庶民》というものの真の姿を啓示してくれた。同党の動員力は他を圧していて、繁華街の街頭でも歩道に数百ときには千人にも昇る群集を集め、体育館や清水港の埠頭の広大な空き地などでは、万という単位のひとびとが集まり、そうした決起集会で、大型の街頭宣伝車の屋上から見渡すかぎりのひとの波を見おろし、党の委員長や書記長にはさまれ、大群衆の熱気と鋭い反応を、ひとりひとりの顔で確認し、感じながら演説するのは、たしかにある種のさわやかな快感であった。だが、小さな集会などで接するひとたちは、素朴で人情に厚く、昔の良き古き時代の日本人を思いださせ、私を感動させてくれた。結局二〇万票にわずか足りない投票数で落選したが、選挙戦のお礼に各地をまわったとき、私の手をとって落涙してくださる多くのひとに出会った。いまでもそのときのことを思いだすと、私の胸は熱くなる。日本の大衆の《民度》が低いと批判する知識人が多いが、そんなことはけっしてない。たとえばアメリカでは、知識層と大衆、とりわけ社会の下層との落差があまりにも大きく、その意味で後者の《民度》はけっして高いとはいえないが、それに比較し、日本の大衆ははるかに知識も判断力も、さらには道徳的ふるまいもレベルが高いといえる。

それはともかく、全国区で社会市民連合の江田五月が三百万以上の票を集め、当選したが、それ以外にはみるべき成果もなく、七七年の参議院選挙は終了した。《知識人の蜂起》は、まさに《夏草や、つはものどもが夢の跡》となった。

XIII 時代の風に逆らって（一）

すでに七一年の「現代冬物語」と題する論文で、私は冬の時代の到来を予告しておいたが、七〇年代の半ばからは、世界的に政治的新保守主義と経済的自由主義とが台頭し、今日のいわゆるグローバリゼーションにいたる、一連の反動の時代というよりも、《近代》の総仕上げともいうべき時代がはじまった。こうした時代の特徴は、深層の海流にかかわりなく、大勢という名の風が一方向に吹くことであり、それに逆らった針路を進むことは、きわめて困難であるだけではなく、むしろ人類の《進歩》に対する敵とさえみなされかねない。もちろん、マス・メディアをふくめた大勢のいう人類とは、結局、経済的・物質的繁栄を享受するごく一部の人類にほかならず、大部分の人類、いや、いわゆる先進諸国の内部にさえある繁栄から疎外された人類が除外されていることはいうまでもない。そのうえ、たとえ繁栄の分け前を受けているひとびとといえども、人類史ほんらいの流れである深層の海流、つまり、父なる宇宙と母なる大自然にはぐくまれた生物のひとつの種として、その恵みを謙虚に受け、それによってわれわれの自己実現という、心と身体の充足感をえようという深層の海流を、ひそかに感じとり、表層の風がいつか人類を滅ぼすことにならないかと、無意識の不安をいだいているのが真の現実にほかならない。こうした状況にあっては、逆らいがたい風に逆らいつつ、数十年後、あるいは百年後の世界に訴える時代の証言を書きしるし、なんらかのかたちで残しておくほかはない。それは、半ば自己満足であるかもしれないが、歴史は自己満足の集積のなかからさえ、なにものかを選択していくものである……

むなしい仕事

江田三郎の死去とともに、当時からすでに第一党の座を占めはじめていた無党派層を結集し、日本を改革しようという彼の壮大な夢やヴィジョンも消えうせてしまった。江田との義理人情に殉じ、彼を追って社会党を離党した大柴滋夫氏や阿部昭吾氏などの行動はそれなりに評価するが、江田亡きあとの社会市民連合は、安東仁兵衛氏など構造改革派のごく狭い人脈を集めただけで、新しい政治勢力の結集には挫折し、さらに田英夫氏など新しい社会党離党組を加えて社会民主連合と称することとなったが、結局は小さな既成政党をつくることで終わってしまった。私もそこからは疎外され、ほとんど接触もなくなった。

矢野絢也はまだ江田の夢を追いつづけ、落選後の私に「21世紀クラブ」という政策集団の事務所を開き、仲井富氏などと協力して、社会党の一部・公明・民社・社会民主連合とそれらを支援する労働組合、さらには市民団体などを結集して新しい政治勢力を育て、将来の連合政権づくりの中核となるような場を創造するよう依頼してきた。われわれは、東京タワーまで見渡せるすばらしい展望をもった、平河町のあるビルの最上階の部屋に事務所を開き、かつての長洲人脈である西川潤教授や社会党ブレインである大内秀明教授、あるいは東大の関寛治教授などの学者たち、あるいは当時朝日新聞論説委員長であった和田教美氏、共同通信論説委員長内田健三氏など有力なジャーナリストたち十数名を政策づくりや政党への助言のための世話人としてそろえ、七八年の春、日比谷のプレス・センター・ホールで開設パーティーを開催することとなった。当日、自民党の大平正芳幹事長や新自由クラブの河野洋平代表をはじめ、共産党以外のすべての政党から幹部たちがやってきて祝辞を述べ、政治的には華やかな出発となった。矢野が声をかけたら応じたというのだが、明敏な大平氏は、将来自民党単独政権があやうくなったとき、連立の相手を選ぶ踏み台に利用できるかもしれないと考えたにちがいない。

しかし、のちに総評の事務局長富塚三夫氏が、いわゆる労働戦線統一の狙いもあって、財政的にも人材的にも(有能な人物を事実上の派遣事務局長や事務局員に送りこんでくれたり)、強力な支援態勢をつくり、のちに連合の初代会長になった山岸章氏なども応援してくれたが、すでに民社党の主流は自民党との連携をさぐり、委員長をはじめとする公明党の一部も社会党に見切りをつけはじめていた状況では、21世紀クラブの未来には、当初から挫折の暗雲が垂れこめていたといえる。学者たちが中心となって、野党による連合政権樹立のための長期政策や政権構想をまとめ、おりおりに政界や労働界にむけた各種の提言を発表したりといった知的な活動だけではなく、各党の背後にいる支援団体などとも連絡をとりながら、野党結集や労働界再編のための雰囲気づくりに一定の役割を果したことは、たしかに認めなくてはならないが、私個人にとっては、労多くしてむなしい仕事であった。主たるスポンサーであった総評の解散による財政難で、21世紀クラブは一九九二年に平河町の事務所を閉じ、その役割を終えることとなった。その後政界を引退した矢野氏の主宰で、クラブそのものは継承され、私も会合には参加しているが、少なくとも私の直接的な政治関与は終了したと思っている。

この十数年の日本の政治とのかかわりからえた教訓は、政治や経済といえども結局は文化であって、たとえ議会制民主主義や資本主義的市場経済という制度が同一であっても、日本に固有の文化の刻印を押されているのであり、目にみえないそうした構造に沿って制度の改革や変革をおこなわなくてはならない、ということであった。いわゆる戦後民主主義知識人たちが主張するように、西欧モデルによって日本の政治や経済体制を批判し、改革しようとしても、およそ無駄な努力となるにちがいない。政治に話をかぎっても、彼らは、近代的政治制度におよそ封建的で因襲的な《村の政治》がもちこまれていると批判するが、そこでは一党の長期支配に由来する利権の構図とその腐敗が政治と行政の透明性をさまたげている点と、日本的な文化としての合意のプロセスや意思決定とが混同されているといえよう。むしろかつて『社会契約論』でルソーが主張したイギリス流の《多数意志の民主主義》に対する《一般意志の民主主義》は、アメリカ・インディアンのかつての政治的諸制度同様、日本の明治以前の村の寄り合いといった意思決定の制度にも存在していたのだ。問題は、近代化によってそのような良き古き制度と体系が失われ、それに代わって創設された新しい制度と、それを成立させている近代的政治思想やイデオロギー対立に、われわれの文化や行動様式が適合できなかったことである。そのためにまた、近代的政治制度の運用に、大きな歪みや弊害がもたらされることになった。

いま必要なことは、各地の住民運動や町づくり運動、あるいは先進的な生協運動などのかたちで復活している《村の寄り合い》的民主主義、あるいはルソーのいう一般意志の民主主義をふたたび強固なものに育て、それを近代的制度と組み合わせることによって、近代的制度そのものを改革していくことである。

中国訪問

参議院選挙や21世紀クラブ創設の前後に、はじめて革命後の中国を訪れた。七六年の五月、中国はまだ文化大革命の重苦しい緊張のさなかにあった。四月の清明節に、江青をはじめとする四人組に反対する勢力が、故周恩来首相の追悼に名を借りて示威運動をし、四人組の武装集団である首都民兵に武力弾圧された、いわば第一次天安門事件の直後であり、北京空港から中心部にいたる灯火も暗い街路には警官や民兵が立ち、宵というのにすれちがう車もほとんどなく、歩道にも出歩く人影はなかった。

しかし、街のいたるところに鄧小平批判や批林批孔（権力を簒奪しようとした林彪と封建的イデオロギーの根源としての孔子批判）の文字やポスターが掲げられている政治的緊張にもかかわらず、民衆の生活は《貧しいながらも平等》といった感じで、平和で安定しているようにみえた。早朝、この世のものとは思えない遠い妙なるひびきに、厚い窓掛けを引いた仄暗いホテルの部屋で目が覚め、この不思議な音はなにかと起きあがり、窓掛けを開けると、二重窓のガラスを透かした眼下の大通りは、藍色や紺、あるいは灰色などの工人服を着た無数のひとびとの乗る自転車の大群で埋まっていた。あの霊妙な音楽は、おたがいに衝突しないようにと、彼らの奏でる自転車の鈴の音であったのだ。

毛沢東の肖像や、独特の略字で「反動右傾翻案風的闘争偉大勝利」（反動的右傾化の風に対する闘争で偉大な勝利をおさめよう）などと書かれたスローガンを、真紅の地に黄色で染め抜いた派手な垂れ幕が掲げられた天安門は、遠く人民大会堂の巨大な建築が見渡せる広大な広場に面し、その中央に例の革命英雄記念碑が建っていたが、広場には要所を固める警備の警官以外にはあまり人影はなく、事件を思い起こさせるものはなにもなかった。巨大な石造りの天安門をくぐると、その奥には、五月のまばゆい陽光を浴びて輝く黄金色の屋根瓦を載せた紫禁城の壮麗な建物が、次々とつらなり、それぞれの内部に金や赤や紫の色彩を氾濫させる玉座や天蓋、あるいは繊細な室内装飾を繰りひろげ、それら宮殿を結ぶ野外の通路や階段には、大理石のみごとな彫刻が輝きをみせ、龍や虎をはじめとする四神の姿を刻み、そこに望むと、かつて砂利を敷きつめたこのひろびろとした庭で、盛装をした数百人の文官や武官を従えた明朝や清朝の歴代皇帝をまえに、矛や剣、あるいは長い羽根毛をつけた杖（羽旄《うぼう》）を手にする八行八列六四人の踊り手たちが、打ち鳴らされる編鐘や編磬《へんけい》などの打楽器や鋭い音色の管弦の音楽に合わせ、ゆるやかに勇ましく、あるいはゆったりと雅やかに一斉に舞う華麗な光景が想像され、明朝・清朝五百年を超えてはるかに遡る、中国文明の悠久の歴史に思いがいたるのであった。

史跡といえば万里の長城や明の十三陵なども見学したが、その壮大さはすでに予測していたことであり、新たな感銘はなかった。むしろ往復の道筋でみる一般のひとびとの生活に興味をいだいた。なぜならそれは、私の子供時代の日本の庶民の生活を思いださせるなにものかをもっていたからである。ここへきて驚いたのは、文化大革命下であるにもかかわらず、ひとびとはたっぷりと時間をかけて昼食をとり、そのあと昼寝をして二時間も休養することであった。農作業や道路工事などの労働者の働きかたものんびりしていて、広大な大地だけではなく、人間も悠々迫らざるおもむきがあった。買い物客で混雑する北京の市場には食料品が溢れ、ホースの水飛沫を浴びて山と積まれた青野菜や果物は新鮮そのものであり、卵や肉の売り場も品数豊富で、籠や檻には白や褐色の生きた鶏やガチョウなどが売られ、羽根や足を縛った鶏を片手に下げて家路につく男などもみられた。家で絞めて、羽根毛は布団に入れるなど、そのすべてを利用し、食べつくすのだという。この活気と騒々しさに私は、子供の頃の大連の、いわゆる泥棒市場のにぎわいと熱気を思いだした。

そのうえここにきてもうひとつ驚いたことは、音に聞く中国料理の、料理というよりもその素材の美味さであった。東京でもサンフランシスコでも、多くの名のある中国料理店で食事をしたが、それらはすべて料理の仕方や味付けに凝った結果のおいしさであって、素材そのものとはいえなかった。だがここ北京では、有機栽培の野菜や果物、あるいは平飼いし、合成飼料ではない野菜屑や穀類で育った鶏、黒豚や梅山豚など伝統の種をこれも残飯などの飼料で育てた豚など、もはや海外、とりわけいわゆる先進国ではお目にかかれない農法や飼育法でつくりあげた素材が、われわれがすっかり忘れていた奥深い味覚を思いださせてくれたのだ。七八年の訪問時には、すでに四人組追放のあとであったので、古都蘇州の迎賓館では、かつての宮廷料理を復活し、提供してくれたが、こうした素材を、たとえば前菜の大皿は極彩色の鳳凰のかたちに盛りつけたり、スープの深鉢は、魚の白身や香草を使った色とりどりの蓮の花と緑の葉のあいだに、卵の白身を使った鴛鴦《おしどり》が泳ぐといった、これも中国数千年の歴史と文化を伝え、それをまえにしてただ賛嘆の溜息のでるのみという、味も姿も申し分のない正餐をあじわうこととなった。その後急速に《近代化》した中国を訪問することはもはやなかったが、宮廷料理の形はともかく、今日こうした食材に出会うことはおそらくないだろう。中国の食文化の輝かしい時代の面影を、私の味覚に記憶としてとどめることができたのは、さいわいであったといえるかもしれない。

当時《工業学大慶》（工業は大慶に学ぼう）として開発の模範であった大慶油田の視察や、のちに四人組逮捕のあと、新四人組のひとりとして追放された副首相紀登奎《きとうけい》との会見、あるいは社会科学院での講演や教授たちとの討論など、多くの行事があったが、理念はともかく、文化大革命の実像があきらかとなったいまとなっては、それは色褪せた風景写真のような思い出でしかない。だが、東北地方の辺境である朝鮮民族延辺自治州で観察した中国の少数民族政策は、かつての合衆国のアメリカ・インディアン政策に勝るとも劣らぬひどいものであった。学校では朝鮮語も朝鮮半島の歴史も教えず、自治州とは名のみで、州政府から村の行政にいたるすべてにおいて漢民族の幹部が《指導》し、多くの漢民族を移住させ、文化的にも朝鮮族を徹底的に漢民族に同化させせようとしていた。おそらく新疆省ウイグル自治区やいわゆる西蔵《ティベット》自治区でも、政策はまったく同じであるにちがいない。延辺自治州で受けた歓待が、中国の他の地域で受けた歓待とはかなり異なり、朝鮮族固有の心細やかにして温かな感情がこもっていただけに、この政策には心から怒りを覚えた。

また七八年の訪問は、前年の毛沢東の死去、江青ら四人組の逮捕のあととあって、北京はすっかり祝祭気分であり、さまざまな伝統芸術や芸能が復活し、いたるところで華やかな展示会や即売会が開かれ、人民体育館では、当時の華国鋒《かこくほう》主席の列席のもと、満員の観客を集め、伝統芸能や京劇の大会がおこなわれ、みごとな演技が復活し、披露されていた。数年まえ、江青が指導したという新京劇『智取威虎山』（知恵をもって威虎山を奪取する）の日本上演をみたが、京劇の伝統的な歌や技をたくみにとりいれ、国民党軍の死守する要塞を人民解放軍が奪取するという物語を、緊迫した劇に仕立てたこの宣伝劇は、それなりに水準が高く、きわめて興味深いものであった。たしかに、文革派による伝統的京劇の排斥は非難されるべき行為であり、伝統的なものは厳密に保存すべきだが、こうした日々の改革や創造がないかぎり、伝統芸術は、たんに文化財保護の対象となり、衰退の道をたどるのも真実である。文化大革命反対というだけでこうした斬新な新京劇も捨てるのは、たいへん残念なことである。

　それはともかく、七八年に各地で会った要人や知識人たちは、長い抑圧からの解放にうきうきとし、一様に、中国は《現代化》によって再出発をしなくてはならないと語っていて、われわれが体験した戦争直後の日本のような雰囲気に共感を覚えることもなくはなかったが、彼らが目指す現代化がどのようなものであるのか、あるいはどのようなものであるべきか、私の質問にはだれも答えてくれず、また各地で環境問題が深刻化しつつあるのを目の当たりにして、中国の現代化の未来に、多大の不安や危惧を感じたことは事実である。ただおそらく、現代化の結果を冷静に評価し、批判するためには、まだ数十年の年月が必要かもしれない。

燦然とした星空

参議院選挙に立候補したことも一因であり、またマス・メディアの近代的進歩主義や科学技術信仰もいっこうに衰えず、《原発推進は社是》と社内文書に明記する大新聞社もあるなかで、原子力プラントに反対の論陣を張ったこともあり、多くのメディアからはしだいに執筆の依頼がこなくなってきた。しかしいまとなっては、それは幸運であったといってよい。なぜなら、六〇年代末から書きつづけてきた私の知的構想力も、そろそろ枯渇しかけてきたし、したがってこの頃書いた文章には、かつてのような力はなくなってきていたからである。いまやあたらしい知の力を獲得するために、暇になったのをさいわい、かねてからの念願であったあたらしい領域に挑戦し、そのための勉強をはじめようという意欲がみなぎってきた。あたらしい領域とは、レヴィ＝ストロースが四巻の『神話論理学』で、約千の南北アメリカ・インディアン神話の構造分析をおこなったように、日本の神話をできるかぎり集め、その構造分析を試み、それによって日本神話全体の構造と意味を解読する仕事であった。そのためには、神話の収集と同時に、それを分析する方法として、集合論や群論からカテゴリー論にいたる構造論的な数学を学び、その思考方法を身につけなくてはならない。

中国からの帰国後、その年の初秋におこなわれる洋上大学の講師の依頼を受け、数学書や『古事記』などを旅行鞄に詰め、横浜港の大桟橋から白亜の大型客船に乗船することとなった。洋上大学といっても一般のひとびとむけで、環太平洋文化の交流をはかり、日本の国際化に寄与するため、講師陣も国際的な知識人を集めるふれこみであったが、実際は数名のアメリカ人が参加しただけであった。日本近海ではかなりのうねりで、二万七千噸の巨船といえども大きくゆれ、船酔いする船客が続出したが、翌朝の小笠原諸島近海からは《太平洋》の名のとおり、見渡すかぎり青、というよりも藍染めの壷をひっくりかえしたような明るい藍色の凪いだ海がひろがり、ときおり遠く行き交う貨物船や波間に潮を吹いて悠々と泳ぐ鯨に出会うだけで、終日おだやかな様相をみせ、はるか古代のひとびとが、双胴やアウトリガーの巨大な丸木舟で、考えられないほどの距離を往復したのもむべなるかなと、感嘆するしだいであった。午前に船内の教室で講義をすませると、あとはまったくの自由時間であり、後甲板のデッキに設置された野外プールで、熱帯のまばゆい陽光を浴びて泳いだり、泳ぎ疲れたらデッキにあがり、水色の海浜傘の深い日陰のデッキ・チェアに寝そべって持参の本を読み、また読書に疲れたら、果てしなくつづく藍色に輝く海をみるともなしに眺め、あるいは本を胸にうたた寝をし、喉が渇けば冷たい飲み物をとるという、王侯貴族のような余暇生活を十二分に楽しんだ。

展望室をかねた船尾の大食堂で、香港から乗船した料理人たちが、これも香港で仕入れた極上の素材で腕をふるった食事や紹興酒を楽しみながら、白く泡立つ航跡の彼方に、雲のいただきをまばゆく照らす光が、しだいに緋色に染まり、やがて空全体が真紅から赤紫へと色を変えては燃えあがり、やがて濃い紫の夕闇に溶けこんでいく、熱帯の夕暮れの壮大な劇を眺めるのは、恍惚とするような時間であった。食後も船内にいくつかあるバーで食後酒をあじわったり、フィリピン人の演奏家たちの奏でるさまざまなリズムの曲に乗って、なかなか魅力的な船客の女性たちと踊るのも一興であった。アルコールの酔いを醒まそうと、船橋に光が入らないように闇に閉ざされた前甲板にでてみれば、これも息を呑むような熱帯の星空が頭上に燦然とひろがり、しばし仰ぎみていると、きらめく無数の星のあいだに吸い込まれていくような幻覚に囚われるのであった。

前甲板で飽きず星空を眺めていると、前方かなりの高みにあった星座スコルピオ（サソリ）が西の水平線にかたむく頃、東、左舷の中央から黄金色の葡萄の房に似たプレアデス（すばる）が昇ってくるのがみえた。そのとき私は、夏の夜更け、伊豆高原の断崖から、大海原を超えて昇ってくるプレアデスとオリオンの壮大な光景を思い起こした。まだ街灯のほとんどなかった伊豆の空もこれに劣らぬ満天の星であり、大気の澄んだ夏の夜の銀河がこれほど白く輝かしく幅広いものであるとは、かつて想像もしていなかった。伊豆の星空を思いだしながら、甲板で水平線上の大気のゆらぎに奇妙にゆれるプレアデスを見つめているとき、突然、私の頭にも残像としてあった、日本の古代人はまったく星に関心をもたなかったという日本神話学や古代史学の定説が、音をたてて崩壊しはじめた。そんなことは絶対にありえない。スコルピオやプレアデス、あるいはオリオンや北斗七星といった特徴的な星座は、すべての種族にとって季節の交替や暦の基礎、あるいは海洋種族であれば航海目標として重要であり、神話の源泉となっている。レヴィ＝ストロースの『神話論理学』にしても、まずアメリカ・インディアンの星に関する神話の、天文学コードによる解読からはじまっているではないか。『古事記』の記す《高天原《たかまのはら》》とは、《天《あま》の原ふりさけみれば春日なる、三笠の山にいでし月かも》にもあきらかなように、《天の原》と略称されるこの天空にほかならず、天の河原に集う八百万《やほよろづ》の神々とは、昼の太陽のほか、夜空に輝くこの無数の天体ではないか……こうした直観が、瞬時に私のなかを駆けめぐり、このような視点で『古事記』を読みなおそうという衝動が背筋を走り、昂奮したまま私は船室に引き返した。

戦跡のミクロネシア

船は目的地のひとつであるサイパン島に寄港し、炎熱の午後、バスをつらねて戦跡めぐりをすることとなった。冷房のない観光バスは、窓を開けてもむっとするような暑熱の風がはいるのみで、三四年まえの夏、この炎熱のなか、血と汗と泥にまみれて死闘した日米両軍の戦闘を偲ぶにはよい経験であった。バナナや椰子の樹林にかこまれたチャモロ族のひとびとの集落のほかには、丈の高い草が生い繁り、まだそれほど大きくない樹木がまばらに生えた荒地がひろがり、あのはげしい砲撃や銃撃戦、あるいは戦車による掃討作戦などでひとたび露出した地肌が、ようやく恢復しはじめたことを示していた。島の北部に昇りつめた高い丘のつらなりが、追いつめられた多くの民間人——といっても男たちは現地召集され、ほとんどは女性や子供であったが——が米軍に降伏することなく、断崖を飛び降り、自殺をはかった《バンザイ・クリフ》であり、断崖のうえには、彼らを弔ういくつかの慰霊碑が建てられていた。熱帯の強烈な陽射しを浴びて鎮まるこれらの碑のむこう、防護柵の下は百メートルをはるかに越す断崖であり、眼下には、突きでた小さな緑の岬に明るい藍色の太平洋の波涛が押し寄せ、白く砕け、その左手の小さな入り江には、碧玉色から青緑色へと変化する珊瑚礁が、透明な海水に神秘なたたずまいをみせ、はるかな水平線には遠く、なだらかな斜面をみせるアナタハン島が青くかすみ、あとはただ静寂のなかに、茫々とした海原がひろがっているのみであった。その果て白い積雲がつらなるあたりの数千キロ先にあるはずの祖国に手を合わせ、彼らはここから身を投じたのだ。最後の思いはどのようなものであったのか……

女性や子供の無残な死体が折り重なっていたという断崖の下からほど遠くない洞窟に、海軍陸戦隊の司令部跡があり、それを覆う断崖には、沖から加えられた艦砲射撃の無数の弾痕が岩をえぐっていて、司令部のまえには、野砲や装甲板付きの高射機銃などが赤く錆びつき、無造作に転がり、また室内に足を踏みこめば、その分厚いコンクリートの壁も鉄筋ごと大きくえぐられ、壁に飛び散っている無数の茶色の染みは、血の跡にしか思えなかった。私は、子供のときにみた旅順の戦跡の、壁に血飛沫の残っていた東鶏冠山の壕内を思い起こさずにはいなかった。

その日は現地のホテルに宿泊したが、その庭園につづく海岸はまさに米軍の上陸地点であり、椰子の樹々のつらなる小石混じりの砂浜には、半ば砂に埋もれた砲弾の破片や薬莢がところどころにみられ、林間に散在する色褪せたコンクリートの掩体《えんたい》が、海にむけられた銃眼のまわりに無数の弾痕をとどめ、沖を眺めれば、外洋の波涛が珊瑚礁に砕け、白い波頭をつらねるあたりに、擱座して放置された米軍戦車が数台、砲身を虚空にむけたまま赤錆びた姿を熱帯の真紅の夕日にさらし、珊瑚礁を越えて打ち寄せるおだやかな波に打たれていた。

翌日は船は、米軍基地の埠頭に繋留されている原子力潜水艦の黒々とした船体や司令塔上に翻る星条旗を横目にし、また訓練のために絶え間なしに軍用空港を飛び立っては頭上をかすめる、B57戦略爆撃機の轟音を聴きながらグアム港に入港した。昨日は太平洋戦争の戦跡を訪ねたばかりであったのに、今日は、終息したヴェトナム戦争に代わり、どこかで起こるにちがいない次の戦争に備えた訓練を目の当たりにし、人間とはいったいどんな動物であるのか、と深刻に考えざるをえない軍事基地との出会いであった。

しかしグアム島では、チャモロ族のひとびととの交流のため、公園に色とりどりの天幕を張ったレセプションが催され、われわれは、ほとんど清涼飲料といってよい椰子酒の盃を片手に、歓迎の花輪を首にかけてもらい、鮮緑の椰子の若葉で編んだ帽子をかぶせられ、チャモロの恰幅のいい婦人たちのつくったミクロネシア料理をあじわうという幸運に恵まれた。タロ芋、ヤム芋、さつま芋、パンの実、あるいは料理用バナナなどを蒸焼きし、バナナの葉を編んだ緑の皿のうえに盛りつけた主食に、子豚の丸焼きやタピオカの団子を椰子の若葉で包んで蒸した甘い粽《ちまき》、マンゴー、パパイヤ、バナナなど、ゆたかな熱帯の果物などがならぶ屋台は、その豪華な色彩からしてわれわれの食欲をそそった。おそらく英語でおしゃべりしたからだと思うが、私は何人かの婦人たちのお気に入りとなってしまい、これを食べろあれを食べろと引きまわされ、これはどんな材料でどう料理したか、からはじまってミクロネシアの少々猥褻な民話など、ミクロネシアの専門家であれば喜んだにちがいないような話をしてくれた。翌日、グアムの繁華街を散歩していると、そのひとりの恰幅のいい四十代くらいで、おそらく既婚の女性に会ったが、満面に笑みをうかべてほとんどだきつかんばかりに身体をすりよせてきた彼女に、私がたじたじすると、「昨日のことは忘れたの、わたしのこと覚えているでしょ」と日焼けした顔になかなか魅力的な黒い瞳を輝かせながら、憎らしげに腕をつねるのであった。ホピと同じで、さすが母系社会のミクロネシア、女たちは強く積極的だと感じ入るしだいであった。

日本神話の論理

ミクロネシアへの船旅で霊感をえた私のあたらしい研究は、まず『日本人の神話的思考』という小さな本となり、さらに一九八一年に出版された『天と海からの使信』でほぼ完成され、それ以後の何冊かの啓蒙的な本となっていった。要するに、基本的に『古事記』で展開され、『日本書紀』や諸国の『風土記』によって補われ、あるいは変換されている諸神話は、まず太陽女神アマテラスの「岩屋戸籠もり」という冬至の夜の祭《ニヒノアヘ（新嘗）》を出発点にしているが、それに先立って、アマテラスの髪飾りの珠から生まれた息子たちであるスバル五（六）男神（プレアデス）と、スサノヲの剣から生まれた娘たちであるカラスキ三女神（オリオン三星）という冬至の星座の創造があり、それによって神話が諸天体の運行にかかわっていることを示し、さらに、黄金色の星座スバルが象徴する《天の稲穂（勾玉）》を担ってアマテラスの孫ホノニニギ（賑やかな稲穂）が地上に降下し、人間に聖なる作物稲をもたらすという夏至の夜の《天孫降臨》を、夏至の星であるヲロチ（龍）の星座（スコルピオ〔サソリ〕）の主サルタヒコと、その妻となるウケフネの星座（北斗七星）の主であるアメノウズメ（婚姻のあとではトヨウケとなる）が助けるとする、冬至から夏至にいたる稲作の暦の神話化にほかならない。冬至の儀礼ニヒノアへに対応する夏至の儀礼は《サナヘ》であり、太陽アマテラスと水（瑞）の大神であるスサノヲの復活や復権を願うニヒノアへに対して、それは稲作に直接影響をおよぼす気象神、つまり風神・雷神の荒御魂《あらみたま》鎮めである。すなわち、冬至の星カラスキ三女神と夏至の星ヤマタノヲロチとは、冬と夏の季節を分けもつ風神つまり気象神――ヲロチ＝サルタヒコは雷神でもある――であり、ほんらい夫婦神であるにもかかわらず、ヲロチはおのれを斬った剣であるカラスキ女神を恐れて同じ天空には昇らないこと、さらに彼女らまたは彼は荒らぶる神であるが、その荒御魂を鎮めることによって人間たちに豊饒が保証されるという、これも稲作と日本の気象にかかわる自然現象を神話化しているものである。

旧来の日本神話学や古代史学の定説を根本的にくつがえす私の《神話論理学》は、おそらくそのあまりもの斬新さゆえに、学界やマス・メディアからはいまにいたるも完全に黙殺されているが、私の死後何十年かすれば、日本神話の基本的構造とその意味を開示したものとして再評価されるものとかたく信じている。ただ『天と海からの使信』には若干の誤りがあり、また穀物槽ウケフネや航行するフネがクスノキでつくられることから、ウズメ＝トヨウケの星座ウケフネが別名イハクスフネであり、同時に羽衣伝説の源泉としてウズメを含む天乙女たちのトリフネであることなど、訂正すべき点がいくつかあるが、いずれ著作集を刊行するおりにでも、その改訂版をつくるつもりでいる。旧来の学問が日本神話の根底的解読に挫折したのは、神話とは、その種族をとりまく宇宙や自然環境、すなわち、地球の北半球であるか南半球であるか、中緯度地帯であるかそうでないか、海洋や地形などの地学的条件はどうであるのか、またそれによる気象条件は、あるいは植物相や動物相は、さらに人間の基本的文化はなんであるのか、つまり農耕であるか狩猟であるか牧畜であるか、さらに農耕であれば主作物やその農法など、すべての自然科学的・人間科学的条件のうえに構築され、それを神話化していることに無知であり、ひたすら文献学的または歴史学的解釈にたよっていたことによる。

『日本人の神話的思考』を書きあげたところ、知人の信州大学の仁科惇教授から、信州大学教養部にくるつもりはないかと、打診があった。大学での教育研究生活にふたたびはいれば、図書館の利用や研究費による資料の購入など、格段に便利であるし、定職がないと収入に大きな変動があり、不安であることなどから、その申し出を受けることにした。一応公募というかたちであったが、審査はやすやすと通り、面接した審査員たちもきわめて感じのいいひとたちであったのですぐに決断し、七九年の秋に赴任することとなった。

はじめの頃の教養部の雰囲気は、きわめてよいものだった。共産党系の教員の多いところでは、イデオロギー対立にもとづく熾烈な内部闘争があったが、そのようなものはまったくなく、新任の私にも、多くの教師たちは友好的であった。数学でわからないことがあるとすぐ数学教室や研究室を訪ね、大林忠夫教授をはじめ数学教師たちに教えを請うことができたし、ときには部屋に怖い助教授しかいなくて、「先生ともあろうひとが、こんなことがわからないのですか」などと半ば本気で脅かされたりしたが、お蔭で数学的思考は急速に身につくようになった。動物や植物で不明なことは生物学教室で、のちには最先端の物理学に関心をもつようになり、素粒子物理学専攻の美谷島実教授や物性物理学の三輪浩教授の研究室にしばしばお邪魔するなど、教養部で学んだことははかりしれないし、いまでもこれらのひとびとに感謝している。私の所属する人文科学分野のほとんどのひとたちとは、すぐにうちとけ、春・秋と開催される近くの温泉への懇親旅行は、楽しみのひとつとなった。またアメリカの雑誌などに依頼された英文原稿に手を入れてくれた、英語学者の宮井捷二教授やシェイクスピアやソローの専門家である飯田実教授、あるいは外国人教師たちのお蔭で、私の英文を書く能力も急速に進歩した。

ただどこの大学もそうであるが、有能な人材や多少知名度のある教師は、潜在的な嫉みもあり、役職につけられて酷使されるが、私も例外ではなかった。当時全国的に教養部改革が主題となりつつあったこともあり、カリキュラム改革や、のちには教養部そのものの機構改革を討議する委員会の責任者や、全学的な大学院構想の委員などとなり、いまから考えればおよそ無駄でむなしい努力をかたむけたのだが、とにかく懸命に討議をし、その結果をまとめ、種々の答申書を作成することに全力をかたむけた。それらは分厚いファイルとして退職後も手許に残っていたが、のちに処分してしまった。

そうした雑事はわずらわしいかぎりであったが、研究ははかどったし、学生相手の講義や演習は、きわめて楽しいものであった。若い頃は講義用のノートなどを毎年作製していたが、しだいにそれをしなくなり、シラバス（講義要綱表）に沿いはするが、まったくの即興で進めることとなってきていた。研究室から講義室に移動するあいだに、今日はなにを中心に話そうかと考え、講義室に集まった学生たちの顔を眺めながら即興するのだが、そのほうが、彼らの関心をはるかにひきつけることがわかってきたからである。お蔭で、どこの大学でも、一度も私語などに悩まされることはなかった。

とりわけ演習は、私にとっても充実した時間であった。最後には正式のカリキュラムとして単位がつくことになったが、はじめは単位なしの演習で、「構造人類学」などという内容もよくわからない演習に、果敢に挑戦しようとする意欲的な学生のみが集まり、活気に溢れていた。教養部の演習であるから、一年生が主体となるはずであったが、学部に進学した学生の多くは残り、なかには四年制の医学部に進学し、教養二年とあわせて六年間も参加した学生もいて、彼らが主体となり、下級生を指導するかなりレベルの高い演習となった。「でも先生ねえ……」とか「しかしですねえ……」などといって、私のコメントや説明に納得しないで食い下がる学生が多く、昔生意気盛りであった自分のことを思いだし、ほほえましく思っていた。いまでもこの演習の卒業生たちは、ときおり伊豆のわが家に集まり、おたがいに旧交を温めあったりしている。

しかし、信州大学の末期は、あまりいい思い出はない。なぜなら、かつて学生運動で熾烈な権力闘争をやってきたと思われるある策謀家が赴任するようになってから、彼を中心に派閥が形成され、裏での多数派工作によって、彼らのいいなりになるような人物を教養部長に据え、およそ現実的とは思えない空想的な改革案を提出し、われわれが積み重ねてきたものを排除したからである。教授会はしだいに不毛で険悪な雰囲気となり、午後一時にはじまった会議が六時、七時となっても終わらず、暖房が切れ、もちこまれた石油ストーヴの臭気や、ごく少数ではあるが吸われる煙草の煙に辟易し、蒸し返される無益な議論にうんざりして窓外を眺めると、校内の街路灯の仄暗い青い光に、松本には珍しく、深々とつもる大雪が白く反射し、単身赴任の身の夕食や、帰りの足の心配をしなくてはならないといった、重苦しい気分に落ちこむのであった。こうした気分のお蔭で、一時高血圧症となり、またいくつかの歯が、罹ったことのない虫歯となり、はじめて歯医者にかかるなど、ストレスや過労がいかに健康を害するか、身をもってあじわった。その頃は、いつか突然死に襲われるのではないかと、やよひや知人たちにまで大きな心配をかけることとなった。そのため、定年のまえの年から教授会にもいっさい出席せず、研究室に閉じこもり、一五年にわたって集めた研究資料の整理に没頭し、また夜は、心の通う教師たちとだけつきあうこととした。そうしたひとたちとともにする信州の地酒や地料理は、鬱屈した気分を一掃するには最適であった。

さいわいなにごともなく定年退官をむかえ、それとともに健康状態もまったくもとに戻り、虫歯も進行しなくなり、仕事に集中しすぎないかぎり、血圧も平常となり、身体というものがいかに環境や心のありかたと不可分であるか、また精神的ストレスがいかに身体をむしばむか、体験的に深く理解することができた。

リーヴァイ・ストラウス

私が定年退官した年度を最後に、教養部は解体され、教師たちは各学部に分属することとなった。信州大学に赴任するまえには、東京大学教養学部の教養課程の学生たちを非常勤講師として教えたりしたが、それらの経験によれば、学生たちの知的好奇心や意欲は潜在的にひじょうに大きいにもかかわらず、問題はそれをひきだすような魅力的な講義や演習に、めったにお目にかからないということである。その原因は、教養課程の教師は自己の専門について深い知識をもったうえで、それをさまざまな領域にかかわるひろい視野からとらえ、学生たちに提示できる能力が必要とされているにもかかわらず、そのような力をもったひとは、不幸なことに、暁天の星ほどにもいないということである。たとえばアメリカでは、学部は数学科を卒業したが大学院では人類学を専攻したといった、多領域にわたる研究者や教師は珍しくないが、教養課程を設置するなら、そうした教師を養成するのが先決問題であったのだ。それを、学生にとって教養課程が面白くない義務にすぎないからと廃止するのは、問題の本末を転倒したものといえよう。

日本の研究者や知識人が、海外の学界などのレセプションであまりにも話題にとぼしく、教養に欠けていることはよく知られているが、問題はそのような表層的なことではなく、思考能力を育てる本格的な教養が身につかないかぎり、専門領域でも独創的な研究などは生まれないということである。

研究者だけではない。たとえば音楽家でも、海外のコンクールに入賞し、海外で活躍する日本の音楽家は多いが、技術的には完璧に近くても、彼らの奏でる音楽に、それぞれの作曲家たちが《心から心へ》とこめた使信が伝わってくることは、ほとんどない。たとえばベートーヴェンの音楽に秘められた使信を解読するためには、彼の生きた時代や歴史、あるいは時代精神ともよばれる思想的動向や同時代の芸術的傾向から、彼の内面の動的な物語にいたるすべてを理解しなくてはならず、それが教養というものにほかならない。

企業人でさえも同じであろう。私は七一年の渡米以来親しくなったサンフランシスコの貿易商E・T・シェリン氏や、「このひとは、リーヴァイ・ストラウス（レヴィ＝ストロースの英語読み）の専門家だよ」という冗談好きの彼の紹介で会った、ジーンズで有名なリーヴァイ・ストラウス社のロバート・ハース社長（当時）など、アメリカ財界人の教養の深さに感銘をうけた。そのうえ彼らの教養がたんにそれだけであるのではなく、それが彼らの経営理念や生活哲学に直結していることが重要なのだ。事実、社内民主主義を徹底し、従業員の個性と創造性をひきだすことに重点的に取り組んでいるリーヴァイ社は、マイクロソフトなどを押しのけ、『フォーテューン』誌の一九九八年《全米でもっとも働きたい企業》第二位に選ばれている。サンフランシスコの下町の、きわめて家庭的な雰囲気の小さなイタリア料理店で、蝋燭の仄明かりに照らされながら、洒落たフランス紳士風のシェリン夫妻とともに、大いに食べ、大いに飲んで、陽気に語りあったスポーツシャツの普段着姿のハース氏の、眼鏡の奥のにこやかな、しかしときにきらりと光る瞳を思いだすと、教養というものがいかに人間に深みと幅をあたえるか、痛感したしだいであった。日本人にもっとも欠けているものこそ、こうした人間性《ヒューマン・ネイチャー》であるのだ。

XIV

時代の風に逆らって（二）

夢

時代の風に逆らって航海をつづけることは、それほどむずかしいことではない。なぜなら、戦時下やファッシストまたはスターリン体制下と異なり、知識人としての発言の場が失われるだけで、日常生活に不自由するわけではなく、自己の思想や時代の証言は『日記』にでも書き綴ればよいからである。時代の風に乗ってさかしらに発言するひとたち、それはかならずしも新保守主義や右翼的立場のひととはかぎらず、マス・メディアの《公正さ》や《不偏不党性》の証明のために発言の場を確保されている《革新的》または左翼的な立場のひとびとも含まれているが、とにかく、彼らの声は左の耳から右の耳へと聞き流せばよいのであって、気にとめることはない。ときおり、目が冴えて眠れない夜などには、そうした発言の不当さや誤りに怒りを覚えることもあるが、それも夢のなかにまで侵入してくることはない。一九七〇年代頃までは、定期的に空襲にかかわる悪夢、つまり頭上にB29爆撃機の轟音が迫っているのに、こちらの部屋の電灯を消すと別の部屋の電灯がつくいたちごっこで冷や汗をかく、あるいは頑丈なコンクリートの建物の地下室に避難してひと安心と思うと、そこは空壕で、頭上の青空にB29の機影があらわれ、弾倉がひらき、黒い爆弾の影が落下してくる、といった悪夢をみることはあったが、それ以外には夢は、つねに楽しいものであった。夢が楽しいとは、それを反映する現実——私はあえてプラトン風にそういうが——も楽しい、あるいは楽しかったことを示しているし、そうした夢ではほとんど私のかたわらには青木やよひがいた。それはおそらく、幾多の試練をのりこえてきたやよひとの絶対的な信頼と愛情の関係からであるにちがいない。

もし、われわれにとっては夢であるプラトンのいう洞窟の外の世界から振りかえってみると、現実は逆に一片の夢でしかないが、そのおぼろな夢のなかで繰りひろげられるものは、あたかもパウル・クレーの絵の形象のように、なつかしくも稚拙な劇にみえるのかもしれない。その劇のなかで私たち二人が演じているのは、それぞれの仕事に専心し、日常的な些事をこなしながら、ある磁場をめぐる舞であって、ある磁場とは、それをひとびとが自覚しているか否かを問わず、人間の魂のもっとも奥にある自然や宇宙との一体感、あるいは逆にいえば、ひとびとを魂の深奥で結びつけるものであって、それが、われわれの内にあるとともに外にもある聖なるものにほかならない。洞窟の中と外とは、その一点でつながり、現世にあってもわれわれは、それによって外の世界の夢をみることが可能になる。しかし、リルケのいうように、外の世界には思い出さえももっていくことができないとすれば、われわれは、一片の夢でしかない多くの思い出を、シャガールのように現世に描き残しておくほかはない。もちろん書き残しておいたところでそれは、《他界の星々に立ち交じれば、それも取るに足りない》(『ドゥイーノの悲歌』第九歌)ことである。だが、取るに足りないことのなかにも、聖なるものを自覚させようとする《大地のたくらみ》があるのかもしれず、それを記しておくのも無駄ではないかもしれない。それは思い出のなかの多くの肖像である。

魔女たちの厨

まず女性たちの肖像から書き記しておこう。『演劇の死と再生』に参加してくれたモダン・ダンスの若い踊り手は、それ以前からの知りあいであったが、整った知的な顔立ちが好みであるだけではなく、美人にありがちな高慢やコケットリーはまったくなく、踊りには強さをにじませるにもかかわらず、素直でやさしい性格で、私の淡い恋心を誘うひとであった。ときおり、二人だけで会う日取りを決めようとするのに、二人の日程が合わず、この恋は成就しないのだといった、甘く悲しい気分に陥ったりする他愛のない夢をみるのだが、すると数日後に、彼女から手紙が届き、《今年の夏の気分は、薄暗い部屋に咲く青い竜胆《りんどう》の花のようです……》などといった謎めいたことばが書かれていたりして、夢と現実との境界が消失し、不思議な思いに囚われるのであった。

彼女と知りあったのは、桐朋の演劇科の卒業生の姉が経営しているスナック店であったが、苦労人で女性たちの悩みごとに真剣に相談に乗ってくれる姉御肌のその女性、つまり畑中周子さんは同性に人気があり、多くの魅力的な女たちがそこに集まってきた。奥に細長い店の仄暗い照明は、天井から下げられた無数の枯れた花束にさまたげられ、さらに暗く、その下のカウンターの明るみに、グアムで会った恰幅のいいミクロネシア美人を色白にしたような周子さんを囲んで、轟々と店内に鳴りひびくロックの音響を背に、女たちが盃をかたむけている姿がいつもみられた。夜半ともなれば、常連客たちがマイクロフォンを片手にアメリカや日本の流行のポップスをうたい、狭い平場はたちまちディスコテークの様相を呈し、酔った客たちが踊り狂うのがみられた。年に一度のクリスマス・パーティーなどは、六本木などのほんもののディスコを借りきって、ひろびろとした踊り場で、思う存分身体や腕をくねらせ、それぞれお好みの異性たちを相手に、明け方まで踊るのであった。構造と変換ではないが、相手に応じて基本的なステップを自在に変え、あたらしい踊りをつくりあげるのが得意な私は、次から次へと踊りを申し込まれ、休む暇もないほどとなった。

いわば魔女たちの厨《くりや》ともいうべきこのスナック店で知りあった女性は多いが、あるインテリア・デザイナーの女性には、かなり強く惹かれるものを感じた。縮らせた髪からひいでた白くひろい額、ひとをじっと覗きこむような大きな瞳、それほど高くはないがかたちよい鼻、そして全体の意志的な顔立ちにやや不似合いな官能的な唇、酒量も私に匹敵するほどで、とりわけ香りのよい米焼酎を氷で割って飲むのが好みであり、飲みながらの話題も豊富であった。前衛的な形態の家具に紅や青あるいは茶色といった日本の伝統的な漆を大胆に使うなど、その作品に対応する性格で、いささか御しがたいところがまた魅力でもあった。ある夏、役職で大学の周辺を離れることができず、穂高町の郊外の松林に散在する別荘を借りてすごしたが、彼女は周子さんたちとともに東京から訪ねてきた。夏の陽射しに輝く白い砂にまみれて丸い大きな石が転がる河原で、枯れ枝を集め、火を起こし、持参した肉や野菜を焼き、冷やした缶ビールを飲み、午後のひとときを過ごしたが、河岸に緑につらなる赤松の林や、あくまでも澄みきった青い空に映えるパナマ繊維の大きな白い帽子をかぶり、日焼け防止の緋色のスカーフを頬に巻いたその横顔は、私の意識を浮揚させるビールの軽い酔いも手伝って、いまこうして彼女の隣に坐っているのは、別の世界でのできごとではないかと思わせるような、非現実的な魅惑をふりまいているように思われた。夜は、遠く近く鳴く、かまびすしいほどの河鹿《かじか》の澄んだ声を聴きながら、食後のコニャックの盃を重ね、ゲームに興じたり、夜も更けるとき、しんみりと心を開いて語りあったりした。

女友達

かつて桐朋で直接教えたことがあるが、西欧古典音楽のアカデミックな教育に疑問をいだき、中退してロックやポップスの作曲家兼キーボード奏者に転向してしまったある女性は、太陽系をめぐる彗星のようにごくまれに姿をあらわすのだが、一時期ヒッピーを志向していただけあって、自由で奔放な生き方をつらぬき、私に強烈な印象をあたえた。『源氏物語絵巻物』にでてきそうな、ややふっくらとした古典的な顔立ちに長い黒髪を垂らし、ときおり放心したように虚空をみつめる眼は、まさにこの世は仮の住まいでしかなく、自分の故郷はどこか遠い星にあるといった風情を発散していた。まれに寄こす手紙に、《前世でご縁があったとしか思えません……》などと書いてくるのを読むと、この地上とは異なった星からやってきた人間たちは、目にみえぬ不思議な糸で結ばれているのかもしれないと思うようになってくるのであった。

長いつきあいとなった女優は、来世的なところはまったくなく、周子さんの店だけではなく、和食であれ沖縄料理であれ、あるいはカウボーイ風の西部料理の店や少し気取ったロシアあるいはフランス料理の店にいたるまで、味覚的またはアルコール的快楽をくまなく追求する女性であり、多少自己中心的なところがあったが、ひとたびつくられた思い出には忠実で、そのなかでは信頼しきった無邪気さをさらけだし、それが持続的な関係の源泉となっていた。明け方の夢に彼女が登場するのは、なにも隠し立てすることのないこうした快い開放的な関係からである。

こうした自立した女性たちとは、それぞれの家族的背景やおたがいにもつかもしれない独占欲など、さまざまな思惑にまったく関係なく、自由で多様なつきあいかたができるし、また彼女らは、世代的にも若く、そのような束縛から解放された環境で育ってきたが、そうでない場合には、とかく関係は複雑で屈折したものとなりがちで、私はそうした傾向の女性とはつきあいを避けることにしていた。しかしときには一見そうでないみかけのひとに出会ったりするが、思いもかけない反応などにぶつかり、驚くことも多い。たとえばある短い期間つきあったきわめて美しい女性のように、自意識や誇りのみが高く、フェミニストにもかかわらず自由な生き方ができず、結局最後に「私をとるか、あのひと（やよひ）をとるか」という選択を迫られ、逃げだすこととなってしまう。そこまでいかないとしても、とかく異性との関係はむずかしいものとなりがちである。

かつて桐朋の音楽科の同僚で、いつのまにか音楽上だけではなく、生活上の助言をもとめられるようになった女性がいた。いたと過去形で語るのは、まだそれほどの年齢でもないのに、近年亡くなったからであるが、彼女のもちまえの性格や、私生活での挫折の経験などから、しばしばどこまで踏みこんでいいのか、境界が霧につつまれたような微妙な関係をあじわうこととなった。もし人生の途上で出会ったなら、つきあいを避けるようなひとの類型に属していたかもしれないし、そのかぎりでは霧に迷わないよう自制していたが、それにしてはあまりにも古いつきあいであったし、華奢でやや小柄な身体に秘めた強さや気丈さの蔭にある、はかなさとでも名づけていいようなもろさや傷つきやすさに、つい同情してしまうこととなった。西欧のバロック時代の音楽に精通し、チェンバロの演奏家としてもすぐれ、とかく西欧の演奏様式の模倣が多い日本のバロック演奏家としては、ひじょうに独創的なひとであった。演奏会場で活躍するだけではなく、年に一・二度、自宅でサロンを開き、著名な文化人や作家、あるいは学者やジャーナリストを集めては、華やかな主役をつとめていた。桐朋の学生時代から華やかな雰囲気をふりまいていたひとであり、こうした多少の虚栄は愛すべきものであったが、私にはそのなかの若干の有名人が我慢のならない存在であったため、なにかと口実をもうけてはしばしばサロンを欠席することとなった。最後の夏のサロンを、うっかり日をまちがえて無断欠席してしまったが、九月に西欧の演奏旅行から帰ってきた彼女から電話があり、無断欠席をいささか強い調子でなじられ、私のお詫びに心を和らげると、やさしい声で「いま入院中なのです」といい、私が驚いてどこが具合が悪いのかと聴くと、「検査をするだけだから、心配しないで」と答え、それから数分他愛のない話をして電話は切れたが、それが最後の会話であった。数週間後、彼女はその病院で癌で亡くなった。

音楽上の助言といえば、ある夜、信州大学の宿舎にいた私のところに、例のヴァイオリニストの女性から電話がかかってきた。松本の音響のよいあるコンサート・ホールでバッハの無伴奏ソナタとパルティータ全曲を録音することとなったのだが、曲がまとめきれなくて困っている、ぜひ解釈上の助言をほしい、明日駅前のホテルにきてくれないか、ということであった。午前の講義をすませ、ホテルの部屋にいってみると、ベッドのうえにストラデヴァリウスや弓やそのケース、あるいはさまざまな版の楽譜が乱雑に散らばったなかで、彼女が途方にくれたように待っていた。早速録音を聴くと、たしかに曲の厳格な構成がほとんど表現できていず、各部分を正確ではあるが、ばらばらにつなぎあわせたといったおもむきの演奏で、これはかなり厄介な仕事になりそうだとは思ったものの、これも長いつきあいからくる愛情で、引きうけることにした。まず、この三曲のソナタは、バッハの最初の妻マリア・バルバラの死のあとで書かれたもので、器楽曲ではあるがレクイエムのような性格をもっていて、彼の心の痛みが反映しているし、最後の曲のフーガで、清澄にして天国的なコラール「きたれ、聖霊なる創造主よ（ヴィエニ・クレアトール・スピリトゥス）」が主題となっているのはその意味からだ、またパルティータのほうも、第二番の有名なシャコンヌが表現しているように、深い宗教性を帯びている、などと講義をし、それから楽譜をまえに、自由で即興的な前奏曲であるアダージョと、厳格な構成をもち、したがってテンポも厳格でなくてはならないフーガとの対照など、バロック様式で《教会ソナタ》とよばれるこうした曲の構成を分析し、《室内（宮廷）ソナタ》とよばれたパルティータと、基本的にどのように性格がちがうか、を具体的に話し、そのうえで彼女の弾くヴァイオリンに耳をかたむけ、細部について助言することとなった。

翌日の午後は、コンサート・ホールにまででかけて、ディレクターや録音担当のスタッフが控える部屋から、テレビ・モニターの画面や室内に鳴りひびく音響を聴きながら、ホールに接続したマイクロフォンを通じて助言をあたえることとなった。私にとっては、それは楽しい仕事となってきた。なぜなら、ひとつひとつの助言ごとに、彼女の演奏が格段にすばらしくなり、冴えてきたからである。

また東京では、次の録音にそなえて、外国人むけに建てられた四ツ谷の高級アパートメントの最上階にある彼女の部屋で、リハーサルを繰りかえし、二人ともかなり疲れたあとで、いっしょに食事にでかけたりした。だが不幸なことに、どういうわけか、これが彼女との親しい接触の最後となり、二〇年にわたる交遊も、その頁を閉じることとなった。

男友達

しかしこうした実りある交遊も、女性たちだけではなかった。数々の同性との交流のなかで、もっとも印象的であったひとりは、のちに映画監督となったが、当時は俳優であり、いわゆるタレントであった伊丹十三さんであった。信州のある民間テレビ局の開局記念番組にいっしょに出演したのがきっかけであったが、そのとき、私の何倍もテレビ慣れしているはずの彼が、私がそっと注意しなければディレクターのだす合図に気づかず、額に汗をうかべながら懸命に自分の言い分を考え、発言しているのをみて、私はすっかり好意をもつようになった。年が明けた正月、伊豆の家にいると、伊丹さんから電話があり、彼の湯河原の家に遊びにきてくださいとのこと、早速やよひと二人で伺うことにした。黄色い実のたわわになった庭の夏蜜柑の緑の樹々に囲まれた山荘風のたたずまいの家の、木製の階段とデッキから直接あがれる二階の部屋で、紺の絣の着物を粋にきこなし、端然と坐った彼が、波打つ髪でひろい額を覆い、やや鋭い鼻の脇に好奇心にみちた瞳を輝かせながら、茶色の一升瓶をかたわらに日本酒の盃をかたむけ、来客の話しに耳をかたむけ、また議論に夢中になっていた。かつて六本木の自由劇場で知りあっていた能役者の観世榮夫氏や谷崎潤一郎未亡人など、来客も多士済済であったが、伊丹さんの話題のひろさと、知的好奇心の深さには感銘をうけ、また興が乗ると長男の万作君のフルートとともに、ヴァイオリンでバッハのトリオ・ソナタを奏でるなど、その多彩な才能と音楽的造詣にも感心することとなった。

それから数年、正月の湯河原通いは定例となったが、二度ばかりわが伊豆の家にも、とりまきの精神分析家たちや、あるいは次男の万平君をつれてやってきて、賑やかなひとときをすごした。もう夜明けも近い時刻、酔った他のひとたちは炬燵のまわりで寝こんでしまい、私と彼だけがあいかわらずコニャックのグラスをかたむけ、途切れがちな会話をしていたが、そのなかで、別に酔いにまかせたというわけではなく、ふと私が、「伊丹さんも、監督には恵まれませんでしたね」と口をすべらせ、口にした瞬間いささかはっとしたが、間髪をいれず彼は、「よくぞいってくださいました、そうなんですよ、いつも台本を渡され、これがどういうコンテクストで全体とつながっているか、などということをいっさい知らされずに、その場その場で演技するだけですよ、これでいい演技ができるわけがないでしょ」と、眼をきらりと光らせて、日頃の鬱積した不満を滔々と述べだした。その挙句彼は、私に映画をつくる気はないかとまじめに問いただし、将来はともかく、いまは書かなくてはならない本がいくつもあるからとことばを濁すと、彼は、「いい映画をつくるひとと出会いたいなあ」とひとりごとをいい、ふと目を閉じた。おそらく、この会話が、彼に自分で映画をつくる決意をさせたのではないかと、私はひそかに思っている。事実、翌年の春、万平君をつれてわが家にやってきたとき、彼は原稿用紙の束をかかえ、「このまえ、女房の父が亡くなってお葬式があったのだけれど、葬式というのはそれ自体でドラマなんですねえ、それをそのまま映画にできないかと、シナリオを書きはじめたところなんです」と、その束を示してくれた。

彼はまたある出版社に依頼されて、フランス語で《私のオジさん》つまり『モノンクル』と題する雑誌の編集長となったが、そのもちまえの知的鋭敏さで、まだ構想の段階にあった私の日本神話の論理学を高く評価し、女性リポーターとの対談というかたちで雑誌に連載させ、さらにのちには、四百字原稿用紙で千枚にも昇ろうという『天と海からの使信』を、同じ出版社から刊行するのに尽力してくれた。また後年、同じく日本の神話的思考を大衆的に扱った『数の謎・色の不思議』に、鋭い推薦文を書いていただいた。こうしたことに、いまでも私は深く感謝している。ただ彼の映画については、『お葬式』のある種の抒情性や、日常生活をさりげなく切りとってならべ、科白による説明抜きで映像的に事態を表現している点など、かなり評価するが、それ以後の娯楽的色彩の強いものは、あまりにも社会批評というイデオロギーに染められすぎていて、評価することはできなかった。

それもあって、しだいに疎遠となっていったが、はじめて湯河原の家に伺ったときから、伊丹夫妻は、たがいに《良妻賢母》と《良夫賢父》を家庭で演じているのではないか、という疑いに囚われ、これでは家でやすらぐことはできないと感じていた。事実、家庭を離れてわが家にくると、「ここにいるとほっとするなあ」とか、「ここは落ち着くなあ」などとしきりに繰りかえしていたが、そうした家庭内の緊張が、自殺という悲劇につながっていたのかもしれない。

男友達その二

ひとの交わりに有為転変があるのは仕方ないことであるが、それが多少でも持続できるのは、結局はそのひとの根底にある方向性とも感性とも名づけようのないなにものかが、たとえひとときでも自己の内側にあるそれと、一致とまでいかなくても、触れあうことができるかどうかにかかっているといってよい。伊丹さんとは、ひとときでもそうした触れあいがあったのだが、長期にわたるつきあいで、一見友情に似たものが成立するようにみえても、それは当初からの相互誤解であったということがありうる。

やよひを介して、ある有名なジャーナリストと知りあいになり、伊豆の家などにも訪ねてきて、かなり長期間つきあっていた。かつて辺境の諸種族についてのすぐれたリポートを大新聞に連載し、誤って未開とよばれている種族に一般の読者がいだいている偏見を打破するのに大いに貢献したし、またヴェトナム戦争たけなわの頃、凄惨な戦闘に巻きこまれた南ヴェトナムの農民たちの視線を通じてヴェトナム戦争の本質を追及し、モノそれ自体で語らせる文体が、ロバート・キャパの戦闘写真を想起させ、私たちも高く評価していた。私の還暦祝いをかねた出版記念会にも、落合恵子さんなどとともに七人のよびかけ人のひとりとなり、私を知識人として高く評価する文をプログラムに書いてくれたし、その会の記事を新聞に書いてくれもした。このことにはいまでも感謝しているが、ただ、ヴェトナム以後に書かれたものは、モノ自体に語らせるかつての乾いた文体が失われ、それに代わって、主観的判断やある種のイデオロギー的図式が前面にでるようになり、私たちを失望させるようになったことは事実である。その後、新聞社を定年退職し、予約制の週刊誌を編集し、発行するようになり、私も協力を求められ、一文を寄稿したが、オウム真理教事件について書いた一文で意見の衝突をきたし、その文の掲載を拒否された私は、以後関係を断つこととなった。

それは思想のちがいなどというものではなく、文中にでてきた《空中浮揚》についてであった。つまり、麻原某の空中浮揚なるものは足と腿の筋肉を利用した跳躍にすぎず、ヨーガの真の空中浮揚とはまったく異なっているというくだりであり、彼は、そもそも空中浮揚などという《重力の法則》に反した《非科学的》な現象などありえない、という立場であった。ヨーガや気功を実践していないものにこうした現象を語っても、まったく理解できないであろうことはわかっていたし、そもそもそれをなりたたせる《気《プラーナ》》が、現在の科学の水準ではとらえることのできない現象であることを彼らが理解できないことも承知していたが、その拒否反応があまりにも幼稚であり、掲載拒絶というファッシストまがいの独断的行為に、すっかり愛想が尽きてしまった。かっていわゆる未開のひとびとの知恵に接していて、近代の限界を自覚し、それを超えたものを模索できるひとかと期待していたが、少なくともその時点では結局、唯物論という最悪の近代主義から一歩も踏みだすことがなかったと思われる。

同じく私の出版記念会のよびかけ人に名をつらねてくれたグラフィック・デザイナーの杉浦康平さん夫妻とは、いまも友情がつづいている。彼のデザイン思想の根本にはアジアがあり、出発点からして近代を超える視点をもっていて、それが私の深い共感をよびおこした。平凡社で刊行した私の三冊の本のデザインも担当していただき、いずれもすぐれたものであったが、とりわけ私は、山本匠さんがイラストレーションを受けもった『歳時記のコスモロジー』の装本は、それ自体で、日本の美学の根本にある《花》、つまり《秘するが花》と世阿弥が述べ、《敷島のやまとごころをひと問はば、朝日に匂ふ山桜花》と本居宣長がうたった《永遠に女性的なもの》(ゲーテ)をみごとに表していて、私の本のなかでももっとも愛着する造本となった。

信州大学の定年後、神戸芸術工科大学に好条件で私を招いてくれたのも彼である。もっともはじめはお断りしたのだが、のちに一般教育科の同僚となった建築家の小山明さんの熱心な勧めや、当時学長であった同じく建築家の吉武泰水氏の理念や人柄に触れ、ついに赴任する決心をしたが、小山教授夫妻ともいまにいたる交遊がつづいている。それはともかく、おかげで杉浦さんとは神戸で頻繁にお会いすることとなり、ブータンの僧のような頭とかなり白髪の混じった短い髯、かたちよい鼻に深くものごとをみるひとの瞳、そして見知らぬ国の修行僧としか思えない独特の服装に身を包んだ、悠揚迫らざる大人のおもむきのある彼とは、なじみの居酒屋で、味わい深い吟醸酒などを酌み交わしながら、四方山話に耽るしだいとなった。私の定年の私的な歓送会として、杉浦夫妻、小山夫妻と私たち二人で、心行くまで飲み、語り、共有の心の場をたしかめあった有馬温泉での一夕は、これからも思い出に残るものである。

故郷としての音楽

また杉浦さんや秋山邦晴さんを介して、西村朗、新美徳英、また池辺晋一郎といった若い世代に属する作曲家たちと知りあったのも、私の知の航海にとって大きな意味をもつものであった。一九七〇年代前半までは、日本の作曲界や音楽界の現場にいて、主要な作品の初演や重要な音楽会にはほとんど立ち会ってきたが、それ以後しばらく、ホピや日本神話の調査や研究に専念していて、そこから遠ざかっている時期があった。しかしこうした若い作曲家たちと知りあい、またしばらく疎遠であった園田高弘氏とも再会し、あるいは評論家の秋山邦晴や晩年の武満徹とも旧交をあたためるなど、ふたたび《出身地》または《故郷》とでもいうべき場所にもどってきて、コンサートでは他の旧知の作曲家や批評家や演奏家たちにもひさしぶりで会い、きわめて居心地のいい思いをしている。大オーケストラを轟々と鳴らし、精密な総譜を書きあげる技術をもちながらも、伝えるべき音楽的使信をまったくもたないといった、各種の作曲コンクールの作品群に辟易していた私にとっても、西村や新美の、どうしてもこれを伝えなくてはならないという気迫と、ときには強引なまでもの力をもった作品は、感性的にも知的にも大きな刺激であった。また武満については、彼の作品すべてを評価しているわけではないが、音響の繊細さを究極にいたるまで追求するその姿勢と様式は比類のないものと思っているし、たんに尺八や琵琶という日本の楽器を使った『ノヴェンバー・ステップス』を書いたからという意味ではなく、その繊細さの表現において日本の美学の本質を示していると考えている。彼の還暦記念のパーティーや神田の画廊で開いた回顧展などで久しぶりに会い、ことばを交わしたが、例の江戸時代の総髪を思わせる灰色の長髪に、かなり皺のよってきたひろい額、いつも遠くを眺めているくぼんだ眼を近づけて、もの静に語るのであったが、なにが話のきっかけであったか忘れてしまったが、ふと、「ぼくの『オリオンとプレアデス』という作品は、北沢さんの『日本神話のコスモロジー』を読んでインスピレーションをえたんですよ」といわれ、あの本を贈呈したこともなかったのにと慌てて、「私の本などに関心をもっていらっしゃるなどとは思わなかったので……これからはお贈りしますよ」と答えたことを覚えている。残念ながら、その後『歳時記のコスモロジー』一冊を贈呈しただけで、彼は亡くなってしまい、すぐにつづけて秋山邦晴もこの世を去ってしまった。草月会館で催された「秋山邦晴を偲ぶ会」で、黛敏郎——晩年の右翼イデオロギーには辟易していたが、彼も旧知であったし、その『涅槃交響曲』などは高く評価している——が、「(親友であった)武満にあの世から呼ばれたにちがいない」と追悼していたが、その黛も、「右翼的言動ももういい加減にして、こちらへきて休みなさいよ」と二人にいわれたかのように、彼らを追って世を去った。

さらに、「東京の夏・音楽祭」を立ちあげている江戸京子さんも、伊豆の家に籠もって仕事に没頭しがちな私たちを東京に引きだし、多様な芸術的刺激をあたえてくださる点で、えがたい知己といえる。やよひも私もひとたび企画の相談にあずかり、私は「神楽歌のコスモロジー」と題する夕べに出演し、東京楽所《がくそ》の皆さんによる宮中の御神楽の一部分上演の解説を、木戸敏郎氏との対談のかたちでおこなった。

感謝を述べるなら、もっと多くのひとびとをあげなくてはならない。私たちの食料のほとんどは、いまでも東京西荻窪の長本兄弟商会から宅急便でとっている自然食である。いまはかなりの白髪の交じる長髪を後に束ねた長本光男（通称ナモ）さんは、六〇年代末からの知り合いであった。当時、東京大学文学部社会心理学の教授であった高橋徹氏が、日本における反文化《カウンター・カルチャー》運動を研究主題にしていて、同じ関心をもつ私に、ナモさんを中心とする日本のヒッピーたちを紹介してくれた。彼らは一時、長野県の富士見に自給自足のヒッピー共同体「エメラルドのそよ風」を開いていたが、その後東京の西荻窪に本拠を移し、自然食の八百屋や居酒屋、あるいは環境問題や超常現象など一般の書店では扱わない書籍の本屋などを束ねた「ホビット村」を開設することとなった。その頃、食品添加物や残留農薬入りの食品によるひどいアレルギーに苦しんでいた私にとって、とりわけ八百屋や居酒屋は福音であった。また彼らも私ややよひの本を通じてホピのひとびとの生き方に共感し、私たちを招いて公開の講演や討論の会をひらき、聖なるものや脱近代の文明についての感受性の輪をひろげてくれた。

さらには桐朋の音楽学部や短大音楽科の卒業生を主体に、他の音楽大学の若い講師なども交え、一〇年以上もつづけてきた研究会にも言及しておきたい。私の難解とされる『メタファーとしての音』をテクストに、世界の音楽やときにはホピの話を語るのだが、とくにすべてのアカデミックな経歴を引退したいまは、彼女らと仏文学者であるそのひとりの配偶者、さらに彼女らの子女をふくめた数十名のひとびととの対話は、しばらく遠ざかっていたがため、摩滅しがちな音楽的知をたえず更新する刺激となっていたし、また世代的に若く、人間的に魅力のある（もちろん女性的に魅力のあるともいいたいが）彼女または彼らと、いまも年に一、二度、酒盃をかたむけながら懇親する機会をもっているが、それはこころよいひとときである。また、知的にして人間的な刺激と楽しみは、これも十数年来つづいている比較文明学会での学者たちとの交流である。とりわけ武蔵野女子大学の佐々木瑞枝教授は、ときには伊豆の湯ヶ島温泉や八ヶ岳高原のホテルといった景勝の地で開かれる例会に私ややよひをひっぱりだし、報告や討論という知的訓練を課してはそのあとの会員たちとの懇親という、これもこのうえない快いひとときをあたえていただき、心から感謝している。

天安門・ベルリンの壁

このような生活を送っているあいだにも、世界は大きく変化した。八六年の旧ソヴィエト・ウクライナのチェルノブイリ原子力発電所の大事故は、たんに爆発で吹き飛んだ塔屋を空中から撮った映像だけではなく、投入された災害対策部隊の何万という人間が、その後死亡したり、放射能に由来する種々の悪性の病気に侵されたり、あるいはかなり離れたベラルーシの子供たちにまで白血病が蔓延するなどの無数の映像によって、パンドラの小箱のように人間の手で開放した原子力の災厄の恐ろしさを、万人に啓示した。日頃、核兵器にかぎらず、いわゆる平和利用をふくめて核開発に反対してきた私たちも、伊豆のわが家のエネルギー改革を考え、ある環境問題研究所長なる人物に依頼し、かなりの調査料をはらって調査した挙句、これでほとんどの電力をまかなえるというその虚偽報告のままに太陽光発電装置を設置したが、実際には、年間を通じて三分の一程度しか電力補給ができず、もっと多くの発電パネルを屋根に張るべきだったと後悔しているが、それでも日本の総発電量の三分の一が原子力であるという事実からすれば、その分だけは拒否しているのではないかと、ひそかに自己満足をしている。

それはともかく、八九年は、国際状況はきわめて劇的な展開をみせた。五月、民主化を求める中国の学生たちが天安門広場に何万という単位で集結し、政府に政策の転換を迫り、一部の党幹部はそれに同調しようとしたが、鄧小平・李鵬の執行部はそうした党幹部を追放し、六月四日の未明、ついに解放軍を投入して武力弾圧をはかり、多数の死傷者をだすにいたった。街路灯の照明のみの闇のなかで、武器もなく、ほとんど無抵抗の学生たちの黒々とした無数の影にむかって、装甲車の機銃が火を吹き、後方を支援する解放軍のA47自動小銃の無数の曳光弾が、断続的な光りの尾を曳き、学生たちの打ち建てた自由の女神像が引き倒され、銃声と怒号のなかで、血も死体も負傷者も、彼らを救助しようとする他の学生たちの姿も、すべては闇に溶け、《死傷者などいっさいない》とする中国政府の公式報道というもうひとつの闇のなかに葬り去られてしまった。毛沢東が定めた三大規律八項注意のもと、《民衆のものは針一本も盗らない》という高い規律で、戦争直後の苦境にあった中国東北地方の日本人たちにも信頼された人民解放軍、命令系統のみを残し、世界で唯一、階級制を全廃していたあの栄光ある解放軍が、非武装の民衆を銃撃したのだ。学生弾圧の任務を終え、人影のまったくない北京の街路をひきあげる兵士たちの映像は、上着を脱ぐもの、銃をだらしなく担ぐもの、あるいは乱れた隊列など、これがあの解放軍かと目を疑わせた。

七月、ベートーヴェンやゲーテの足跡の取材のためヨーロッパを訪れていたやよひが帰国し、暗い雰囲気の東ドイツや、ガイドと称して秘密警察の監視役がどこまでもつきまとい、撮影したフィルムまでひそかに感光されてしまったチェコに比べ、街を行き交うひとびとの表情が明るく、商店にも品物は豊富で、どこでも取材自由であったハンガリーなど、いわゆる東欧の状況をつぶさに聴いたが、すでにその頃、東ドイツの西側への亡命希望者がハンガリーに殺到し、オーストリアとの国境がひそかに開かれつつあったのだ。一一月、ベルリンの壁は崩壊し、民衆の歓呼の叫びとともに、いわゆる西側先進諸国は《自由と民主主義の勝利》に酔うかにみえた。私はその日の『日記』に書いた。《ベルリンの壁崩壊。民衆の力が、ついに東ドイツの「革命」をみちびき、ベルリンの壁を崩壊させる。ソヴィエト、ポーランド、ハンガリーにつづく歴史の大きなうねり、そのもっとも感動的で劇的な瞬間である。とりのこされたのはチェコ（すぐあとで「ベルベット革命」が起きた）、中国、北朝鮮であるが、これも時間の問題であろう。しかし忘れてはならないのは、いわゆる社会主義圏で自由と民主主義を求める「革命」が起きたからといって、自由と民主主義を標榜する資本主義諸国がまったく免罪されたわけではないということである。第三世界の新植民地的収奪、投機化した資本による世界経済の撹乱、国内の貧富の格差の拡大など、資本主義の矛盾は増大しつづけている。過渡的な景気拡大（当時はまだいわゆるバブル経済の末期にあった）の蔭に、危機がみえかくれしている。こちらにも改革が緊急に必要なのだ》（括弧内は現在の補遺）。

経済についてはわれわれは、すでにバブル経済のはじまる直前に「21世紀クラブ」の提言で、世界を支配していた政治的新保守主義と経済的新自由主義が、歪曲されたカジノ（賭博場）資本主義とその世界化（いわゆるグローバリゼーション）をもたらし、ひとときの急激な景気拡大と引き換えに、恐るべき危機を招くにちがいないと警告した。恐るべき危機は幸いにしてまだ到来してはいないが、その潜在的脅威は存続しているし、日本ではゆるやかな危機の連続にみまわれている。また人間の内面的危機も、恐るべき段階に到達している。社会主義連邦の解体がもたらしたアイデンティティ危機に由来する《民族浄化》の名のもとの紛争、あるいは急激な近代化によって諸部族を友愛的に共存させていた伝統的体系が崩壊した結果としての暴力的部族抗争など、ボスニア、チェチェン、コソボ、ルワンダなどでの熾烈な内戦は、ベルリンの壁崩壊後に特徴的な局地的紛争を示しているが、それはわれわれにとってもけっして無縁なものではない。

すなわち、個人的アイデンティティは感性的・身体的なものに基礎をおき、幼時からはじまる無数の記憶の蓄積としての無意識の闇から、そこはかとなく立ちあがってくるものであるが、それはつねに自己をとりまく自然環境と、それを母胎としてはぐくまれてきた種族の文化や歴史と不可分である。しかし近代化によって自然環境が破壊され、固有の景観が失われ、種族の文化や歴史が忘れられ、《普遍的人間性》の名のもとに、教育や文化の欧米的基準による画一化がおこなわれるとき、そうした自然にかたちづくられるアイデンティティはもはや存在しなくなり、国家や集団という擬似アイデンティティに置き換えられざるをえないし、ひとは容易にナショナリズム・イデオロギーの迷妄に囚われることとなる。つまり、擬似アイデンティティは簡単にイデオロギーと交換され、真のアイデンティティ不在の空洞に由来する欲求不満は、自己の集団、あるいはイデオロギーと化してしまった自己の宗教と異なったものへの差別、または抹殺に捌け口をみいだすこととなる。

かつて、独裁者マルコス追放の無血革命の直前、ある大新聞社の週刊誌は、「フィリピン大統領選挙のどたばた悲喜劇」という見出しを掲げたが、たとえば「アメリカ二〇〇〇年大統領選挙のどたばた悲喜劇」(事実、のちにそれはフロリダ州での票の集計をめぐる訴訟合戦という「どたばた悲喜劇」となったが)などという題をつけるだろうか。同じフィリピンでいえば、数年まえ、巨大な台風に襲われ、多くの犠牲者がでたが、たとえば合衆国のフロリダを襲ったハリケーンなら細大漏らさず報道する日本のマス・メディアは黙殺か、せいぜい小さな記事で報道しただけであり、皮肉にも私は、その悲惨な状況をアメリカCNNテレビではじめて知ったのだ。これが恐るべき無意識の人種差別でなくてなんであろう。状況が悪化すれば、日本人も容易にナショナリズム・イデオロギーの迷妄の網にからめとられ、かつてのように暴走するにちがいない。

脱近代

私もかつて一時、近代主義の迷妄に囚われていた。そのときにみえなかったさまざまなものがみえるようになってきたのは、犬たちをはじめ動物や植物、いいかえれば自然から学び、アメリカ・インディアンのひとびと、とりわけホピのひとびと、あるいはひろく誤って未開とよばれるひとびとの生き方や哲学を、たんに知識や観念としてではなく、身体的・感性的に学んだ結果であった。『ホピの太陽』以後の体験や見解は、コロンブスの「アメリカ大陸発見五百年祭」の反祝祭として書いた『蛇と太陽とコロンブス』に詳しいので省略するが、それによって獲得された人類にとってほんとうに普遍的な視点――近代にとっての普遍的視点ではなく――からは、われわれの祖先の偉大な知恵や思考体系もみえるようになってきた。また逆に、それによって西欧や近代文化を見なおせば、近代の偏見を超えて、そこからわれわれがきたるべき時代のために継承すべきものはなにか、がみえてくるにちがいない。

いずれにせよこれらのことは、次の最終章で考えることにしよう。

XV

近代を超えて

数年前、王宮の高台からプラーハの街並みやその中央をゆたかに流れるモルダウ河を見下ろしているとき、不思議な感懐に囚われた。いたるところに屹立するゴシック様式やバロック様式など、色も形も多様な教会や修道院の尖塔、いまも面影をとどめる中世風の石造りの古びた城門や城壁、天使や聖者たちの黒く錆びた青銅像に飾られた石の欄干を、青い流れに映しだすカレル橋、あるいは眼下の貴族の館の、明るく映える緑の芝生と刈りこまれた樹木、そして花の咲き乱れた花壇や噴水や池を幾何学的に配置した庭園、それらに入り混じってつらなる代赭《たいしゃ》色や黄土色の石造りの民家と、その赤や茶色の甍のひろがり、そのあいだを縦横に貫く街路の鈍色の石畳などを眺めていると、いわゆる既視体験《デジャ・ヴュ》というのではまったくなく、この風景が、長いあいだ離れていた故郷に戻ってきたかのように、奇妙に懐かしく感じられはじめた。たしかに昔、国際会議で知りあったチェコの放送ジャーナリストにお土産としてもらったプラーハの白黒の写真集で、これらの光景はおなじみであった。しかしそれだけではなく、写真集をみたときには味うことのできなかったこの深い感情は、もっと内面的なものに由来しているように思われた。

そのときすぐには気づかなかったのだが、やがて、ゆるやかな起伏のなかに展開している緑の牧草地や畑、遠い丘の緑濃い森を背景に、こじんまりとまとまった小さな村落と、その中央に素朴にそそりたつ教会の塔、村外れに立つ聖母の祠、果てしなくつづく菩提樹の並木道といったボヘミアやモラヴィア、あるいはチェコ・シレジアの田舎道を車で走っているとき、これこそ若きリルケの世界にほかならないことを直観した。

《浪うってつづく　いくたの森の
翳《かげ》さす縁《へり》が　遥かに霞み、
此処《ここ》や彼処《かしこ》で　立木の姿が
たけ高い穂の麦畑の　淡黄色《うすきいろ》い拡がりを縦に切る。
いとも明るい光の中で
馬鈴薯が　芽吹いている。そして
少し向うには　大麦の畠。それからこの景色を仕切る
大きな森、樅の木の森……》
（リルケ『最初の詩集』より「中部ボヘミアの風景」片山敏彦訳）

《百の塔をもつプラーハ》のあの光景も、まさに若きリルケのうたった《詩心の風光》なのであり、私の青春の内面的出発点でもあったのだ。たしかに、日本軍国主義やその国家主義的教育に対する反動として、若き日の私の教養は西欧からはじまった。だがいまとなってみれば、それが西欧であったということは、ほとんど関係がないといってよい。なぜなら、ドイツ・ロマン派の詩人たちのいう《故郷的なもの《ハイマートリヒカイト》》とは、結局人類の心の故郷を指すのであり、それはアジアにもアフリカにも、あるいはアメリカ大陸にもオセアニアの島々やオーストラリア大陸にも、いたるところにあるからである。

プラーハを二度も訪れることになったのは、ベートーヴェンの足跡の調査とそれを裏づける資料の蒐集のための青木やよひの旅行に同行したからである。九四年には、ドイツのビーレフェルト大学で開催された国際社会学会の、女性問題分科会のシンポジウムに招待されたやよひに同伴して、はじめて訪問することとなったが、それまでは、ヨーロッパ旅行にはまったく興味がなかった。なぜなら、近代を超えるものを模索しはじめてから、アメリカ・インディアンやアフリカ系のひとびと、あるいはヒスパニック・ピープルをかかえる合衆国はともかく、ヨーロッパは私の関心の外にあった。

しかし、訪れてみると、華やかな大都市ではないところに、さらに中欧ではプラーハやブダペストのような大都市にいたるまで（しかしグローバリゼーションの荒波のもといつまでもつことか）、故郷的ななにものかが存在していた。ビーレフェルトの学会開催中に滞在したバート・リップシュプリンゲという田舎の小さな温泉町は、三十年戦争の舞台となった崩れかかった中世の古城をかこむ鄙びた街並みに、中世以来の古き良きドイツの面影を残していて、街のひとびとの表情もおだやかであり、異邦人にも親切であった。温泉療養所と共用の、公園をかねたホテルのフランス庭園は、ひろびろとした芝生に、薔薇やカンナをはじめ赤や青や白あるいは淡紅色など、いまを盛りと咲き乱れた花壇や、陽光にきらめく噴水と池などをしつらえ、またさらに奥には、生い繁る丈の高い樹々と白い小さな東屋、あるいは古代の模造彫像を配したものさびた池などのあるイギリス庭園がひろがり、週末ともなれば、フランス庭園のビア・ガーデンをかねた露台では、ビールのジョッキを手に手に、目一杯に着飾った年配の夫婦や男女の年寄たちが、楽しげに談笑したり、楽団の奏でる古風な音楽に乗って、ゆったりと踊る姿がみられた。この小市民的で日常的な光景も、シュトルムやシュティフター、あるいはヘッセやトーマス・マンなどが、それをほほえましくみていたか、自分の心にかかわりのない風景としてみていたか、あるいはときには冷笑的にみていたかはともかく、人間のいとなみとして叙述し、故郷的なものにいたる道筋の点景としたものといえよう。それはともかく、一歩街を抜けると、周辺にひろがる森や畑、あるいは牧草地や農家といった風景に、家畜の糞や藁の堆肥の独特の匂いが風にはこばれてきて、ホテルの朝食の半熟卵や牛乳やヨーグルト、あるいは林檎など素朴な果物の、日本ではなかなかお目にかかれない濃厚な、あるいは爽やかな味であったこともむべなるかな、と思われた。ここにはまだ、故郷的な大地が生きていたのだ。

詩心の風光

ワイマールのゲーテの家、またボンのベートーヴェン・ハウス、あるいはウィーン、チェコ、ハンガリー、スロヴァキアなどのベートーヴェンゆかりの家や場所を訪れたが、偉大な詩人たちや芸術家たちの作品そのもののなかにひろがる奥深い世界に感動し、そこに浸ることで満足している私には、彼らが住まいとしていた空間や、日常的に触れていたモノと出会っても、あまり感銘を受けることはなかったが、彼らのまなざしがとらえていた《詩心の風光》には関心があった。ベートーヴェンの霊感の源泉となっていた彼のいう《神々しい自然》の姿は、都市化の波で、もはやウィーン近郊ではあまりみられなくなったが、彼が二度訪れたチェコ・シレジアのフラデッツ（旧グレーツ）のリヒノフスキーの城は、その周辺ともども神々しい自然の面影をとどめ、その意味で故郷的なものを残していた。

森に覆われた小高い丘の頂上にある城は、一九世紀半ばに前面に付け加えられた、暗く荘重な擬似ゴシック風の城門や塔屋を除けば、淡い色の塗装の明るいロココ風の館であり、ベートーヴェンが訪れたときそのままのたたずまいをみせていて、白いレースの窓掛けに閉ざされた窓々からは、いまにもピアノの音が漏れ、樹々の梢でうたう小鳥たちの歌に入り混じり、あくまでも青い空に消えていくかのようであった。音楽室には彼の肖像が掲げられ、庇護者であったリヒノフスキー侯や美しく悲しげな侯爵夫人、および侯の弟で兄以上にベートーヴェンと親しかったリヒノフスキー伯爵の三人の肖像が、ベートーヴェンが弾いたグランド・ピアノや、彼の室内楽を奏でた弦楽器類を見下ろし、窓外には、樹々の緑の枝越しに、丘の足許のさみどりの牧草地や馬場や、そこを横切ってせせらぐ透明な小川、あるいは彼方に青く鎮まる森や、遠く丘陵のよこたわる雄大な風景がひろがるのが眺められ、心のなかで鳴りひびく彼の音楽、とりわけあの数々の気高い緩徐楽章が、窓外の大自然の音楽と交差して、すべてが《聖なるかな、聖なるかな》とうたっているようであった。

ベートーヴェンにとっての故郷的なものがここにあるが、晩年の彼の作品、とりわけ『第九交響曲』や『ミサ・ソレムニス』が狭いキリスト教的なものの枠を超え、宇宙的なひろがりをもっているのは、この故郷的なものが、彼の『日記』が証明しているように、ギリシアや西欧の古典を超え、遠くインドや中国の古代哲学にまでいたり、彼の世界観の幅が途方もなくひろがったことによっている。ロマン・ロランや小林秀雄の振りまいた通説と異なり、ゲーテとベートーヴェンは終生おたがいに深く敬愛しあっていたが、おそらくベートーヴェンは、この意味で、ゲーテ以上に《世界市民》であったのかもしれない。世界市民とは、自己および種族のアイデンティティを確固としてもちながら、世界のいたるところで自己の内面の《風光》と同じものをみいだし、いたるところを故郷とするひとびとといってよい。

私にとっては逆に、日本は長いあいだ故郷ではなく、近代化の現実のなかでつねに異邦人であることを感じつづけていた。西欧的教養の遍歴時代が終わり、インドや中国の古典、あるいはホピやオセアニアやアフリカなどの宇宙論に知的眩暈を感じはじめたとき、かつて私の心の故郷と思いさだめていたゲーテやベートーヴェン、あるいはヘッセやリルケは、同じく西欧の近代の現実のなかでは異端であり、異邦人であることを発見し、あらためて世界市民であることの孤独を認識したのであった。だが、ひとたび世界市民となれば、日本の古典や古代の壮大な宇宙論は、ひとしく故郷的なものとなり、現実のなかにも、それらの思考体系や感性の貴重な名残があらわれているのが観察できることになる。

常世の風光

それは、常世《とこよ》の風光とでも名づけるべきものである。おそらく芭蕉や西行のような旅人が、国土の隅々まで訪ねながら追い求めていた故郷的なものが、それであったにちがいない。たしかに、海面を茜に染め、青く霞む雲のいただきを黄金色に燃えあがらせながら日が沈む夕映えを眺めているとき、平安朝に流行した《西方浄土》という仏教的楽土の影像が心にうかびあがってくる。だが、より古雅な楽園の影像は、ポリネシアのひとびとが南の水平線の彼方にあると信じて、ハワイキまたはアヴァイキあるいはカヒキと名づけた、神々や祖先の霊の住む場所とほとんど同じ影像といっていい、大海原の東南の果てにある常世《とこよ》であった。それが東南であるのは、北半球中緯度地帯に位置するわが国では、冬至の日、太陽が昇る方角であり、逆に夏至または夏の宵、天《あめ》の安の河である銀河が、その泡立つ水を海の彼方へと、滔々と注ぎこむ方向であって、やがて大地に豊饒をもたらすはずの天の火の旅立つ場所、そして天の水が地の水とつらなる場所だったからである。冬至の夜、長い眠りにつく太陽女神アマテラスを守護して、天空には《天の稲穂》である彼女の息子たちスバル（プレアデス）と、カラスキの《水（瑞）の剣》（オリオン三星）である弟スサノヲの娘たちが昇り、薄明の常世の海では、眠るアマテラスを乗せた船を、夏のヲロチの星座（スコルピオ＝サソリ）であるサルタヒコが、やがて吹き起こすかもしれない恐ろしい《神風（台風）の矛》で守っている。

眠る太陽の女神が発する仄かな光をうけた薄明の常世には、州浜とよばれる白い砂浜がひろがり、能舞台の鏡板に描かれる老いて苔むした黒松が、白く砕ける青い波に緑の枝を伸ばし、岸辺には、唐花と名づけられた花々が、細ぶりの草葉に入り混じって赤や青に咲き乱れ、すべては紗幕の奥の風景のように、棚引く瑞雲の霞の裾につつまれている。死者の魂は蝶の姿となって、打ち寄せる常世の浪のうえを舞い、やがて常世にいたりつくものと信じられていた。常世の星でもあるヲロチの星座がまだ南の空にかかる旧七月の満月の頃、死者の魂は、それを迎える祭のために、ふたたび蝶となってこの世に戻り、生者たちとひとときを過ごしたあとに、常世に帰るものとされた。

御神楽や『東遊び』などの歌や舞、あるいは『翁（三番叟）』や神々の能である脇能はすべて、結局はこうした常世の風光や使信を伝える芸能であるが、沖縄の歌や踊りも、そこでニライカナイとよばれるこの神々や祖先たちの楽園の使信を表現するものにほかならない。それは格調高い琉球王朝の宮廷芸術だけではなく、民衆の芸能にいたるまで、ニライカナイへの憧れに満たされているといっても過言ではない。伊豆の家に引っ越すまえ、私はしばしば新宿歌舞伎町のあるナイトクラブに通っていた。かつて総評の幹部につれられていったところではあるが、その後も通うことになったのは、ひとつにはたしかに、華麗な琉球王朝の衣裳や冠船踊りの装束を着たら完璧という魅惑的な沖縄美人の女主人に惹かれたためでもあったが、もうひとつには、夜半ともなれば、それこそ冠船踊りの笠や羽織がもちだされ、三線《さんしん》が鳴りひびき、たちまちにしてそこは沖縄芸能の館と化し、ついには客たちと接待の女性たち総出の、賑々しいカチャーシーの昂揚で、身も心も陶然となって終わるからであった。

ある夕べ、まだ夜更けとはいえない時間に、ひとりの、いかにも琉球のひとといったゆたかな黒髪と太い眉の中年の男性が、マイクロフォンもなしにいきなり張りのある透る声でうたいだした。それはすばらしい歌であった。高くあるいは低く朗々と、悠揚迫らざる音の流れは、私の背筋を戦慄させ、並べられた長椅子で酒盃を酌み交わし、談笑している男女という見なれた室内の雑然とした光景に、突如として異界が出現したような衝撃を覚えた。それは石垣島のトゥバルマという民謡であり、かつての歌垣またはカガイの歌、あるいは相聞歌のように、若い男女がたがいにうたい交わす恋歌であった。だが、ゲーテが『西東詩集』で展開した、ハーフィズやハイヤーム、あるいはアラークイーやサーディーなどに代表される中世イランの、装飾音の尾を引きながら高い透徹した声でうたわれる抒情詩が、恋歌であると同時に、恋人のまなざしの彼方にある神への憧れをうたう象徴詩であるように、トゥバルマは、恋歌であると同時に、海原の彼方にあるニライカナイへの憧憬をうたう象徴詩であるといっても、けっして過言ではないだろう。

同じ経験は、杉浦康平さんに誘われて札幌にまでいって聴いた、コンサート・ホールでの江差追分の大会でも、感動的にあじわうこととなった。北海の冬の荒波に、いつ難破しはてるともわからない松前船の船人たちに、一夜袖摺り交わした女たちがうたう恋歌からはじまった江差追分は、恋心を通して、暴風雪を吹き起こして荒らぶり、ときには妖艶な雪女の姿であらわれる気象の女神（風神）や、女を乗せると嫉妬のあまり船を打ち砕くという船の女神（船霊《ふなだま》）といった神々を喚び起こし、航海の平安や夏の豊漁を祈る歌であった。年配の男の歌い手が朗々とうたうのも聴きごたえがあったが、うら若い女性歌手が、悲痛なまでに声を張りあげ、たゆたうがごとくうたう追分は、とりわけその歌詞とあいまって、私の胸をゆさぶった。

それは歌だけではなかった。玉錦ファンであった幼年時代から、大相撲に深い関心をもっていたし、愛知県の浜辺の町では、横綱男女《みな》ノ川一行の巡業に、父につれられて見物にいき、いわゆる砂被りの席で、すさまじい掛け声をだし、音をたててぶつかり合う力士たちの迫力に圧倒され、また男女ノ川の雲をつく丈の高さに驚いたが、大人となってからは、もっぱらラジオまたのちにはテレビでみるのみであった。たしかに色彩テレビでみる大相撲は、神明造りの屋根に、取り払われた色布を巻いた柱に代わり、下げられた四色の総、鎌倉・室町時代の武士の衣裳を模した行司の華やかないでたちや、力士たちの色とりどりの廻しなど、その美しさで目を楽しませてくれたが、音声などの技術的制御で映像はなんとなく奇麗ごとにすぎているように思われた。あるとき、たまたま東京両国の新国技館での本場所を、桝席でみる機会をえたが、やはり生の大相撲は、よく透る呼出しや行司の声も聞えないほどの館内の沸き立つ大声援とあいまって、圧倒する迫力に満ちていた。たしかに、幕下や十両の取り組みのあたりでは、あとからやってくる観客や、桝席に弁当や飲み物を配るたっつけ姿の茶屋の若衆の出入りなどで騒然とし、落ち着かないが、それぞれに工夫をこらした派手々しい化粧回しをつけた幕内力士の土俵入り、あるいは露払いや太刀持ちをしたがえ、化粧回しに白和幣《にぎて》を垂らした白く太い綱をまわし、絞めこんだ横綱土俵入りの頃には、土俵と観客との一体感が生まれはじめ、中入り後の好取り組みともなると、そのような大声援となり、なかには酒やビールの酔いにまかせて大声で野次をとばす中年の男や、席に立ちあがって金切り声をあげる女性など、館内は快い猥雑な雰囲気で充満し、力士の肉体がぶつかりあう音、技をかける気合の息音、あるいは必死に耐えるあえぎ、行司の《発気《はっけ》よいッ、残った、残った》の掛け声などが入り混じり、はるか高みのドームの天井までがゆれるようであった。

かつてはヤシロの境内で、あるいは宮中の中庭で、いいかえれば他界に責任をおう天皇のまえで、豊饒を祈り、招く儀礼《相撲節会《すまひのせちえ》》としておこなわれていた大相撲、あるいは神話で、天の雷神タケミカツチと地の雷神タケミナカタとの、国の支配権をめぐる争いの解決法としておこなわれた大相撲は、まさに天と地、常世とこの世を結ぶ生きた絆にほかならない。

洞窟の外

しかし残念なことに、大相撲にみられるこころよく猥雑な雰囲気は、寄席や芝居小屋からはまったく失われてしまった。ひとを陶然とさせる名人芸に応える気迫のこもった客席からの掛け声や、下手な演技に浴びせられる野次や罵声など、芸を育て、高める舞台をめぐる熱気または騒然さがなくなるとき、芸能は頽廃し、衰退する。いま、戦前と異なり、物質的・財政的にはめぐまれている日本の伝統芸能が、むしろそのような危機に直面しているといっても過言ではない。

それはともかく、すぐれた芸能や芸術は、つねに他界とこの世、天と地、あるいは幻想と現実との懸け橋であり、それによってひとびとを結びつける絆であった。すでに述べたトレヴァー・ナン演出のシェイクスピア『冬物語』の衝撃的な舞台は、そのことをかいまみせていたし、ピーター・ブルークがアヴィニョンの石切り場で初演したインド叙事詩『マハーバーラタ』は、東京の劇場の狭い舞台という制約のもとではあったが、目にみえない大気はもちろんだが、水と土と火という《四大元素》

をふんだんに使い、パンダヴァとカウラヴァ両家の争いにからむ神々の戦いという宇宙的な尺度の演劇を、七時間半にわたって繰りひろげ、息もつかせぬ迫力であった。インド楽器はもちろん、日本、イラン、アフリカ、オーストラリア・アボリジニーなどの楽器を使い、その空間にふさわしい宇宙的な音響を奏でた土取利行の音楽もみごとであり、また、盲目の王を演じたリシャルド・チースラクは、苦悩を演じるのではなく、その身体で苦悩という存在と化することにより、周囲を圧していた。チースラクこそ、演出家グロトフスキとともに、あのきびしい政治的状況下でポーランド実験劇場をささえ、『誠実な王子』や『アポカリプシス・クム・フィグリス』など、《貧しい演劇》の不滅の作品を生みだしてきたあの俳優、というよりも演劇家であったのだ。

天と地を結ぶこのような作品で感銘をうけたものには、レンドラ作・演出のインドネシア現代劇『スレイマンの子孫たちの祭事』や、アフリカの女性演劇家ウェレ・ウェレ・リキンの『トゥアレグ族の男とピグミー族の女の結婚』、あるいは現実に超然とするかにみえるアインシュタインが、その手で生みだした原子力の脅威のもと、みずからの力でみずからの運命を決定できない現代人の、白昼夢のような無力をみごとに描いたロバート・ウィルスン原作のフィリップ・グラスのオペラ『浜辺のアインシュタイン』など多くあるが、もはや省略しよう。しかし、これらすぐれた芸術が表現しているものはすべて、近代という世界が忘却してきた《人間を超えたもの》への謙虚な視点であるといっていい。あえて謙虚なといったのは、たとえば近代がつくりあげた典型的な、そして代表的な芸術の領域である小説、とりわけリアリズム小説は、すべての登場人物とその運命を見下ろす《神の視点》から書かれている、といわれてきた。だがそれは神の視点などではまったくなく、その視野が現世に固定されたままの作者の、たんなる主観性に映じた人間の尺度ではかられたできごとの描写にすぎない。

もしほんとうに神の視点、あるいは神々の視点というものがありうるとすれば、それは、人間の思考を超えたものであって、プラトンの洞窟の比喩のように、ひとは壁に映った現実という名のおぼろな影を手がかりに、陽光まばゆい外の世界を推測するほかはない。むしろ、最先端の物理学や数学が、われわれがみている現実なる世界は、途方もなくひろがり、途方もなく複雑に生成し、折りたたまれている宇宙の、ごく小さな一断面にすぎず、量子論的な世界から宇宙論的な世界にいたるものの構造は、われわれの思考を超えるものであるかもしれないことを語っている。古代人や誤って未開とよばれてきたひとびとが感じ、それを手がかりに思考体系を築いてきた他界《ジ・アザー・ワールド》という概念は、それらの理論が主張する多次元の時空やいわゆる多重世界に通じている。この問題は、『近代科学の終焉』にくわしく書いたので繰りかえさないが、近代文明の袋小路を脱出するためには、つねにこのような人間を超えたものの視点が必要なのだ。

まだ残された時間があるとすれば、私は、われわれのみている不確かな実在を超えて、人間を超えたもの、または洞窟の扉の向う側にひろがる世界を感じさせるような作品を生みだしたいと思っている。すでに一九七一年に、雑誌『人間として』七号に発表した作品「囚われ――または言語の海のオッデュセイアー」で、そのようなものをかいまみせる試みをおこなったが、これからも言語記号という手段をもちいてそのような試みをつづけよう。「囚われ」は、私のその後の多くの本同様に黙殺の運命をあじわったが、《京都一学生》とのみ署名された読者の手紙で最大級の賛辞をうけ、たとえひとりでもそのような読者がいるかぎり、作品を書きつづけようと心に銘じ、今日までできた。その後はあのような前衛的な作品を掲載してくれるメディアが存在しなかったことと、構造人類学や科学認識論、あるいは音楽社会学といった専門の本の執筆に忙殺され、筆をとる機会を失してきたが、これからは言語記号による自由な飛翔を妨げるものはなにもない。

こうした意欲をもちつづけることができた点で、私はいまもなお《京都一学生》に深く感謝しているが、この本を終えるにあたり、私のいままでのすべての読者、つまり共感的であれ批判的であれ、私の本を手にしたすべての読者、そしてやがて手にするにちがいない未来のすべての読者に感謝のことばを申し述べ、筆を置くことにしたい。

9・11の衝撃

筆を置いた翌年、「九月一一日事件」が起こった。二〇〇一年のはじめ、「どたばた悲喜劇」の結果、ジョージ・W・ブッシュ氏が合衆国大統領に就任したが、地球温暖化の危機のために締結された京都議定書の批准拒否、ソヴィエト時代に結ばれたABM（弾道弾迎撃ミサイル）条約の破棄、パレスティナに対するイスラエルの攻撃的態度の容認、多国籍エネルギー産業に配慮したエネルギー開発推進政策など、時計の針を数十年巻き戻すかのような反動的方針を次々とうちだし、ヨーロッパ諸国の批判を無視し、世界に暗雲をなげかけはじめた。予言者を気取るつもりはないが、ブッシュ政権発足の数ヶ月後、新聞の見出しをみながら、「こんな政策を推進していると、そのうちにアメリカはひどいテロに見まわれるよ」とやよひと話しあったが、わずか数ヶ月後、それが現実となるとは思いもかけなかった。

九月、「地球に好奇心」というNHKのドキュメンタリー・フィルムに出演のため、やよひはヨーロッパに旅立ち、留守の私は、航空機事故でもあると心配とばかり、見る習慣のまったくない夜一〇時のNHKニュースにスイッチをいれた。その前日台風が本土を通過したため、それがトップ・ストーリーと思っていたが、画面には、朝の陽射しを浴びて黒煙をあげて炎上する、青いガラスと白く輝くアルミニウムの枠組の超高層ビルディングが映しだされていた。まごうかたなくそれは、ワシントン広場やソーホーから肉眼でみたこともあるおなじみの世界貿易センターの双子の塔のひとつにほかならず、解説者は、航空機の衝突事故によるもので、CNNのライヴ画像をそのまま送っていると話していた。ゆれる画面や、ときおり下部に映るヘリコプターの脚で、それが空中撮影であることも認識された。まさにその瞬間、大きく旋回しながら飛翔する双発ジェット機の機影が画面右手に映るやいなや、炎上する北棟に半ば隠れている南棟に激突したらしく、鮮やかな火焔の群塊や砕けて飛散する無数の黒い破片が、かなり下部から噴出した。「あ、これはなんでしょう」と叫ぶ解説者のことばを超えて、私はそれが想像を絶する自爆テロであることを直観的に理解した。ただあの航空機がハイジャックされた民間旅客機であるとは想像できず、かなり大型の軍用機らしいが、テロリストたちはどこでどうやってこれらを手に入れ、どこの基地を発進したのか、中南米の秘密基地か、おそらくレーダー網をかいくぐるためにこんな危険な低空飛行でやってきたにちがいないが、それにしても大型機を自在に操縦する彼らの腕前は恐るべきものだ、と戦慄し、あの炎と黒煙の下でどれほど多くの人間が死に、また死につつあるか、彼らの苦悶はいかばかりか、と考えるまでにはいたらなかった。それが現実となったのは、救いを求めて窓から身を乗りだし、必死にハンカチなどを振るひとびとが画面に映り、また地上からの影像で、落下物を避けながら走るパニック状態のひとびとや、負傷者を支えて歩く消防士の姿などがみえはじめてからであった。ワシントンDCからは、同じく航空機の自爆テロで燃えさかる国防総省の画像がとびこみ、またこれらの航空機がハイジャックされた民間機であることが判明するなど、しだいに事件の全貌が認識されてきた頃、まず濛々たる白煙をあげて南棟が倒壊し、やがて画面の中央に黒煙をあげる北棟が、最上階の塔屋から下の階へとゆっくりと、しかも垂直に崩壊しはじめ、息を呑む間にこれも濛々たる白煙のなかに没していった。地上ではすべてを包みこむ煙は、そのなかに闇をつくりだし、街路を逃げ惑うひとびとを呑みこみ、高層建築群を覆い隠し、はげしい勢いでその腕をひろげていった。それが現実に起こっていることなのか、テレビ画面のたんなる画像にすぎないのか、ひとびとに判断中止を迫るほどのその衝撃力が、新約聖書の『ヨハネ黙示録』を想起させた数時間であった。

それから数ヶ月、合衆国にはナショナリズムというより愛国主義の嵐が荒れ狂い、テレビ・ニュースのタイトル・バックには、翻る星条旗やいわゆるグラウンド・ゼロの廃墟を背景に、《アメリカは反撃する（アメリカ・ファイツ・バックあるいはアメリカ・ストライクス・バック）》の文字が流れ、アフガニスタンへの空爆が開始され、地上軍も派遣され、恐るべき爆撃によってタリバンやアルカイダ・グループの軍隊は壊滅し、北部同盟の軍事的進出と支配によって、アフガニスタンは《解放》された。空爆や直接の交戦による戦闘員の無数の死者だけではなく、戦闘の巻き添えや誤爆によるアフガン民間人の多数の死者、旧ソヴィエト軍の侵攻以来の数百万の難民、彼らを襲った飢餓、寒さ、病気などによる数知れぬ死者、銃弾や地雷などによるこれも数知れぬ負傷者、そして完膚なきまでに破壊され、荒廃しきった国土という巨大な犠牲をはらって……

わが国でも、はじめはアメリカを全面的に支持する右翼的・タカ派的発言がマス・メディアの大勢を占めたが、合衆国でも報復の中止を求める少数派の声や、自国の世界政策に責任ありとするノーム・チョムスキーやスーザン・ソンタークの発言が聞こえはじめた頃、期せずして報復は報復を呼び、はてしない暴力の連鎖に巻きこまれるだけだとする論説や投稿が増大してきた。とりわけ一般大衆の発言は、テロを含めたすべての暴力に反対し、テロの土壌である貧困の撲滅に、アメリカをはじめとする世界は取り組むべきだというものが多く、したがって海上自衛隊艦艇のインド洋派遣などにも反対が多数にのぼり、とりわけ女性に平和主義的傾向が強いことが示されるなど、世論はしだいによい方向にむかいはじめた。世論調査にあらわれるこうしたジェンダー・ギャップは、女性のほうが直観的・本能的に暴力を拒否する性向があることを示しているが、それはたんに彼女らが感情的動物であるのではなく、男と女の性差や身体の差異が、深い人類史的意味をにない、それが母なるものの根源を指示していることを語っている。

たとえば、人間の脳の機能に性差があることは、ひろく知られるようになった。命名野《ネーミング・サイト》は男では側頭部のシルヴィウス裂溝近辺がになっているが、女ではそれは、厚い頭蓋に保護された前頭葉のなかにある、つまり外傷に対して強い。これは一例にすぎないが、脳にかぎらず概して女の身体は、男より安全性が高いようにデザインされている。種の保存のために、数百万年におよぶ人類史が、そのような進化をもたらしてきた。こうした身体的特徴は、いうまでもなく女の思考様式と不可分であり、平和や安全の問題にジェンダー・ギャップがあらわれるのは当然である。それはまた、人間という種を超えて、母なる地球の意志、ショーペンハウアー流にいえば、人間にとっての《盲目の意志》を示しているといってよい。ゲーテ風にいえば、それこそがわれらを曳いていく《永遠に女性的なもの》であるだろう。ホピやナバホの社会を例にもちだすまでもなく、男系中心的であるがために、つねに雄同士の葛藤が絶えず、かなり暴力的・攻撃的であるチンパンジーの社会に対して、母系であり、意志決定権を雌がもつボノボの社会が、きわめて平和で安定的であるのをみても、この母なる地球の意志はあきらかである。

世界市民のまなざし

この「九月一一日事件」とアフガニスタンの戦乱がもたらした思わぬ副産物は、世界的にイスラーム諸国やイスラーム文明そのものに関心が高まり、それらの理解のために、多くの本や記事、あるいは映像メディアでの特集などがあらわれたことである。植民地時代以来の歴史的つながりを通じてそれなりの蓄積のあったヨーロッパ諸国と異なり、明治以後欧米にのみ目を向けてきたわが国では、少数の篤学者のアカデミックな業績を除けば、イスラーム文明圏は広大な空白地帯であり、わが国にさまざまな文物をもたらした陸のシルクロードはいうまでもなく、海のシルクロードも古くからイスラームのひとびとによって開拓されてきたことさえ知られていなかった。またわが国を支配してきた西欧中心主義的歴史観のおかげで、交易や悪名高い十字軍などを通じてイスラーム圏からもたらされた、比較にならない高度の文明の大きな影響がなければ、中世後期からルネサンスにかけての西欧の発展はありえなかったことも、ほとんど知られてこなかった。それは、こうした無知をあらためるよい機会であったといえよう。

すでに戦時下の章で書いたように、私と中近東との出会いは、ワシントン・アーヴィングやゲーテ、あるいはドイツ・ロマン主義にあった。アーヴィングの『アルハンブラ物語』やホフマンの『ブランビラ姫』のトルコ風の行列や音楽、赤い布表紙のゲーテ全集の『西東詩篇』などがそれであり、たしかに西欧の知識人の眼を通じてとらえられたイスラームであり、中近東そのものではなかった。だがそれらから立ち昇る魅惑的な香りや影像は、潜在的に私の魂をつかみ、放さなかったといってよい。だがゲーテの『西東詩篇』のほんとうの意味や価値がわかってきたのはごく近年であり、戦時下にはひもといてみたものの、ほとんど理解できなかったこともたしかである。だが、ゲーテが模したイラン中世の大詩人ハーフィズ・シラージーの世界がひそかに無意識に私の内部にひろがっていたがゆえに、のちにイスラーム世界を素直に理解できるようになったのかもしれない。

いずれにせよ、「九月一一日事件」以後世界は変わったし、また変わらざるをえなかったといえる。なぜなら、経済的グローバリゼーションの象徴であった世界貿易センターの超高層ビルディングの倒壊は、国内的にも国際的にも貧富の格差を増大し、社会的弱者を切り捨てる攻撃的な競争社会をつくりだす従来の意味でのグローバリゼーションが、いま終焉の時を迎えたことを物語っているからである。もし《超近代化《ハイパーモダニゼーション》》ともいうべきその方向を強引に推し進めるなら、より大きな抵抗がいたるところに起こり、いわゆる文明の衝突（私はそんなものを信じていないが）が地球を悲劇的な混沌に落とし入れるにちがいない。しかしその方向を離脱し、近代性の根源を断ち切り、かつてすべての文化がそうであったように、母なる地球の《盲目の意志》に沿うような《脱近代化《ポストモダニゼーション》》を進めるならば、そこに閉ざされていた人類の未来が、ふたたびよみがえるように思われる。そこではすべての文化や文明が独自性を保ちながら対等に出会い、地球上の種の生物学的多様性やその生態系の恢復とともに、人類の思考や文化の多様性がもたらされ、諸文明の多くの賢者たちが希求してきた世界がひらけるにちがいない。

リルケの詩ではじまり、イスラーム中世詩の喚起する世界にいたったこの章は、それにふさわしく、「九月一一日事件」とその後のアフガニスタン戦乱に触発された私自身の詩で終わることとしよう——

アフガニスタンの黙示録

I

茫漠とひろがる黄褐色の沙漠、あわいの村々の
代赭色の土造りの家々、彼方の町はるかに
そそりたつ寺院の尖塔の、父なる天への
あこがれを映す優美なたたずまい。

しかし見よ、そこかしこ、黄土色の砂埃を
高く巻き上げ、突進する戦車の轟音、長身の
砲の一撃、砲塔に手をかけて乗る戦士たちの
頭のターバンと手の自動小銃の不協和な姿。

そして見よ、はるか高く、澄みきった蒼空を
一直線に切り裂く飛行機雲の白く長い帯、
地平線の山々の褐色の岩肌を引き裂く

列をなす黒煙の柱、大地を揺るがす音。

だが私はどこにいるのか、砂地に流れ
染み入る死者の血も、ただだえの重傷者たちの
呻き声も、見えず、聞こえないこの影像の
黙示録の内にいるのか、それとも外か。

すでに黙示録はあった、朝の陽射しに煌き
その姿を水に映す、アルミニウムとガラスの
超高層ビルディング、父なる天への挑戦の
その塔に立ち昇る不吉な黒い煙とともに。

無数のひとびとの苦悶を呑みこみ、倒壊する
抽象建築の、ガラスとアルミニウムは、不在の
人間を反射し、逃げ惑うひとびとを襲うのは、
地球規模に拡大した抽象性の巨大な影にほかならぬ。

抽象性の影を追い求めるな、人間に優越する
国家、企業、組織、権力など、抽象性の体系すべてが
いまや、近代文明終末の予感のなかで、ひそかに
たそがれの色を帯び、没落の道を進んでいる。

ひとたびその影を離れるなら、われわれは
難民たちの小屋にたたずむ女たち、子供たち、
そして老人たちの、人間の無限の孤独を訴える深い
まなざしの語る意味を、はじめて理解するにちがいない。

そのとき、母なる大地の、黄褐色の表土に杖をつき、
ゆったりと、堂々とあゆむ牧羊者の、黄金色の
夕映えに融けこむ姿を仰ぎみて、われわれは
人間の孤独な尊厳を、ふたたび取り戻すにちがいない。

そのとき、紫の山並みはるかを飛翔する
高貴な鷲の影絵とともに、われわれは、やがて昇る

弓弦のような新月の輝きと、めぐる星々が告知する
永遠なるものの存在を、ふたたび識るにちがいない。

II

かつてそこに村落があった。崩れ落ちた
日焼煉瓦の壁、ひしゃげた窓枠の木組、厚い
土埃と瓦礫に埋まった記憶、それらはもはや
永遠に、掘り起こされることはないだろう。

黄褐色の沙漠の谷間に、見捨てられた
ひとつの世界、賑やかに食器がふれあい、笑い声が
木魂していたここ、いま、冬の蒼空のまばゆい陽射しに
ひっそりとたたずむ廃墟は、もはやなにも語らない。

死者たちは語らない。ここでもまた、彼方でも、
倒壊した超高層ビルの何百万トンの瓦礫であれ、

ささやかな谷間の村の、小さな瓦礫の堆積であれ、
ただそれを墓碑として、彼らは眠りつづけるのみ。

死者たちは語らない。だが彼らに代わり、
歴史と化したものが語る、それはヒロシマを
ナガサキを、そしていま、アフガニスタンの町を
村を、消失した超高層ビルの幻影を、語りつづける。

さらにまた歴史は語る。黄褐色の沙漠の谷間に
かつて口を開いていたあの楽園のことを、
湧きいでる泉、めぐる薔薇園の、かぐわしい
色とりどりの花々、囀る小鳥たちの群を。

樹々の蔭深い緑の谷間の、皇帝バーブルの夢、
棗《なつめ》、無花果《いちじく》の、たわわに実る果樹園に
そぞろ歩く女たちの、長い灰色の頭巾から
覗く、黒いつぶらな瞳の煌く蠱惑。

あの楽園はどこへいったのか、炎と煙、
絶え間ない砲声と、耳を切り裂く銃弾の
乾いた音のなかで、瓦礫の下の記憶とともに
まぼろしとして葬り去られたのか、それとも

あの楽園が、いつか甦ることがあるだろうか。
松葉杖や義足の男たち、身寄りを失った老人たち、
幼な児を餓死させた女たち、そして裸足の孤児たちの
瓦礫の下に埋めてきた遠い遠い記憶とともに。

しかしやがていつか、黄褐色の沙漠の谷間の
廃墟の村落と、焼け残った巴旦杏《はたんきょう》の老木にも、
春のきざしと、萌えいでる芽生えのときが、
訪れるにちがいない、死者たちの記憶とともに。

そのときふたたび、新たな頁を刻んだ黙示録の

扉は閉じられ、その碑文は、死者たちの
暗黒の国へと戻され、封印されるだろう、
いつかふたたび、封印を解く日がいたるまで。

（二〇〇〇年四月—一〇月、二〇〇二年二月加筆）

あとがき

かつて、マルク・シャガールの回顧展をみて圧倒されたことがある。とりわけ、聖書シリーズの『雅歌』に代表されるような、七十歳を過ぎての諸作品の、色彩と構図の華麗さと大胆さ、そしてそこから立ち昇る奥深い世界に衝撃をうけ、かなりの時間、会場から立ち去ることができなかった。

私は画家ではなく、言語表現者であるが、七十歳を過ぎたら、自分の表現したい世界だけを書こう、とそのとき心に誓った。この誓いの最初のこころみが本書である。個人的な心象風景を通じてみた時代の光景、あるいは内面の成長を記したある種の「教養小説（ビルドゥングスロマン）」など、自由にお読みいただければこれにまさる幸いはない。

ただ、はじめは微風であっても、時代の風は思いがけない暴風となることがしばしばある。昭和大恐慌――まさにその開始の年に私は生まれたが――に比するほどではないが、不況の暗雲が重苦しく垂れ込めているいま、《北朝鮮（朝鮮民主主義人民共和国）に対抗して核武装を》などというナショナリズムの不気味な微風が、ふたたび頬にあたりはじめている。本書の前半が、その暴風化を妨げる警鐘にでもなれば、と願っている。

『近代科学の終焉』『感性としての日本思想』、また今後出版予定の『近代文明の終焉』など、私の《難解な》理論書をあえて手がけていただいた敬愛する藤原良雄氏が、本書の出版まで引きうけてくださったことに、心から感謝している。また前回と同様、直接編集にたずさわっていただいた西泰志氏にもお礼を申しあげます。

二〇〇三年二月

著者

ナーの提唱する《集団即興》の方法にもとづく実験的演劇活動をはじめる。

1973(昭和 48)年　評論集『神話的思考の復権』(田畑書店), 同『反文明の論理』(すずさわ書店)刊行。

1975(昭和 50)年　佐藤B作らの応援をえて『ホピの書』を赤坂国際芸術家センターで上演。その後シェクナーやジョーン・マッキントッシュらの来日時などを中心に, ワークショップ形式の上演活動をおこなう。青木やよひと同行, ホピの村でひと夏, 単独調査を行い, 近代性を疑う根本的な衝撃を受ける。

1976(昭和 51)年　ホピ体験を記述した『ホピの太陽』(研究社)を刊行。3月, 低レベルの学内紛争に失望し, 桐朋学園大学を退職。6月, 中日友好協会の招きで訪中。その秋, 江田三郎のよびかけで, 江田・矢野絢也・佐々木良作の主導する政治集団「新しい日本を考える会」に佐藤昇氏らとともに政策立案者として参加。同年の江田三郎の社会党離党と社会市民連合結成に参画。評論集『文明の逆転』(第三文明社)刊行。夏の参議院議員選挙に, 江田の社会市民連合と公明党・民社党の推薦を受け, 静岡地方区から無所属で立候補, 落選。その秋, 政策集団「21 世紀クラブ」を結成, 内田健三・大内秀明氏らと代表世話人となる。社会党・公明党・民社党・社会市民連合(後に社会民主連合) 4党と総評などの応援を受け, これらを束ねた連合政権構想と政策を練る(92 年に, 総評解散後の資金難で解散, その後同クラブは, 矢野絢也主宰のグループに継承される)。

1978(昭和 53)年　洋上大学「交流の箱舟」に講師として参加。

1979(昭和 54)年　東京大学教養学部非常勤講師となる。11月, 信州大学教養部教授となる。講談社現代新書『日本人の神話的思考』刊行。

1981(昭和 56)年　『古事記』『日本書紀』各『風土記』などの全神話を構造論の方法によって分析した『天と海からの使信』を伊丹十三氏の推薦で朝日出版社から刊行。

1983(昭和 58)年　『近代知の反転』(編著, 新評論)刊行。パフォーマンス・グループＫＩＶＡの最後の公演「演劇の死と再生」を西武スタジオ 200 で上演, その後グループを解散。

1984(昭和 59)年　青木やよひとともに, ホピにて長期単独調査。

1986(昭和 61)年　『メタファーとしての音』(新芸術社)刊行。

1988(昭和 63)年　芸術評論集『沈黙のパフォーマンス』(新芸術社)刊行。

1989(平成元)年　『知と宇宙の波動』(平凡社)刊行, 還暦をかねて出版記念パーティーを行う。

1991(平成３)年　杉浦康平氏のデザインで『日本神話のコスモロジー』(平凡社)を刊行。

1992(平成４)年　コロンブス 500 年祭の反祝賀出版として, 1984 年のフィールド・ノートを中心とした『蛇と太陽とコロンブス』(農文協)を刊行。

1993(平成５)年　『数の不思議・色の謎』(廣済堂出版)刊行。

1994(平成６)年　青木やよひに同行し, 国際社会学会に参加のため, はじめてヨーロッパを訪れ, ドイツ, オーストリア, ハンガリー, チェコスロヴァキア(当時)を歴訪する。

1995(平成７)年　杉浦氏のデザインで『歳時記のコスモロジー』(平凡社)を刊行。3月, 信州大学教養部を停年退官, 同大学名誉教授となる。

1996(平成８)年　「東京の夏音楽祭」の「神楽歌のコスモロジー」に出演。4月, 神戸芸術工科大学・同大学院教授となる。『ホピの聖地へ』(東京書籍)刊行。

1998(平成 10)年　『近代科学の終焉』(藤原書店)刊行。

2000(平成 12)年　神戸芸工大を定年退職。

2002(平成 14)年　『感性としての日本思想』(藤原書店)刊行。

2003(平成 15)年　『風と航跡』(藤原書店)刊行。『近代文明の終焉』(藤原書店)を刊行の予定。

略年譜

1929(昭和4)年　11月29日静岡県磐田郡見付町に生まれる。父・北澤直次，母・愛。

1931(昭和6)年　父の転勤で愛知県碧海郡大浜町に転居。

1935(昭和10)年　大浜小学校入学。大連市に転居，伏見台小学校に転校。

1937(昭和12)年　7月日中戦争はじまる。

1938(昭和13)年　妹満理子出生，父の病気で見付町に転居，見付小学校に転校，父死去。

1941(昭和16)年　東京に転居，御殿山小学校に転校。12月8日太平洋戦争はじまる。

1942(昭和17)年　東京府立電機工業学校入学。

1945(昭和20)年　8月15日，太平洋戦争終了。

1946(昭和21)年　同校卒業。片山敏彦を知り，文通。

1947(昭和22)年　みすず書房入社，編集部に勤務。

1948(昭和23)年　堀辰雄・片山敏彦らの同人誌『高原』に小品を寄稿。同じ頃守田正義に師事，音楽を研究する。

1952(昭和27)年　『音楽芸術』誌に「ベーラ・バルトーク」を寄稿，音楽評論家として出発する。

1953(昭和28)年　柴田南雄・入野義朗の招きで東京音楽書院編集部に入社，楽譜出版にあたる。

1954(昭和29)年　青木やよひと結婚。同じ頃丸山真男に私淑し，社会科学を学ぶ。

1955(昭和30)年　名古屋大学文学部非常勤講師として音楽社会学を講ずる。

1956(昭和31)年　吉田秀和・入野義朗の招きで桐朋学園短期大学音楽科講師となる。

1960(昭和35)年　日米安保条約改訂反対運動の渦中で，「民主主義を守る音楽家の会」結成にあたる。

1961(昭和36)年　桐朋学園大学音楽学部設立に参画，同講師となる。4月国際音楽会議「東と西の出会い」に参加。10月片山敏彦死去。

1963(昭和38)年　同大学助教授となる。

1964(昭和39)年　エルネスト・アンセルメに会い，『朝日ジャーナル』誌，『日本読書新聞』などにその記事を書く。安東仁兵衛主宰の『現代の理論』誌に時評を連載。同じ頃レヴィ＝ストロースの『野生の思考』に出会い，知的衝撃を受ける。

1967(昭和42)年　三一新書で『音楽の意味の発見』を刊行。また総合雑誌『展望』7月号に論文「現代文化批判」を掲載，構造論的方法による批評に大きな反響をよぶ。

1968(昭和43)年　評論集『黙示録時代の文化』(せりか書房)刊行。活発となった大学闘争で各地の全共闘に招かれ，講演をおこなう。音楽評論集『七つの肖像——現代作曲家論』(合同出版)刊行。

1969(昭和44)年　講談社現代新書『構造主義』刊行，30年にわたるロング・セラーとなる。

1970(昭和45)年　評論集『情報社会と人間の解放』(筑摩書房)刊行。大学闘争終了。

1971(昭和46)年　アメリカ合衆国国務省招待で青木やよひとともに渡米，二ヶ月にわたり視察，文化革命や女性解放運動の実態にふれ，ホピとナバホに接触し，大きな影響を受ける。その報告を『朝日ジャーナル』誌に連載，『野生と文明』(ダイヤモンド社)としてまとめる。また音楽評論集『音楽に何が問われているか』(田畑書店)を刊行。小田実・柴田翔らの同人誌「人間として」7号に実験小説「囚われ——言語の海のオデッセイアー」を寄稿。この年，ヨーガをはじめ，楽器シタールを手にし，インド古典音楽に親しむ。

1972(昭和47)年　桐朋学園大学音楽学部教授となる。また演劇科卒業生たちとパフォーマンス・グループＫＩＶＡを結成，グロトフスキの理念やリチャード・シェク

や　行

ら　行

わ　行

は　行

ま　行

た　行

な　行

か　行

さ　行

人名索引

＊主要人物のみ記載

あ　行

1989年11月創立 1990年4月創刊

一九九五年二月二七日第三種郵便物認可　二〇〇三年三月一五日発行（毎月一回一五日発行）

月刊
機
2003
3
No. 135

発行所　株式会社 藤原書店©
〒一六二―〇〇四一　東京都新宿区早稲田鶴巻町五二三
電話　〇三・五二七二・〇三〇一（代）
FAX　〇三・五二七二・〇四五〇
◎本冊子表示の価格は消費税別の価格です。

編集兼発行人
藤原良雄
頒価100円

▲イバン・イリイチ（1926–2002）

文明社会の崩壊を予言し、人類の希望を語った思想家の死の波紋。

イリイチのための饗宴

バーバラ・ドゥーデン

ヴァナキュラーな生態系が壊されてゆくなかで、文明に対する鋭くかつ深い批判を終生成し続け、コンヴィヴィアルな社会構築を求める世界の多くの人々を魅了した、詩人であり思想家、イバン・イリイチ。彼の突然の死を悼む人々の饗宴が、この二月、ブレーメンにて催された。晩年、イリイチと伴走しながら仕事をされたバーバラ・ドゥーデン女史に、その饗宴のもようを特別にご寄稿いただいた。

編集部

●三月号目次●

二〇〇三年二月七日（金）～八日（土）にかけて、私たちは、イバン・イリイチに別れを告げるためにブレーメン大学の図書館講堂に集った。この週末は、〔本来〕イバンがこの冬学期の第二回の講義を行なう予定だった日である。二〇〇二年十二月初頭の彼の死から二か月を経て、百五十人を超える友人や教え子たちがイバンの言う意味での祝祭を祝うためにここを訪れた。同僚や友人たちは、この十年間の彼の講義を思い起こした。友人たちはリュートやタブラ、ネイ――トルコのフルート――などを奏で、金曜日の晩には数百のろうそくが灯された大学の食堂に皆が集って、パンとワイン、オリーブがふるまわれた。イバンがそこにいないことで、かえって彼の存在感が強く感じられた。私たちは彼を埋葬したが、この十年のなかで私たち一人一人に向けられた彼の温かさが、彼の友人たち同士の信頼の空気に火を灯したのである。このイバンへの送別は、けっして偉大な学者に対する学問的な追悼といったものではなく、彼の友人たちの自覚の祝祭であり、イバンのための、そしてイバンとともにすごす宴だったのである。

枝を広げた灌木、イバン

場の基調をまずつくったのはヨハネス・ベックとバーバラ・ドゥーデンだった。ドゥーデンは、エーリッヒ・フロムの未亡人アニス・フロムが星占いで示した、イバンの並はずれた星の巡りについて語った。彼の星を占ったアニスは言った。イバンは葉はないが枝を広げた灌木で、その枝には何百という鳥たちが止っているのだ、と。そう、ここに集まったのは、イバンの「鳥たち」なのだ。役立たずのアヒルや風来坊の渡りドリ、カイツブリや極楽ドリ、ワシやツルなど。ニルス・クリスティはノルウェーから、フォードル・シャーニンはモスクワから、ユーヴェ・ペルクゼンはフライブルクから、クリスティヌ・フォン・ヴァイツゼッカーはボンから、ハンス・シュテーガーはエアランゲンから〔ここを訪れていた〕。イバンは毎年冬の四か月間ブレーメン大学で教えていた。人前で教えることを彼は、書き手であることと学者であることをべつとすれば、自分のもっとも大事な仕事だと考えていた。彼は制度的に自分に割り当てられた空間を、断固として彼自身の部屋に変えてしまった。つまり、好奇心あふれる探究と活発な会話のための部屋に。彼の講義は、学問分野の厳しい境界線をものともしないやり方で行われ、〔単なる〕頭の体操にとどまらず、人格の全体――身体も魂も、精神も心も――を使って思考を展開するよう促した。シーリヤ・ザマスキとマティアス・リーガーは、イバンの奇妙な、ときにはちょっと人を困惑させるような講義のやり方をユーモアたっぷりに紹介した。つまり、彼は自分の〔用意した〕ペーパーに従うことはせず、順を追って命題を展開することにはこだわらないで、むしろ

▲来日中のドゥーデン氏とイリイチ氏（1986年）

物語や小話、逸話、寓話へと脱線した。彼の講義のスタイルはラビのやり方だった。つまり彼は、物語を語ることによって、思いがけない洞察を促し、一度にさまざまな方向に光を当てようとしていたのだ。彼は議論をうまく秩序立てることには頓着しなかった。それは安易な繰り返しと丸暗記に陥りがちだからだ。かわりに彼は教師として、聞き手を思考の驚くべき旋回とねじれに導いた。このブレーメンでの祝祭では、彼の講義を聴くことは非常に楽しかったという思い出が何人かから聞かれた。どういう結末になるかを前もって知ることは決してできないし、彼が誘い込もうとしているものの見方を予知することもできないのだから。看護婦で心理学者でもある学生の一人は、〔イバンに出会うまで〕臨床心理学という自分の研究分野において、命題や事実がどういう文脈で意味をもつのかまったく理解できなかったという。臨床心理学における〈事実〉は、反論の余地のないものとして教えられ、モノのようにあつかわれうる「知識」としてうちたてられている。彼女は、ここでイバンと過ごすなかで、自分の耳を信じ、自分の鼻と直感に従い、そうした自分の耳や鼻からえたものを何度も何度も自分の心のなかで熟考してみることを知ったという。イバンの深い思考は、そこにたちどまって、何度も何度もそれに思いをいたすことを要求したのである。

現実となったイリイチの予言

八〇年代初頭からのイバンの友人、ユーヴェ・ペルクゼンは、スピーチの中でこう問いかけた。「なぜイバンは、書き手としてはほとんど忘れられてしまったのでしょうか？」ペルクゼンは、イバンの初期の作品からいくつかの文章を読んだ。それは、力に満ちあふれ、読み手が心の中で当然と思っていることから離れざるをえないようにさせる文章だった。ペルクゼンが強調したのは、イバンの講義の隠喩と示唆に満ちた語り口と、書かれたテキストの明快さとの対照である。書き手としてのイバンは、現状をひっくり返すためにはどう議論を彫琢したらいいか、注意深く探し求めていた。初期の仕事で彼は、地下文書《パンフレット》の技法を駆使していた。この技法は十八世紀に〔数多く地下出版された反政府文書などで〕鍛え上げられたものである。初期の著作のタイトル――『脱学校の社会』『計画された貧困――技術援助の結末』『医療のネメシス〔脱病院化社会〕』――は、その本の言わんとすることを一行に要約している。ペルクゼンによれば、パンフレットの文体は、あるはっきりした立場からことがらに

光をなげかけることによってそのことがらを攻撃しようとする、特別な文体なのである。パンフレットは、人を無関心から目覚めさせ、精神を覚醒させる。進歩や開発や専門家の知識といったものの前途を人々が信じていた一九七〇年代の頂点において、イバンはそういった信念が及ぼす破滅的な効果を予言しようとしていたのだ。当時彼は幅広く読まれていた。ペルクゼンは、彼が書き手として人々から評価されなくなったのは、時代が根本的に変わったせいではないかと問う。イバンのパンフレットは、当時においては予言的であり、潜在してはいても多くのひとはまだそれに気づいていなかった進歩がはらむ難問を目に見えるようにした。今日、もはや危機が見過ごされることはありえない。教育システムの危機も、健康システムの危機も、エネルギー消費の危機も、明白なのである。イバンの診断は時にあわなかった、つまり、七〇年代の初頭では早すぎたのだとペルクゼンは言う。それがいま、新しいミレニアムに入り、当時彼が見ていたものは現実となり、それだけ彼の読者には元気のでないものになっている。

ペルクゼンは続ける――「私はイバンほどまじめで、しかも、おかしな人物にはあったことがありません」。近代がもたらした破壊的な影響として彼が示した一覧表の幅広さと、その深刻さ、そして人に自らの時代とものの見方を考え直させようとする比類なき挑発、そういったものが彼を重要な書き手にしていた。彼が文才のすべてをそそぎ込んで読者に訴えたのは、禁欲的に生きかつ行動することの可能性を模索すること、そして、信頼と友情、成熟、〔よろこばしき〕驚きへの希望を信じることだった。ペルクゼンの講演後の討論で、ニルス・クリスティが口を開いた。彼はノルウェーの社会学者・古典学者で、犯罪の管理が産業と化し、収容される囚人が増加していることに鋭い批判を加えている人物だ。「イバンは、オルタナティブを提示したのだろうか？　彼の仕事は主として幻想を打ち破ることだったのではないか？　イバンの書いたものは、進歩を通じての救済という世俗的な約束のなかに含まれている破壊的な力を分析することとはべつに、それへの解決策をも示しただろうか？」ペルクゼンは、イバンは現代の幻想について明敏な診断を示しただけだと主張した。〔一方〕ニルス・クリスティは、イバンは彼自身の生涯の中で、オルタナティブな生き方を育んでいたと主張した。クリスティは言う。我々の時代が破局に進みつつあることをイバンはわかっていた。彼が出さざるをえなかった解答は、友人たちを信じること、驚きへの希望をすてないこと、たがいへの尊敬と愛を信頼することだったのだと。

自分の生きる時代に向き合うこと

三十年をこえるイバンの知己であり、開発の時代を批判する仕事を共同で行ってきたヴォルフガング・ザックスは、イバン

の立場についてよく吟味した。若き聖職者としてのイバンは、そもそものはじめから、制度化が愛と慈しみを破壊するがゆえに教会に歯向かった反教権主義者だったのだろうか。管理や官僚制度、専門家システムの致命的な悪をかぎつける彼の直観的な感性は、どこに由来するのだろうか。イバンは自分にとってずっと謎なのだ、とザックスは言う。そして彼は、一九七三年に、開発がもたらすとされていた約束や、人類の状態を最適化しようとすることの驕りについて議論していたことを思い返す。イバンがかなり早くから唱えていたサービス制度の逆生産性に関するテーゼをザックスは支持した。イバンによれば、苦痛を緩和し、健康を改善し、教育を万人におよぼすための介入は、まさにそれらが目標とするものを阻害するだけでなく、人々が生活を楽しみ、自らの運命に耐える能力をも破壊してしまう。イバンは、世界の喪失についてもっとも声高に語った予言者、すべての自律的な生活のあり方に対するなにげない、しかし強力な侵害を警告する予言者だったのだ、とザックスは述べる。デザインされ、製作され、貨幣化され、人工化された世界への敷居を越えてしまった時代に生きる中で、イバンは世界のその喪われた部分に対する死亡告知を書いていたのだ。知識人ならしり込みするような場所に、彼は立っていた。時代とともにあることへのラディカルな拒絶という場所に。自らの生きる時代を、その時代に当然とされていることに基づいた見方で見ることに彼は抵抗した。そのかわりに彼は時間をさかのぼり、過去の時代の眼を通して近代世界を把握するよう自らを訓練した。イバンは言う。「学者として、また書き手、教師として、いまや地球全体をおおうようになった近代を歴史的な遠近法のなかで理解したいとわたしは思う。そうすることによって、近代において当然とされていることに対して批判的な立場を得たいのだ。(…)経験を重ねるなかで学んだのは、過去の現実をリアルななにものかとして感じることのできる者だけが、自分自身が生きる時代を歴史的な遠近法のなかで知覚したいという願いを維持しはぐくむことができるということだ。人はそのとき初めて、自分の生きている時代に対して自分がとりたいと思う立場を本気で反省するための力をあたえられるだろう」。

六年前、イバンの七十歳の誕生日をブレーメン大学で祝ったとき、彼は、師と仰ぐ十二世紀の僧侶、サン・ヴィクトールのフーゴーについて語ったことがある。ある手紙の中でフーゴーは自分自身を、かごを背負ったロバになぞらえている。そしてそのかごのなかには、長い巡礼としての生涯を通じてかれが集めてきた友情が積み込まれている。そのかごは、中身の多さによって重くなるのではない。かえって軽くなるのである。

(Barbara Duden／歴史学)　（編集部訳）

ブローデル的問題系のエッセンスをコンパクトに呈示

歴史学における「絶対」の探求

尾河直哉

「絶対」に漸近する道

バルザックに『知られざる傑作』という短編がある。架空の天才画家フレンホーフェルが、生きた美女をそのまま画布の上に捉えようとして説明的な描線をいっさい拒否したすえ、混沌という「傑作」に逢着するというストーリーだ。この傑作「美しき諍い女」は同時にあらゆる視点から描かれている、とミシェル・セールは言う（『生成』）。マクロもミクロもあらゆるものを同時に見渡せる、到達不可能な神のごとき視点。それを「絶対」と言い換えるなら、フレンホーフェルは絵画における「絶対」を探求した。

二十世紀、歴史学における「絶対」を探求した男がいる。フェルナン・ブローデルである。生きた美女ならぬ生きた歴史を、画布ならぬ書物の上になにひとつ取り逃がすことなくそのまま補足したい。だがそのためには、同時にあらゆる側面から世界を見る神のごとき視点、「絶対」が要求される。さてどうすべきか？

ここで歴史家はバルザックの画家と袂を分かつ。説明的な描線をいっさい拒否して表象空間の崩壊へと突き進んだフレンホーフェルとは反対に、ブローデルは説明のための描線を積極的に析出していった。適切な描線こそが生きた歴史全体をまるごと補足し、「絶対」に漸近する道だと考えたからだ。長期持続、全体史、経済＝世界、物質生活／経済生活／資本主義の三層構造。これらがその描線である。

第一回国際ブローデル学会

そうした描線をバランスよく見渡せるのが本書。一九九一年、メキシコシティーで開かれた第一回の国際ブローデル学会の基調講演をまとめたものだが、ブローデル史観の主要な描線のみならず人間ブローデルをも垣間見させてくれる。専門的な議論に深入りしないから、これからブローデルを読もうという読者には格好の入門書になるだろう。

「長期持続と全体史」（カルロス・アントーニオ・アギーレ・ロハス）は、長期持

続と全体史がブローデルの複雑な宇宙を解き明かすため、いかに重要な概念かを示す。

先頃物故したルッジエロ・ロマーノは『地中海』の誕生」でポレミックな『地中海』擁護を展開する。新しい歴史学がその後いかにブローデルの精神から逸脱したかを語る口吻からは、ロマーノの悔しさすら感じられる。

▲フェルナン・ブローデル（1902–1985）

「ブローデルとマルクス」（ボリーバル・エチェベリーア）と「ブローデルの資本主義」（イマニュエル・ウォーラーステイン）は、マルクスと比較しつつブローデルの資本主義概念を鮮やかに描き出す。資本主義がカタストロフィックな色を日増しに濃くしている今日、経済生活と資本主義を理論的・歴史的に問い直す作業は喫緊事だ。ぜひともブローデルの「資本論」が真剣に読まれるべきである。

マティスのように

ブローデル夫人による「歴史家ブローデル誕生秘話」は『地中海』までのブローデルを、弟子モーリス・エマールによる「社会科学の総合化」はその後の歴史家の軌跡を辿って興味深く、かつ楽しい。夫人の語るブローデルは驚きと魅力に満ち、人の心を捉えて放さない。『地中海』を幾度も最初から書き直した時間と体力の無駄を指摘する夫人にブローデルはこう答えたという。「マティスが同じモデルの同じ肖像を毎日毎日新しく描いていた話を教えてくれたのは君自身じゃないか。マティスは毎日毎日デッサンをくずかごに放り込んで、最後にやっと本当に気に入る線が見つかったんだって。」

フレンホーフェルのように「絶対」を探求した歴史家は、しかし、マティスのように線を発見していったのである。

（おがわ・なおや／フランス文学・ロマンス諸語文学）

日本の社会経済の問題が構造化されたゴルフ場の現状を徹底追究！

ゴルフ場廃残記

松井覺進

日本経済のシミュレーション

ゴルフ場の惨状は、日本経済のシミュレーションを見ているようです。二〇〇二年に倒産したゴルフ場は、帝国データバンク調べで一〇九件、負債総額二兆二〇〇〇億円。東京商工リサーチによれば、一〇八件、二兆七七〇〇億円です。日本人が発明した預託金制度は、償還が義務づけられていて、利子も税金もかからない金集めの方法です。担保も必要としません。例えば、二〇〇〇〇口の会員権を、一口一〇〇〇万円でさばけば、濡れ手に粟で二〇〇億円がころがり込み、ゴルフ場が造れます。しかし、倒産ゴルフ場は、なぜかゴルフ場の土地や施設を担保にして多額の金融債務もかかえていました。

十年たって、預託金を償還しなければならなくなった時、その原資がありません。会員権相場は暴落、預託金は返ってこない。推定七〇万人が、数百万円から数千万円をドブに捨てさせられました。この数は、今後さらに増えていきます。

日東興業をめぐる紛争

ゴルフ場業者の最大手の一つ、日東興業をめぐる紛争は、会員と倒産企業の対立、会員側の弁護士と企業側の弁護士の考え方の相異、ハゲタカのように腐肉をあさっている外資系ファンドの思惑などを如実に示していて、興味深い。日東興業の債権者説明会の一部始終を録音をもとに再現しました。

和議派として日東興業と妥協した会員代表が、債権者説明会で会社側を「約束を守らない」と糾弾します。その一ヶ月後、日東興業を追われた元副社長らと会食して悲憤慷慨。翌日、韓国に旅立ち、帰宅後に突然死んでしまいます。〝憤死〟という印象です。

大蔵省（現・財務省）の検査官たちを飲食とゴルフで接待づけにした銀行。ノーパンシャブシャブで接待された直後の検査では、銀行の言いなりです。こうして不良債権額は低目低目に粉飾されました。業と官の癒着の一例です。摘発されたのはトカゲのしっぽ。この種の汚職は

「上へ習え」なのに、トカゲ本体の事務次官は形ばかりの注意処分だけで、政府系金融機関の日本政策投資銀行に天下っています。

四五〇〇万円が紙くず

バブル期のゴルフ場は、高額の会員権が飛ぶように売れ、元労相のファミリー企業が計画したゴルフ場の会員権は最高四五〇〇万円。元労相とその一族は詐欺罪などで逮捕され、工事を中断したゴルフ場は、産廃の捨て場としてねらわれました。会員権は、ただの紙切れになりました。

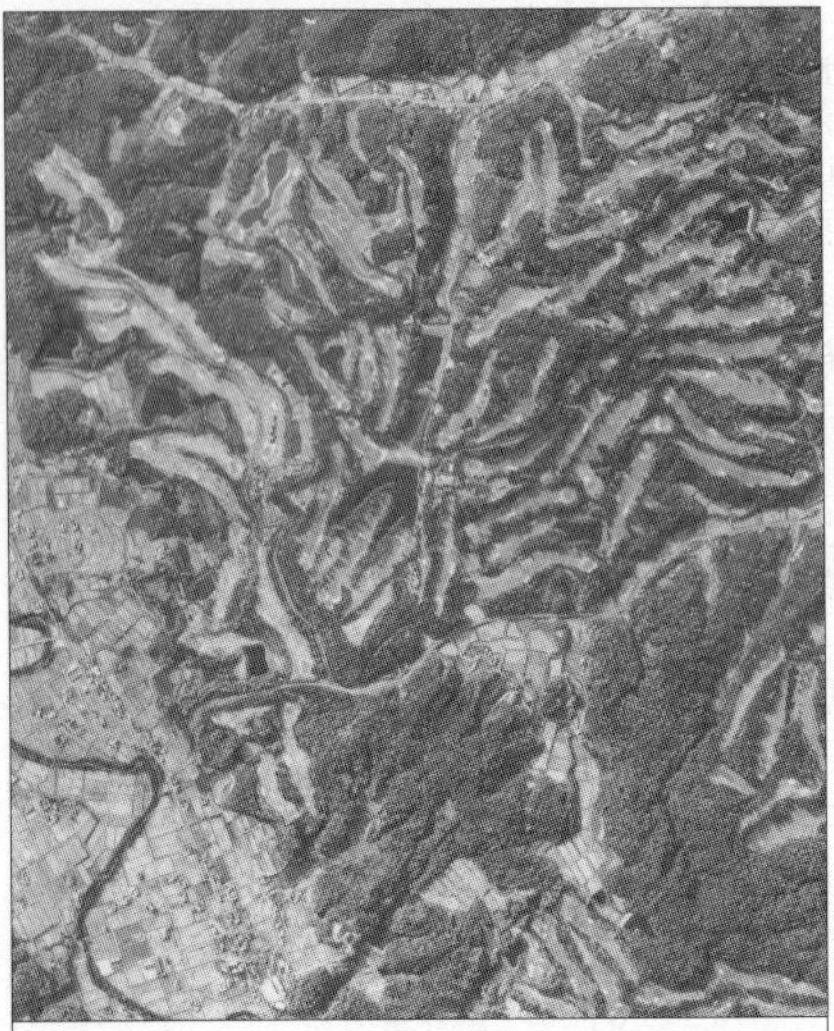

ゴルフ場に蝕まれた神戸市近郊の山（=国土地理院撮影）

適正な会員数は一五〇〇人ほどなのに、茨城カントリークラブは、五万二〇〇〇人に低額会員権を売りさばき、一〇〇〇億円を集めた元近鉄のプロ野球選手の主謀者は詐欺で逮捕され、ゴルフ場は破産。十年たってもこのゴルフ場の買い手はなく、工事代金の一部も未払いですから、債権者への配当金は絶望的です。

ゴルフ場は殺虫剤、殺菌剤、除草剤、それに化学肥料や土壌改良資材を使いますから、水や空気を汚染します。バブル期は、一方で市民の環境意識が高まっていて、ゴルフ場に抵抗する地権者がいました。そこに暴力団の関連企業が地上げ屋として介在します。にぎにぎの誘惑に勝てない地区長や首長もいます。日本経済が十年以上も浮上しないのは、「ヤクザ不況」だからです。暴力団、右翼、総会屋に蝕まれている。ゴルフ場もまた、彼らの存在を抜きにしては語れません。「紳士のスポーツ」は変貌しました。

（まつい・かくしん／ジャーナリスト）

リレー連載　ゾラに憶う　4

食物の海に溺れて――『パリの胃袋』

朝比奈弘治

香りと色と音と……

世の中に食べ物文学の数は多いが、ゾラの『パリの胃袋』ほど、さまざまな食物がこれでもかとばかり次々に描かれてゆく小説はめったにないだろう。

野菜、果物、肉、魚、チーズ、菓子、加工食品と、出てくる食べ物の種類の多さにも驚くが、とにかくすさまじいのはその量だ。なにしろ舞台はパリの中央市場。フランス第二帝政の首都の威信をかけて、鉄とガラスの超モダン建築として作られたばかりの巨大市場のなかに、ありとあらゆる食料品が集まってくる。さしもの大建築もはちきれんばかりで、食料は洪水のように外の道にまであふれ、人や車でごったがえすなかに、競りの叫び、取引や喧嘩の声、運搬や陳列の喧騒から馬のいななきにいたるまで、雑多な音や声がにぎやかに響きわたる。ここに描かれているものは、ラブレーの作品を思わせるような、一九世紀パリ庶民のカーニバル的な祝祭の世界だ。

だが食べ物を描きだすゾラの筆は、ルネサンス期の作家よりも近代の画家たちの絵筆に似ている。朝日に輝いて燃え上がる色とりどりの野菜の山、窓の光線を受けて虹色にきらめく真珠光沢の魚や貝。血なまぐさい臓物市場の牛の肺でさえ「絹のような柔らかさ」で「踊り子の裳裾のように」きらめいている。変化する光と色彩のなかで食べ物を描きだすゾラの技法には、早くから印象派を評価し、マネを擁護した戦闘的な美術批評家の面目躍如たるものがある。

いや、視覚だけではない。山積みの野菜は緑の音楽を奏で、果物は女の唇と化して接吻をふりまき、そしてついには悪臭・腐臭さまざまな各種チーズが「匂いの交響曲」を演奏しはじめる。ここに見られるものは、ボードレールが「香りと色と音とがたがいに応え合う」とうたったような「共感覚」の世界だ。

巨大な食物の悪夢

だがゾラといえば、卑近な日常生活をありのままに描く「自然主義」の作家で

はなかったか。そう、たしかにこの小説でも、語られているできごとといえば、市場の女たちの駆け引きや小競り合い、下品なゴシップや遺産をめぐるせせこましい争いといったものだ。そうした卑俗な人間ドラマのなかに、ゾラは平然として食物のシンフォニーや現代絵画を取り込んでしまう。このアンバランスな取り合わせの効果が面白い。

　アンバランスといえばもうひとつ、視覚、聴覚、嗅覚といったものは総動員されているのに、肝心の味覚についてだけはほとんど言及がない。それもそのはず、実はこの「食べ物小説」、飢えと吐き気の物語でもあるのだ。主人公は美食にはまったく無関心な小食の痩せっぽちで、無実の罪で流された南米ギアナで飢餓に苦しみ抜いたあげく脱出してきた男。それが皮肉にも中央市場の検査官という仕事につき、毎日毎日、食料の山に埋もれて、たえまない吐き気に悩まされている。その違和感が、この小説の大きなテーマだ。食をめぐる人々の意識の違いは、やがて「太っちょと痩せっぽちの戦い」へと発展し、ついには不満分子が結集して帝政転覆の陰謀が企てられるにいたる。

　食べ物の恨みはまことに恐ろしい、ということになりそうだが、ではこの作品、飽食と飢餓とが相対峙する政治小説として読むべきなのだろうか。そうかもしれない。しかしゾラの目はさらに遠くを見据えているようだ。一時代の社会状況を越えて彼が描こうとしたものはおそらく、生きるためには食べなければならないという、人間、いや生命あるものすべてが負わされた永遠の業のようなものではないかと思われてくる。

（あさひな・こうじ／明治学院大学教授）

感性と内面の奥深くに訴える文体で綴る〝詩〟的自伝

風と航跡

北沢方邦

時代の風

たしかに時代の風というものがある。はじめは樹々の葉叢をそこはかとなくそよがせる微風であったものが、ときには強い逆風となり、ときには激しい暴風となってひとびとを襲う。ごく稀に、ひとびとに希望をあたえる順風が吹くが、そう長くはつづかない。

おそらくそのような順風は、太平洋戦争の終結後、一九七〇年代前半までの、わずか三〇年ほどそよ吹いたにすぎない。超高層建築が林立し、ガラスの壁面を煌《かがや》かせる物質的繁栄とひきかえに、ひとびとの内面は荒廃し、世界は強者と弱者、あるいは勝者と敗者の深刻な対立に引き裂かれはじめた。九月十一日事件（いわゆる同時多発テロ）は、世界のそのような頽廃した内部をあらわにした。七〇年代後半から、その徴候ともいうべき重苦しい微風が、排気ガスに汚れた大気をふるわせはじめていたが、それに気づいたのはかぎられた少数者だけであった。気づかれないままにそれは、ある日突然、ジェット・エンジンを全開した轟音となり、突風となって超高層建築を襲い、黒煙のなかに崩壊させてしまった。

九月十一日事件以来、よかれあしかれ新しい時代がはじまったが、本書は、少なくともそれまでの時代の風を、私の幼時からの心象風景や記憶を通じて描いたものである。世界的経済恐慌の頃吹きはじめた暗い微風は、第二次世界大戦という台風に成長し、何千万のひとびとの命を奪い、太平洋からユーラシア大陸の端にいたるまでを廃墟と化したが、その風も、かつてはむしろ、ひとびとにとってこころよいものでさえあった。つまりファッシズムもナチズムも、重く垂れ込めた不況の暗雲をはらう爽やかな風と感じられたのだ。そうでなければ、なぜファッシストのローマ進軍が歓呼でむかえられ、ナチス党が総選挙で圧勝し、真珠湾攻撃が日本全土の熱狂を呼び起こしたか、理解することはできない。

昭和初期の大恐慌に比ぶべきもないが、不況の暗雲がふたたび垂れ込めてい

る現在、どこからともなく吹きはじめたナショナリズムの風が、戦乱でないまでも、オーウェル流の「すばらしき新世界（ザ・ブレイヴ・ニュー・ワールド）」の到来を招かないよう、われわれは心しなくてはならない。本書はその警鐘ともなればと念じている。

「教養小説《ビルドゥングスロマン》」として

それとともに本書は、ある種の「教養小説」（ビルドゥングスロマン）としても読んでいただけるのではないか、と自負している。ゲーテの『ヴィルヘルム・マイスター』以来、主人公がいかに知的また人間的に成長していくか、その内面の軌跡を描くのが教養小説であるが、《人間的に》はともかく、私自身の知的な成長過程は描いたつもりである。

▲北沢方邦（1929－ ）

　知的といっても、それはいわゆる思想的なものではない。ひとときマックス・ウェーバーをはじめとする近代社会科学に思想的なものを追い求めたことがあったが、私の出発点はつねに芸術であり、近代のなかで芸術のみが理性と感性あるいは身体的なものを統合する全体的な「思想」の表現であるという直観と信念をいだいてきた。

　そのような人間の内面の全体性を表現する手段としては、言語はあまりにも貧しいが、その可能性を最大限に探るのも、文章を書くものの使命といえる。主として、論理の精密さと文脈の明晰さを要求される理論的な本を書きつづってきたが、今後は本書にかぎらず、感性と内面の奥深くに訴える文体を、さらに追求してみたいと思っている。この本に、少しでもそのような世界を感じていただければ幸いである。

（きたざわ・まさくに／構造人類学）

大英帝国「世界制覇」のエネルギー源としてのスコットランド

スコットランド・ルネッサンス

北　政巳

「近代経済倫理」の発祥地

今日の日本の生活文化は、大半は幕末・明治以降の欧米文化の影響が大である。

著者の主張は、思想・社会制度をはじめ学問・技術（鉄道・造船・海運）において最大の影響を与えたのは、英国の北方に位置するスコットランドであった。イギリス名宰相チャーチルは「世界史において小民族で世界的貢献をしたのは、古代のギリシアと近代のスコットランドである」との言葉を残している。わが国では古典派経済学のアダム・スミスをはじめとするスコットランド歴史学派の研究は、世界最高の水準にある。しかし通説では、スコットランド啓蒙主義の時代は、「スコットランド・ルネッサンス」と呼ばれる時代としても知られるが、極めて短期間で消滅したとされる。

そこで著者は、まず一五世紀のイタリア・ルネッサンスがどのようにしてヨーロッパの僻地スコットランドに伝来したか、いかにスコットランドがその異文化の流入に対応したか、南の隣国イングランドとの抗争の歴史の中でいかにして独自性を保持してきたか、ジョン・ノックスの宗教改革がイングランドとどのように異なり、さらにイギリス全体の清教徒・名誉革命にどのように対応し、その結果スコットランド固有の宗教・思想土壌が形成され、スコットランド啓蒙思想の背景となった「近代経済倫理」がいかに発祥したかを究明した。それが近代科学の発展につながる。

社会進化の旗手としてのエンジニア

一七〇七年の合併後、長年、スコットランドは経済的劣位に置かれ、スミスが『国富論』（一七七六年）を執筆した頃には未だ二世紀は遅れているとされたが、スコットランド諸工業、特に製鉄業の成功と関連する鉄道・機械・造船工業が発展し、イギリスが世界市場を支配して「世界の工場」と称えられた時代に、グラスゴウは「機械の都」と賞賛され世界的な近代工業都市となった。そこにドイツ・ロシアをはじめ日本も含めて多くの留学

生が近代技術を習得に集まったのである。

この発展エネルギーは、伝統的に専門職として認められていた「牧師・医師・弁護士」に対して「地上で物を作るエンジニアも専門職であり」、「エンジニアとは、社会進化の旗手であり、生涯、研究・創作していく専門職である」と信奉するヴィクトリア期スコットランド人技師によって生み出された。さらに彼らはヨーロッパ・アメリカさらにアジア・極東へと海を渡った。人口比ではイングランドの五分の一でありながら、同数以上のスコットランド人が海を渡った。また「エンジニアの思想」の最も優秀な継承者がアメリカと日本であった。しかも彼らは工学技術、銀行・金融のノウハウの他、スコットランド人の作り上げた鉄道・海運・電信による最新情報を持ち、近代スコットランド商人ネットワークを利用して渡航した。

日本への影響

『歴史の研究』で知られるA・J・トインビー博士はスコットランド民族のディアスポラ（交易離散共同体）を指摘する。さらに著者は、スコットランド・ルネッサンスまた啓蒙主義思想が一九世紀初めに途絶えたのではなく、「エンジニアの思想」として再生され、文字通りスコットランド科学ルネッサンスとして近現代に大きな影響を与えたことを指摘したい。

そして日本は「エンジニア」思想をスコットランド人教師・技師から見事に受容し、僅か四〇年で封建主義からの明治維新を経て近代国家に移行し、日清・日露戦争に勝利して日英同盟締結に至る社会進化を遂げた歴史に関心をもっている。

（きた・まさみ／比較経済史）

スコットランド・ルネッサンスと大英帝国の繁栄

北政巳

四六上製　三五二頁　三〇〇〇円

■目次

いま日朝関係、東北アジアを考える

姜尚中

「アメリカ問題」

戦争か平和か。イラク情勢をめぐって世界は揺れ動いている。この拙文が読者の目に触れる頃、バグダッドは廃墟と化し、崩れ落ちたサダムの王宮には星条旗がはためいているかもしれない。あるいは大方の予想に反して湾岸に展開した米軍は撤収を余儀なくされ、査察の続行が粛々と続けられているかもしれない。

UNSCOM（国連大量破壊兵器廃棄特別委員会）の一員としてイラクで査察の任についた経験のあるスコット・リッターは、先ごろ来日した折、アメリカは必ずイラクを攻撃すると断言した。確かに世界最強の米軍は、湾岸にバカンスに行ったわけではないのだ。残念ながら、リッターの断言を認めざるをえない。

しかし、世界のあちこちで盛り上がる空前の反戦運動は、単独主義的な先制攻撃も辞さないアメリカに対する草の根の抵抗力を見せつけている。そして「古いヨーロッパ」を代表しているとラムスフェルド国防長官に揶揄された独仏は、アメリカのイラク攻撃に待ったをかけ、超大国との亀裂をも厭わない徹底抗戦の構えである。

まさしく世界は、帝国的な超大国となったアメリカによって引っ掻き回され、それへの反動を強めつつあるのだ。アメリカとは何か、この「アメリカ問題」の浮上を、ついこの間まで誰がリアリティをもって考えただろうか。冷戦の終結は、旧ソビエトやその衛星国の崩壊、そして「残存社会主義国」の市場経済への移行といった物語ですませられるわけではないのだ。いまや、最も根源的にして究極的な問いである「アメリカ問題」が突きつけられているのである。それに対する対応は、アメリカの存在の影の濃淡によってまちまちである。

日本と北朝鮮の「異常な」関係

東北アジアで「アメリカ問題」に最も危険な対応を示しているのは、言うまでもなく北朝鮮（朝鮮民主主義人民共和国）で

ある。核兵器やミサイルなど、大量破壊兵器をテコにアメリカの世界戦略をつつき、アメリカとの直接交渉によって体制存続の保障を勝ちえようとする北朝鮮の瀬戸際作戦は、確かに無謀である。

　しかし、朝鮮戦争の終結から五〇年、米朝間には休戦協定はあっても、平和協定は存在しなかったのである。つまり、撃ち方やめの状態が半世紀も続いてきたのである。逆に言えば、この戦争状態が凍結され、いつ戦争が再び勃発するかわからない恐怖の均衡状態こそ、日本にとっての「平和な」戦後五〇年だったことになる。そしてこのギャップが埋められないまま、日朝関係は断絶し、朝鮮半島の北側半分は、戦後の日本国民の意識の彼方に消えうせていたのである。

▲姜尚中（1950 ー）

　日本がかつて植民地朝鮮の宗主国であったことや、朝鮮戦争では北朝鮮を爆撃する米軍基地の所在地であったこと、数十万の「朝鮮籍」の民族的マイノリティの居住する国であることなど、北朝鮮と日本との間には尋常ではない結びつきがあるにもかかわらず、そのような「異常な」関係が異常とも思われなかったのはなぜなのか。

　また拉致問題やミサイル、不審船の問題など、数々の犯罪的な悪事が暴かれつつあるとはいえ、その北朝鮮を「絶対悪」の化身として疑わないようなメディアの北朝鮮イメージはどこから作られるのか。問題の根は深い。

いまこそ日朝交渉の再開を

　しかし、ハッキリとしていることは、「冷戦の孤島」である朝鮮半島にもやっとその終わりが始まろうとしていることである。ただし、脱冷戦の動きが加速しつつあるにもかかわらず、その変化を安定的に収束させ、新しい平和的な秩序構築への移行を可能にする地域的な枠組みが未成熟であることが、事態を不安定にさせ、軍事的なクラッシュ（衝突）に怯える状況を作り出しているのである。

　この意味で、朝鮮半島の危機を、東北アジア地域の多国間的な協力と信頼醸成の枠組み形成によって解決することを明らかにした日朝平壌宣言は、そのような新しい秩序構築の重要な「担保」となっているのである。

　だがこの「担保」は宙に浮いたままだ。

そして事態は膠着し、北朝鮮は日本との交渉に見切りをつけたように、猛烈なスピードで核施設の再稼動に向けた一連の処置をとろうとしているのである。

これに対してアメリカは、「北朝鮮問題」を、ＩＡＥＡ（国際原子力機関）の付託を受けて安全保障理事会の場に移し、「封じ込め政策」の陣容を整えようとしている。明らかにイラク攻撃では単独主義的な先制攻撃を前面に押し出しているアメリカは、北朝鮮に対しては国際協調的な多国間主義の戦略をとろうとしている。より正確に言えば、単独主義をベースとする「選択的協調主義」の戦略である。それは、北朝鮮や韓国、日本など、「北朝鮮問題」とかかわる当事国を取り込みつつ、アメリカ主導で安保理を主な舞台に東北アジアの秩序を構築していくことを意味している。

果たしてそのような枠組みのなかで、日朝国交正常化交渉の進展は望めるのか。日朝間の「和解」もまた、東北アジアにおけるアメリカの新たな戦略によってその好機を逸することになるのだろうか。「核問題の包括的な解決のために、関連する国際的合意の遵守と安全保障上の諸問題に関して関係諸国間の対話を促進する」という日朝平壌宣言は、絵に描いた餅に終わるのだろうか。

それとも、日本は韓国と連携を深め、米朝間のギリギリの妥協点をさぐっていく仲介者の役割を果たすことになるのか。まだ断定はできない。

日朝の国交正常化は、過去の植民地支配の「清算」と拉致問題、安全保障上の問題という三つの難題を「克服」し、南北の平和的な共存を通じて冷戦終結後の東北アジアの地域的な安全保障の枠組みを構築する突破口になることだけは間違いない。

日朝関係の「克服」とは、二国間の問題の「克服」だけを意味しているのではない。それはまた、北朝鮮内の過去の「克服」と日本国内の過去の「克服」、さらに日韓関係と日米関係の「克服」にまで広がっていく複合的なプロセスを意味しているのである。日朝関係の「克服」は、日・韓・米・中・ロにまたがる、東北アジア地域の複雑な多元方程式を解いてゆくプロセスと連動しているからである。いまこそ日朝交渉を再開すべきである。（カン・サンジュン／東京大学教授）

Le Monde

■連載・『ル・モンド』紙から世界を読む　3

「ルゥラの教訓」

加藤晴久

一月末、スイスのダボスで開かれた第三三回世界経済フォーラム。百数カ国から集まった二千数百名の「世界の帝王」たちが、昼間はミサイル搭載戦闘機、夜は赤外線カメラ装備のヘリコプターがパトロールする中、二千人の警察官と、生物・化学兵器処理要員を含む千五百人の兵士に守られ、「信頼を再構築する」という総テーマの下、イラク、イスラエル・パレスチナ紛争、テロリズムとのたたかいなど、「経済」とはほどとおい政治的問題を論議した。

同じ時期、ダボス会議に対抗して二〇〇一年に創始された世界社会フォーラムが、一二〇ヶ国、五千のNGO・各種社会運動・労組・政党の代表や若者など、一〇万人を結集して、ブラジルのポルト・アレグレ市で開かれた。千七百を越す講演・ワークショップ等のテーマは参加民主主義、持続的発展、新世界秩序、そして軍事化と戦争。

『ル・モンド』紙一月二八日付社説「ルゥラの教訓」によると、今回の最大の話題は、ブラジル大統領に就任したばかりのルイス・イナシオ・ルゥラ・ダ・シルバが、フォーラムで演説したのち、その足でダボスに乗り込み、ポルト・アレグレのメッセージを、経済フォーラム参加者たちに伝達したこと。ルゥラの愛称で呼ばれる元金属労働者のダ・シルバ大統領は飢えと貧困こそが不寛容と狂信を生み出すと訴え、対等・平等な条件のもとでの自由貿易の必要を説いた。

戦争で費消される何百億ドルという資金を、この地球上の三〇億の貧しい人々の教育・健康・食糧・住居のためにあてることができたならば……。「別の世界をつくることは可能だ」Un autre monde est possible がポルト・アレグレに集った者たち共通の信念。従来の「アンチ・グローバル化」antimondialisation に代わる「別のグローバル化」altermondialisation という新しい自己規定が採用されたのもそのためである。

ところで諸兄姉。世界から四千人ものジャーナリストが押し寄せたポルト・アレグレに関するニュース、日本のメディアで見聞きされましたか？

（かとう・はるひさ／恵泉女学園大学教授）

triple ∞ vision 24

ネガティブハンド

吉増剛造

「爪（つめ）で文字を、……」、先月のこのページのひかりの影響力を、筆者のこゝろも、残り火のように感じていたらしい、洞窟の入口を先づうつしてから、「カメラの眼」もこゝろなし、いつもより静かに入って行って、岩壁や岩肌、そして岩絵をうつす、ラスコー他の古代洞窟を探る番組（NHK特集「暗闇に残されたメッセージ・人類最古・洞窟壁画の謎」二〇〇三年二月十一日放送。案内者、港千尋さん、土取利行さん）に眼が釘付けになっていた。瞠視（目をみはってみる、……）、あるいは瞠視欲というい方をする欲求と力に、それはちかい。驚いて、幾巻（ロール）かの三十五*mm*フィルムの撮り置きを（梅（うめ）を、小梅（うめ）を、年々の甕（かめ）に漬けるのに似ています。二、三度陽に晒したフィルムを貯蔵していて、……）とり出して、それを洞窟の壁に見立てゝだろうか、太古の人が残した「ネガティブハンド／*negative hand*」というものを、わたくしのこゝろのスクリーンにもと、一心に撮影したのだが、うつらない。一瞬、茫然として、こゝろが上気していた。どううつるのだろう。

「心配」を、その「こゝろのうごき」を、楽しみさえしていて、ほとんどこれは子供たちのする悪戯（いたずら、……）に似ている。二〇〇三年二月十六日、日曜日は、冷たい冬のアメの日で、あたらしい梅を、小梅も、……を漬ける甕をはこんで行くようにして、写真機（*Fuji TX-1,lenz Fuji non 30mm*）を、雨の高速道路上で、こんな古いい方のほうがあたっている、蓋（ふた）を取ったり、覆（おゝ）ったりしていた、甕《かめ》も洞窟、……。ふっと、未知の美しい女の容貌が底を、過（よ）ぎる気がするのは、なにものかゞ顕（た、……あきらかにな、……）ってくるのを待つ、ごく短かいときの、束の間の功徳だ、……。

仕上がって来て、驚いた。この色をお眼にかけることが出来ないのが無念、――。拙（つたな……）い言葉でお伝えをしてみたい。「心配、……」の「『*negative hand*／ネガティブハンド」は、眼にも、綾（あや）なる、紅葉（もみじバ）か、着物の地の妖しい色合いであらわれて来ていた。想像も及ばぬことが、こんなにも、迅速にそして束の間に起る。驚きをもうひとつ。首都高（上り車線）、高井戸出口のトンネルの上空に、「*negative hand*／ネガティブハンド」が、浮かんで来ていた。このトンネル、烏山（からすやま）トンネルといったことがあったはず……。

（よします・ごうぞう／詩人）

連載　いま「アジア」を観る　3

日本国家の負債を清算しよう

中村尚司

二十一世紀初頭の世界は、軍事大国アメリカの一極支配であるかに見える。金融グローバライゼーションの旗の下、第三世界の経済危機をひきおこしながら、全世界の資金はアメリカの金融機関に還流し集積する。全世界の高級商品は、アメリカ市場に集中する。

しかし、何も創出せずもっぱら破壊するためだけの巨大な軍事工業は、他に消費の場を見つけられず、ひたすら戦争を欲求する。タリバンもサダム・フセインも、一時的な標的にすぎない。軍事工業の欲求を満たすために、絶えず第三、第四の「ならず者国家」や「原理主義者集団」を探さなければならない。地域住民大衆の暮らしに根拠をもたない核兵器の体系や国際金融システムは、宇宙飛行船のメカニズムのように、ささやかな原因がきっかけとなって全ての構造が瓦解するもろさを抱えている。むしろ、着実に地域住民の統合を進めるヨーロッパ連合（EU）の方が、実質的な代案を提供できるだろう。強力な統一ヨーロッパ国家を夢見るのではなく、多様な地域の自立を支えようとしているからである。

アメリカ合州国やヨーロッパ連合と違って、アジアは最大の生産基地である。次代の人類が必要とするほとんどの物資をアジアは生産できる。数十年を経ないうちに、欧米の諸産業は、アジアの高い生産水準に太刀打ちできなくなる。特に中国とインドの潜在力は大きい。しかし、中国とインドが連合して周辺諸地域と協力する上で、最大の困難は国民国家の壁である。アジアの未来も世界の未来も、この壁をいかにして掘り崩すかにかかっている。脱亜入欧をめざし近代化を歩んだ日本が、このままで新しいアジアの潮流に加わることはできない。国家の名の下に、アジアの民衆に大きな犠牲を強いてきた歴史は過去のものではない。それは戦後の経済大国化にも重なっている。私たちもまた、日本国家の負債を清算しなければならないのである。

（なかむら・ひさし／地域経済論）

連載　思いこもる人々　25

烈しく純な情愛を生きぬかれた

荒畑寒村先生

岡部伊都子

米国がイラク攻撃を強行しようとしている今日、世界各地から「非戦」「反戦」を叫ぶ人々の声や、デモが続きます。私は一九八一年三月六日、九十三歳で亡くなられた荒畑寒村先生の随想「非戦論時代」を思います。

一九〇三（明治三十六）年十月、神田青年会館で開かれた非戦論演説会。日清戦争の頃七、八歳だった荒畑勝三少年はひとりこの会に参加して西川光次郎、木下尚江、安部磯雄、片山潜、幸徳《こうとく》秋水《しゅうすい》、堺枯川《こせん》などの演説を聴きます。「非国民！」「売国奴！」「露探！」などと巡査や兵士一般の中からも怒号のとぶ当時の戦争否定の集会に烈々と信念を語った弁士たちの覚悟に十六歳の少年は胸うたれ、夜道を七里も歩いて（汽車賃無く）帰った由。百年昔、こんな立派な非戦論同志たちが、はっきり意見を言って闘っていたんですね。

『寒村自伝』に明らかなように「遊廓内の台屋（妓楼に入れる料理仕出し屋）」に育った子は哀れな女たちの涙を見ていて義侠の人となり、婦人解放、社会改革を願う社会主義者となり、二十歳頃、伝道行商の為荷車をひき歩き、あの足尾銅山鉱毒の為に汚染された谷中《やなか》村事件と闘う田中正造師に出逢います。

田中正造師に教えられすすめられて、日本の公害初の歴史書『谷中村滅亡史』を涙ながらに書かれたのです。

平民社から移った牟婁《むろ》新報で管野《かんの》須賀子《すがこ》とめぐり逢い、赤旗事件で入獄（一九〇八～一九一〇）中に、尊敬する幸徳秋水と須賀子が結ばれたことを須賀子から報された時の懊悩は、思いみるだに痛々しいことでした。

出獄後沈んだ遊廓で竹内玉という女性が、十一歳年下の夫を支えます。夫の入獄四度、貧困、病気、知らされずにロシアへ密出国された留守中の関東大震災。玉夫人の病臥するそばを拘引されたこともあり、玉夫人は六十六歳で亡くなられました。戦後第一回の総選挙に社会党から当選、結婚できた森川初枝夫人も亡くなられて。堺枯川から「天性の文人」と讃えられた先生は「社会主義・共産主義の底を流れている人間の情愛こそ大切」と本来豊かな情愛を烈しく実践され、『平民社時代』『続平民社時代』を書き残されました。

（おかべ・いっこ／随筆家）

連載　帰林閑話　102

命名

一海知義

子供に名前を付けて欲しいと、時々頼まれることがある。「子供の名は親がつけるものですよ」と断ることにしているが、くりかえし懇望されて、つい引き受けることもある。

だいぶ以前のことだが、名前でなく字《あざな》（呼び名）をと、ある男性に頼まれたことがあった。

昔の中国では、名前のほかに字があるのが普通だった。たとえば、

杜甫《とほ》、字は子美《しび》。
王維《おうい》、字は摩詰《まきつ》。
陸游《りくゆう》、字は務観《むかん》。

名と字の間には、何らかの意味の連関がある。

杜甫の場合、中国最古の字書『説文解字』に、「甫、男子之美称也――甫は、男子の美称なり」とあるのにもとづき、名は甫、字は子美。

王維は、母親とともに熱心な仏教信者だった。釈迦と同時代のインドに、維摩《ゆいま》詰《きつ》という長者がおり、信仰の対象であるその人物にちなんで、名は維、字は摩詰。

南宋の詩人陸游の母親は、北宋の詩人秦観《しんかん》、字は少游《しょうゆう》を崇拝していた。彼女は息子を産む時、秦観の夢を見た。そこで名と字を逆転させて、名は游、字は務観（観《かん》タルコトニ務《つと》メヨ）とした。

現代の中国では、名のほかに字をつける習慣は少なくなったようだが、たとえば革命家毛沢東などは、十九世紀の生まれだから、字があった。名は沢東《たくとう》、字は潤之《じゅんし》だという。名と字から一字ずつ取って組み合わせれば、潤沢。

私に字をつけて欲しいと頼みに来た人の名は、英彦。紙幅がないので説明は省くが、中国古典の中から「英彦」に関連する二文字を採って、「俊啓《しゅんけい》」という字を贈った。

先年、これは私が命名したのではないが、息子に「一海《いっかい》」という名をつけた知人がいた。

今年の賀状には、三歳になったその子の写真を印刷し、「うちの一海くんの悪たれには、ホトホト手を焼いております」、と書いてあった。

（いっかい・ともよし／神戸大学名誉教授）

（ヘルモン山／イスラエル、ゴラン高原）

連載・GATI　40

イスラエルに見る「教会」「復活」「水」

――聖書が描く神話の舞台は、阿鼻叫喚の煉獄と化す――

久田博幸
（スピリチュアル・フォトグラファー）

イスラエルで腑《ふ》に落ちたことが三つ程ある。

一に、「教会」建立の原点。建物という器《うつわ》が先にありきではなく、聖書ゆかりの地に教会が建つ。至極当然のように思えるが、他国の町中に次々に建てられた教会は既に変容した姿である。「教会」をイエスの身体と同一視する教義《ドグマ》などは後付けであろう。

二に、風土と植生。砂漠が大半を占めるこの国では春、自然が一斉に芽吹く。四季折々に感性を映してきた日本人の理解を越える劇的変化が起こる。この状況にして初めて「復活」の何たるかが意識できる。

三に、生存に必要な「水の」問題がある。国土を潤すのは、唯一かぼそいヨルダン川で、源流の地はゴラン高原のヘルモン山である。シリア、レバノンとの国境地帯にあり、今なお領土紛争のただ中にある。水源を国内に持たぬ政治不安は、かつてエジプトのナイル川にもあった。国境で分断された経験のない日本では想像できない深刻さが付き纏《まと》う。このような荒野がモーゼの目指した「蜜と乳の滴《したた》る国」であろうか。

僅か数十年前に再び彼らは入植し、先住民のパレスチナ人は難民として家を追われた。

リレー連載　いのちの叫び　52

ばがけーらぬ命 島とぅ伴に！！

(我らの命 島と伴に!!)

石垣金星

「カーラヌ　パタサヌ　アブターマパニバ　ムイ　トゥブケ　バガケーラヌ　イヌチシマトゥ　トゥミ　アラショウリ」（意訳――川端の蛙がいつか羽が生えて大空へ飛び立つまでも我らの命も蛙と伴に西表島があるまでいついつまでもお願い致します神様）という古謡は四千年以上にわたり自然と伴に生きる哲学だ。日本一の金持ちとなったユニマット不動産高橋洋二社長は小浜島にゴルフ場を造り、西表島浦内部落の西表島で最も美しいトゥドゥマリ浜地域に沖縄最大級の西表リゾートホテルを計画、今工事が進行中である。計画と併せて高橋社長は住民票を竹富町に移した。町民税が数億円も入る事から那根竹富町長は、地元浦内公民館の同意もなく、反対する多くの住民の声にも耳もかさず、なり振りかまわず計画を強引にすすめている。浦内部落は古い部落の一つである。私の母親が浦内部落生れでもあり叔父叔母からいつも浦内部落の言い伝えなどを教えていただいた。トゥドゥマリ浜は、八月十五夜の月の神様が下りて「神遊び」をする特別な聖地であり「欲にからむ事はしてはならない」と厳しく戒められている。真向かいの岬には「うなり崎御嶽」があるが、「うなり」とは「女性」の事である。一七〇〇年代の古文書（慶来慶田城由来記）によれば「大和の野間よりまかり越した神様」と記録される。稲刈り前には舟でうなり崎を廻ってはならないと厳しく戒められていることから他の島々へ行く時にはクリ舟は一旦「留まる」というのが「トゥドゥマリ浜」の由来である。

戦前にも「神あそびの聖地」に「西表炭坑基地計画」があったが失敗におわった。一九七二年うなり崎御嶽を破壊した「太陽の村／リゾート」は天罰が当るなど全て失敗におわり廃虚だけ残して夜逃げした。そして今ユニマット不動産によるリゾート計画が進んでいるが、これも失敗におわる事は歴史の教えるところである。

（いしがき・きんせい／西表の未来を創る会代表）

二月新刊

二〇世紀最高の歴史家、初の本格伝記

ブローデル伝

P・デックス
浜名優美訳

歴史学を革命し、人文社会科学の総合をなしとげた史上初の著作『地中海』の著者ブローデル、待望の初の決定版伝記。

〔付〕決定版ブローデル年表・著作一覧、夫人からの長大な日本語版への序文、口絵一六頁

A5上製　七二〇頁　八八〇〇円

環境汚染への予防的措置を確立する

循環型社会を創る

技術・経済・政策の展望

エントロピー学会編
責任編集　白鳥紀一・丸山真人

〝エントロピー〟と〝物質循環〟を基軸に社会再編を構想する！　法律、技術の現状を踏まえた、真の循環型社会論。

〔付〕循環型社会を実現するための二〇の視点

菊変判　二八八頁　二四〇〇円

「日米関係」と東アジア

「日米関係」からの自立

九・一一からイラク・北朝鮮危機まで

緊急出版！

姜尚中編
C・グラック／和田春樹／姜尚中

対テロ戦争から対イラク先制攻撃へと国際社会で独善的に振る舞い続けるアメリカ。外交・内政のすべてを「日米関係」に依存してきた戦後日本。「日米関係」は、何をもたらし、何を見えなくさせてきたか？

四六判　二二四頁　二二〇〇円

多様な生の〝肉声〟をききとる

現代日本人の生のゆくえ

つながりと自律

宮島喬・島薗進編

ポスト『タテ社会の人間関係』時代における日本人の「心」に百名の丹念なききとり調査から迫る。

四六上製　四八〇頁　三八〇〇円

戦後日本の食生活はどのように変容していったか

「アメリカ小麦戦略」と日本人の食生活

鈴木猛夫

戦後学校給食に供給されたアメリカの小麦が食を崩壊させた！　日本の風土に合った食生活の復活を訴える。

四六判　二六四頁　二二〇〇円

『朝日新聞』(2002/12/4) に続き「天声人語」(2/17) でも紹介

竹内浩三、新発見全遺稿

『環』Vol. 12 (2003 年冬号) に全文掲載!!

▼2002 年 12 月 4 日『朝日新聞』より

「たまがおれを殺しにきても おれを詩をやめはしない」

竹内浩三の遺稿、新たに発見

入隊前、心の揺れ表現か

入隊直後の竹内浩三

「戦死やあわれ／兵隊の死ぬるやあわれ」とうたい、フィリピン・ルソン島で若くして戦死した詩人・竹内浩三。評価が近年高まるなかで、彼の新たな遺稿が、三重県松阪市で見つかった。出征直前の作とみられ、本の余白に鉛筆で、「ながいきをしたい」「詩《うた》をやめはしない」などと書き付けられている。竹内は日本の行く末を戦時中にあっても冷静に見通していたとされるが、文面からは入隊前の心の揺れが伝わってくる。

見つかったのは、無題の作品も含め、約10編の詩と断片的記述、イラスト。松阪市の竹内の実姉宅に残る蔵書を調べていた小林察・大阪学院大教授が、36人の詩人のアンソロジーの余白ページに書かれてあるのを見つけた。460ページのうち、丸い字で二十数ページに及ぶ。

竹内浩三（1921〜45） 三重県伊勢市生まれ。日大専門部映画科卒業後、陸軍に入営。23歳で戦死。戦後、私家版の遺稿集出版を機に、「骨のうたう」などの詩が注目を集めた。「竹内浩三全集」「竹内浩三全作品集 日本が見えない」などが出ている。

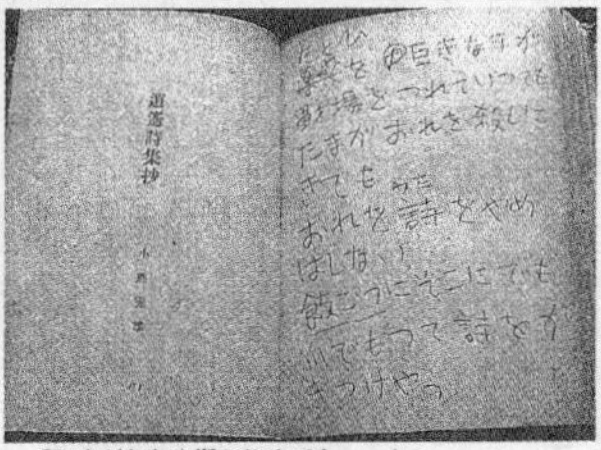
「たまがおれを殺しにきても……」。詩は蔵書の余白に書き付けられていた

記された日付から、1942年10月1日に入隊する直前に、数日で書かれたとみられる。

20年に一度の式年遷宮で架け替えられる伊勢神宮「宇治橋」をうたった詩。「ながいきをしたい／いつかくる宇治橋のわたりぞめを／おれたちでやりたい」

無題で「この期におよんで／じたばたと／詩をつくるなんど云ふことは／いやさ、まったくみぐるしいわい」。

その一方、「たまがおれを殺しにきても／おれを詩をやめはしない」。

ほかにも、思いを寄せていた女性をモデルにしたとみられる詩「妹」や女性のイラストも書き込んであった。

文字の大きさが不ぞろいで、書きなぐったような部分もあった。小林教授は「戦地へ赴かねばならない心の乱れを示しつつも、創作意欲や生きたいという思いなど公にできなかった本心をたたきつけている」と語る。作品は、来年1月発行の雑誌「環」第12号（藤原書店）に掲載される予定。

▼2003 年 2 月 17 日『朝日新聞』より

天声人語

戦争によって民主主義を守った。そう考える欧米の人たちは少なくない。先の大戦では、ナチズムやファシズム、日本軍国主義と戦って民主主義陣営が勝利を収めた、と。そういう国々では、戦いを忌避する「平和主義」や「平和主義者」は「意気地なし」といった非難につながりかねない▼にもかかわらず近年にない反戦のうねりがイラク攻撃をめぐって欧米で広がっている。「平和主義者ではないが、この戦争には反対せざるをえない」。そういう思いの人をも駆り立てた動きだろう▼以前、この欄で竹内浩三という詩人、45年に23歳で戦死した詩人のことを紹介した。彼の未発表原稿が昨年11月に発見され、季刊誌『環 2003年冬号』（藤原書店）に紹介されている。ある詩集の余白などに書き込まれていた。入営直前に書かれたものらしい▼「ながいきをしたい」で始まり「ぜひとも、ながいきをしたい」で終わる詩があれば「たまがおれを殺しにきても／おれを詩《うた》をやめはしない／飯ごうにそこ（底）にでも／爪でもつて詩をかきつけやう」と悲壮感に満ちた詩もある▼入営の朝、家族らに残した手紙には「ぼくの日の丸は、どんな風にも雨にもまけませぬ」と戦いへの決意を書いた彼だったが、ひそかに「日本の国ほろびよ」と書き留めてもいた▼意気地なしとはいわれたくない。雄々しく戦場に向かわねばならない。しかし彼は、あの戦争のむなしさを直感していた。平和主義者は非国民、という時代のことである。いまなら彼は迷うことなく反戦の側に立ったことであろう。

読者の声

『環』12号〈近代化の中のジェンダー〉■

▼「〈連載・往復書簡3〉鶴見和子↔多田富雄」、大変興味深く拝読いたしました。多田先生の免疫学については少々関心を持っていたのですが、ますます学び（知り）たくなりました。鶴見和子さんの素晴らしさにも、もっともっと浴したい思いにかられました。

（山梨　主婦　**土井マチ子**　64歳）

「われ」の発見■

▼年末の二十九日に手にして、さっそく拝読。「どうしたら日常のわれをのり超えて、自分の根っこの〈われ〉に迫れるか？」。何ものにもまさる、すばらしい精神と創造力の共振。鶴見先生のお美しさ。感銘しました。

（千葉　俳人　**黒田杏子**　64歳）

時代を読む 1870-1900■

▼学生の時分からのゾラファンの私としては、この度の〈ゾラ・セレクション〉の刊行は、本当に「嬉しい」という以外に言葉がみつかりません。今から全巻がそろう日を心待ちにしております。しかし、欲を言えば、小説の点数がもう少し欲しかったです。全一一巻のうち、四点が評論等に当てられているのはちょっと多いような……。

（北海道　会社員　**池田和恵**　32歳）

感性としての日本思想■

▼グローバリゼーションの中で根無草でない日本人としてある為の根は神話や民俗の中に潜むものであろうが、その基軸は何処に求めるべきか、また「九・一一事件」はかっての「近代の超克」に繋がる問題ではないのか、といった関心から本書を手にした。記号論の素養なく、素人の雑学的知識では完全に理解するのは難しい高度な所論であったが、「モノアハレとハフリを座標軸とする感性の論理と、母性原理と父性原理を座標軸とする宇宙論という日本の思想の基本構造」を解き明かし、近代の知を超える《普遍的なまなざし》の提唱は、新鮮であり感銘を受けた。同じ著者の『日本神話のコスモロジー』を古書店で購入して来た。

（神奈川　**秋山健**　71歳）

午睡のあとで■

▼松本道介氏の文章を心地よく楽しんでいます。

（東京　医師　**松川純一**　63歳）

いま、なぜゾラか■

▼〝ゾラ〟といえば世界史で習ったドレフュス事件と、『居酒屋』『ナナ』しか知らず、『パリの胃袋』などというグロテスクそうな感じの小説も読んでみたくなりました。この機会に〈ゾラ・セレクション〉を定期購入しようと思っています。

（兵庫　団体職員　**畑中暁来雄**　36歳）

大反転する世界■

▼「いかなる国も、企業も、組織ないし団体は、地球、生物、人間、人類と人類の将来に害を及ぼすような、個別の目的を追求する権利を保有していない」という原則を毎日の生活に適用して、先の少ない人生を生きてゆきたい。

（京都　**小内弘**　67歳）

沈黙と抵抗■

▼住谷先生が同志社総長に御在任中の一〇年間に私は中学から大学まで在校していました。高校の礼拝で下鴨署で足をむちで打たれた話をされていたお姿をいまだに覚えています。ただ先生は右寄りのス

ポーツ関係者にも大変寛容であり、スポーツの隆盛を望んでおられたように思います。この先生の姿勢にマルキストにしてクリスチャンであった先生の、人柄の大きさ、人徳をいまだに感じつづけています。
（大阪　会社員　岸田博　50歳）

鶴見和子・対話まんだら■

▼「鶴見和子・対話まんだら」をいままで三巻（魂・命・歌）を拝読。いずれもこころに沁み透るように読了出来ました。藤原書店の本には「知は愛、愛は知なり」をしみじみと感じさせられます。
（岐阜　篠田瀞花　81歳）

鶴見和子曼荼羅IX　環の巻■

▼「内発的発展論によるパラダイム転換」を読み、現在の日本の社会構造の転換に大いに役立つと強く感じた。自然と共生できる社会、自然に対する敬愛、アニミズム、生命の中にある「アンビギュアス」な原理、偶然性、多様性の中にこそ、豊かさが共有できるのではないか、まさしくパラダイム転換しなければ明日の日本はない、と強く感銘した。
（大阪　会社社長　松野隆一　61歳）

※みなさまのご感想・お便りをお待ちしています。お気軽に小社「読者の声」係まで、お送り下さい。掲載の方には粗品を進呈いたします。

書評日誌（一・三〜一・三〇）

(書)書評　(紹)紹介　(記)関連記事

一・三　(記)読売新聞「帝国以後」（「衰退は始まっている　エマニュエル・トッド氏」／池村俊郎）

一・七　(紹)朝日新聞「ゾラ・セレクション」（「ゾラの魅力多角的に紹介　藤原書店から選集刊行」）

一・一五　(紹)毎日新聞「鶴見和子・対話まんだら『われ』の発見」（「私の3冊」／酒井佐忠）

一・一九　(記)毎日新聞「ゾラ・セレクション」「バルザック『人間喜劇』セレクション」（「21世紀を読む　ゾラの現代性」／菅野昭正）

一・二〇　(書)産経新聞「感性としての日本思想」（「モダン思考からの脱却説く」／片岡みい子）

(書)しんぶん赤旗「時代を読む 1870-1900」（「ジャーナリストとしての仕事に光」／大矢タカヤス）

(書)公明新聞「脱グローバリズム宣言」（「9・11以降の世界を考える手掛かりとして不可欠」）

一・二四　(紹)週刊読書人「マルクスの亡霊」（「これから刊行される予定のジャック・デリダの主な邦訳書」）

(紹)週刊読書人「文化の権力」（「近刊セレクト」）

一・二六　(記)毎日新聞「鶴見和子・対話まんだら『われ』の発見」（「文化という劇場　詩歌の内発性にめざめる鶴見和子さんの対話集」／酒井佐忠）

一・二八　(紹)エコノミスト「ハンナ・アーレント入門」（「新刊早読み」）

一・三〇　(紹)東京新聞（夕）「鶴見和子・対話まんだら『われ』の発見」

一月号　(紹)中国図書「竹内浩三全作品集　日本が見えない」

(紹)ウーマンズ・アイ「鶴見和子・対話まんだら『われ』の発見」「鶴見和子・対話まんだら　言葉果つるところ」「歌集回生」

(紹)FRANC-PARLER「いま、なぜゾラか」

(紹)學鐙「いま、なぜゾラか」

四月新刊

世界の話題独占の問題作、完訳！

帝国以後

E・トッド

石崎晴己訳

アメリカは既に「帝国」にあらず！ソ連崩壊を世界で最も早く予言したあのトッドが、ハンチントン、チョムスキー、ネグリらを逆手にとり、EU露日VSアメリカという新しい世界の構図を呈示！

四六上製　予二八〇頁

全く新しい国際的大学運動の誕生！

「大学界」改造要綱

アレゼール・日本 編

文部科学省主導の「改革」(独法化・COE等)に振り回され、自大学の経営存続に追われる大学改革を徹底批判。個別大学の改革から〈大学界〉改造への転換に向けて、国家への対抗政策を提言する総合的視点のインターナショナルな運動、「アレゼール」誕生！

〈目次〉

マニフェスト

真にグローバルな大学改革へ向けて
——アレゼール書記局長クリストフ・シャルル氏に聞く——

第一部　「大学界改造」への提言

1「大学改革」批判

2大学を貫く不平等構造

3グローバリゼーションと大学教育

第二部　アレゼールとは何か

アレゼールのめざすもの

危機にある大学への処方箋と緊急措置
——アレゼールからの提言——

A5判　予二八〇頁

アジア・ブームの今、過去のアジア認識を問う

「アジア」はどう語られてきたか

近代日本のオリエンタリズム

子安宣邦

脱亜を志向した近代日本は、欧米への対抗の中でとりわけ一九三〇—四〇年代に「アジア」を語りだす。だがそこで語られた「アジア」は、脱亜論の裏返し、都合のよい他者像にすぎなかった。再び「アジア」が語られる今、過去の歴史を徹底検証する。

四六上製　予二九六頁

環境汚染への予防的措置を確立する

雑誌 環境ホルモン vol.3

【文明・社会・生命】

〔特集〕「予防原則」論争

特集のねらい　吉岡斉

歴史に学ぶ予防原則　宇井純

水俣病における安全性の考え方　原田正純

原子力政策と予防原則　吉岡斉

下田守／坂部貢／永瀬ライマー桂子／平川秀幸／T・シェトラー(松崎早苗訳)

〔小特集〕環境ホルモンの研究と対策に関する政策

最近3年間の研究の動向と評価　井口泰泉

環境省の内分泌撹乱化学物質問題対策について　鷲見学

〔小論文〕

PBDEに関する解説　崔宰源

社会システムを野生生物が評価する　飯島博

ダイオキシン問題を追及して　八木修

思春期早発症と環境ホルモン　水野玲子

〔連載〕

環境ホルモンが生態系に及ぼす影響2　堀口敏宏

環境ホルモン最新情報　J・P・マイヤーズ

菊変判　予二五六頁

3月の新刊

タイトルは仮題

入門・ブローデル *
I・ウォーラーステイン／P・ブローデル他
浜名優美監修　尾河直哉訳
四六変上製　二五六頁　二四〇〇円

〈ゾラ・セレクション〉第2巻（第2回配本）
パリの胃袋 *
朝比奈弘治訳＝解説
四六変上製　四四八頁　三六〇〇円

ゴルフ場廃残記 *
松井覺進
四六判　二九六頁（口絵四頁）　二四〇〇円

スコットランド・ルネッサンスと大英帝国の繁栄 *
北政巳
四六上製　三五二頁　三〇〇〇円

風と航跡 *
北沢方邦
四六上製　四〇〇頁　三六〇〇円

ゴルフ場亡国論　新装版
山田國廣編
A5判　二七六頁　二〇〇〇円

近刊

帝国以後 *
E・トッド／石崎晴己訳

「大学界」改造要綱 *
アレゼール・日本 編

雑誌『環境ホルモン　文明・社会・生命』③
「予防原則」論争 *（年2回刊）
宇井純／原田正純／高岡斉／堀口敏宏／J・P・マイヤーズ他

「アジア」はどう語られてきたか *
近代日本のオリエンタリズム
子安宣邦

学芸総合誌・季刊
『環　歴史・環境・文明』⑬ 03・春号
〈特集・今、「明治維新」を問う〉

〈ゾラ・セレクション〉第3巻（第3回配本）
ムーレ神父のあやまち
清水正和・倉智恒夫訳＝解説

歴史人口学と家族
速水融編

2月の新刊

ブローデル伝 *
P・デックス／浜名優美訳
A5上製　七二〇頁　八八〇〇円

現代日本人の生のゆくえ *
つながりと自律
宮島喬・島薗進編
四六上製　四八〇頁　三八〇〇円

好評既刊書

循環型社会を創る *
技術・経済・政策の展望
エントロピー学会編／責任編集　白鳥紀一・丸山真人
菊変判　二八八頁　二四〇〇円

「日米関係」からの自立 *
九・一一からイラク・北朝鮮危機まで
姜尚中編　C・グラック＋和田春樹＋姜尚中
四六判　二二四頁　二二〇〇円

「アメリカ小麦戦略」と日本人の食生活 *
鈴木猛夫
四六判　二六四頁　二二〇〇円

杉原四郎著作集（全四巻）
1　経済の本質と労働――マルクス研究
A5上製　六二四頁　一二〇〇〇円

学芸総合誌・季刊
『環　歴史・環境・文明』⑫ 03・冬号
〈特集・近代化の中の「ジェンダー」〉
イリイチ／ミース／佐野眞一＋山田真他
菊大判　五一二頁　二八〇〇円

文化の権力
反射するブルデュー
宮島喬・石井洋二郎編
四六上製　三九二頁　三八〇〇円

＊の商品は今号に紹介記事を掲載しております。併せてご覧戴ければ幸いです。

書店様へ

▼いつもお世話になっています。▼バブル絶頂期にさかんに造成されたゴルフ場はその後どうなったのか？　今月は不良債権の元凶にもなったゴルフ場問題をジャーナリストの眼でその真相を徹底的に究明する『**ゴルフ場廃残記**』の刊行です。併せて、ゴルフ場問題〝火付けの書〟となった『**ゴルフ場亡国論**』、装いを新たに刊行します。▼長らくお待たせ致しました**〈ゾラ・セレクション〉**の第二弾、本邦初訳の小説の登場です。〝食〟を舞台にしたこの物語は現代人が読んでも面白いこと必至。題して『**パリの胃袋**』。▼**ブローデル生誕百周年記念**として、先月刊の『**ブローデル伝**』に続き、『**入門・ブローデル**』を今月刊行。この機会にブローデル・コーナーを設けては如何？

出版随想

▼一ヶ月経つのは早い。この間責了したのに又責了の日か、とうんざりするが、この本がこの世の中を変えるかもしれないと、気をとり戻して責了に精進する。人生はこんなものかもしれない。

▼最近、新聞を読んでいてはっとする記事が眼に止った。「医者は人間に興味と関心を持たないといけない、つまり愛が必要なんだ。医は算術じゃない。人間的なものが何より大事なんです」聖路加国際病院理事長の日野原重明さんが、尊敬する「米国医学の祖」といわれるウィリアム・オスラーさんから学んだ言葉。「医」を「出版」に置き換えて驚いた。同じではないか。医は人間の躰を癒す術だが、出版は人間の精神の糧だ。

▼このような観点から日本の衛生学を考察した人に後藤新平が居る。明治・大正・昭和の初まで、政治家として奇想天外なアイデアでインフラを構想し、実現した男である。後藤の処女作に『国家衛生原理』がある。医家である後藤の、生を衛《まも》るという観点からの国家論だ。「生」とは生命《いのち》であり生活である。生命を衛るという観点のみならず生活を衛るという観点も併せ持つこと。それこそが医であると説く。彼は、その医の原点から、国家や社会をいかに認識し、世界といかに対峙してゆくかを考えた。それを他人《ひと》は「大風呂敷」と呼ぶ。いつの時代もそうかもしれないが、自分にとってわからぬものは「大風呂敷」といって他人は無視する。しかし、それが真に「大風呂敷」か否かは、歴史が証明する。後藤の偉大さを今ここでくどくどと、説くつもりは毛頭ない。それは正伝『後藤新平』を読めばわかる。

▼今、日本人は、自信を喪失していると言う人がよく居る。若き者に自信も何もあったものではないから、年輩の者が主語なのだろうが、戦前を生きた人、つまり一九二〇年以前生まれの人はすでに八十余歳である。この人たちが自信を喪失したとも思われない。戦前、成人に至らず修行中の人が、自信もなにもあったものではない。そうではなく、それは自信というより「自惚《うぬぼ》れ」にすぎないのではないか。戦後焼野原から立ち上がり、GNP世界第二位の経済大国になったという「自惚れ」である。その時の精神的支柱は、「戦後民主主義」である。何やらよくわからぬ六語を錦の御旗に立て、生産力主義、経済中心主義、拝金主義に一路邁進したのである。開発につぐ開発で近代化を推し進め、自然の恵まれた豊かな国土を侵し続けていった。今もだ。国土も生物もここまで傷つき、もう崩壊寸前にあるというのに気づかない。本当に愚かな国民だと思う。

▼出版にしても然りだ。今こそ、出版の原点に立ち戻って考えないと、いくら「本殺し」の真犯人をつきとめようとしても見つかるはずがない。日本国全体が「本殺し」をしているのに。拙は問い続けている。自分は次世代に何が遺せるのか、と。（亮）

日本思想の深層構造

感性としての日本思想
〈ひとつの丸山真男批判〉

北沢方邦

津田左右吉、丸山真男など従来の近代主義、言語=理性中心主義に依拠する日本思想論を廃し、古代から現代に至るまで一貫して日本人の無意識、身体レベルに存在してきた日本思想の深層構造を明らかにする画期的な日本論。

四六上製　二四八頁　**二六〇〇円**
（二〇〇二年一一月刊）
◇4-89434-310-X

脱近代の知を探る

近代科学の終焉

北沢方邦

ホーキング、ペンローズら、近代科学をこえた先端科学の成果を踏まえつつ人文社会科学の知的革命を企図し、自然科学と人文科学の区分けに無効を宣言。構造人類学、神話論理学、音楽社会学、抽象数学を横断し、脱近代の知を展望する問題の書。

四六上製　二七二頁　**三二〇〇円**
（一九九八年五月刊）
◇4-89434-101-8

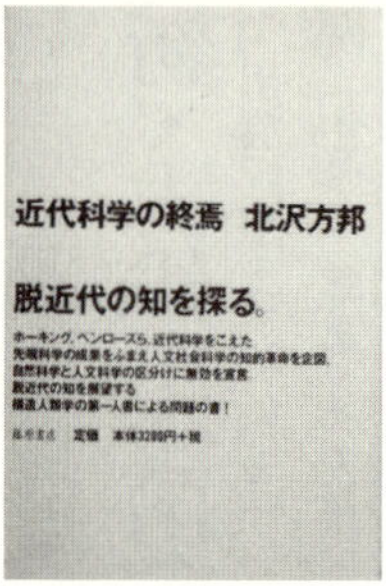

あたらしい共生論

多時空論
〈脳・生命・宇宙〉

西宮　紘

脳科学、分子生物学、量子論、相対論、宇宙論の最先端をつきぬけた、全くあたらしい「共生論」。近代主義をこえた最先端の科学を、人が生きるための思想として読む斬新な視点を呈示。多様性を認めない「一時空世界」から、共生する「多時空世界」へ。

四六上製　三〇四頁　**三六〇〇円**
（一九九七年一〇月刊）
◇4-89434-083-6

地中海人類学

攻撃の人類学
〈ことば・まなざし・セクシュアリティ〉

D・ギルモア　芝紘子訳

ゴシップ、あだ名、カーニバル、マチスモ等のフィールド・ワークを通して、攻撃としての「ことば」「まなざし」「セックス」に迫る、新しい「感情の人類学」。友好的な間柄の底にひそむ敵意がもつ意味を抉り出す問題作。

四六上製　四四〇頁　**四四〇〇円**
（一九九八年一月刊）
◇4-89434-091-7

AGGRESSION AND COMMUNITY
David D. GILMORE

世界初の成果

感性の歴史

L・フェーヴル、G・デュビィ、A・コルバン　小倉孝誠編集

大久保康明・小倉孝誠・坂口哲啓訳

アナール派の三巨人が「感性の歴史」の方法と対象を示す、世界初の成果。「歴史学と心理学」「感性と歴史」「社会史と心性史」「感性の歴史の系譜」「魔術」「恐怖」「死」「電気と文化」「涙」「恋愛と文学」等。

四六上製　三三六頁　**三六〇〇円**

（一九九七年六月刊）

◇4-89434-070-4

コルバンがすべてを語りおろす

感性の歴史家アラン・コルバン

A・コルバン　小倉和子訳

飛翔する想像力と徹底した史料批判の心をあわせもつコルバンが、「感性の歴史」を切り拓いてきたその足跡を、『娼婦』『においの歴史』から『記録を残さなかった男の歴史』までの成立秘話を交え、初めて語りおろす。

四六上製　三〇四頁　**二八〇〇円**

（二〇〇一年十一月刊）

◇4-89434-259-6

HISTORIEN DU SENSIBLE　Alain CORBIN

初の学際的インセスト・タブー論

近親性交とそのタブー

（文化人類学と自然人類学のあらたな地平）

川田順造編

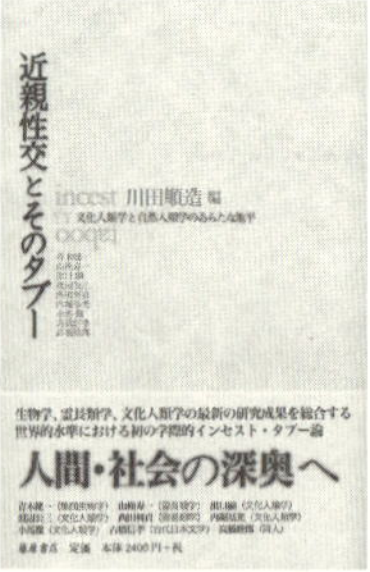

生物学、霊長類学、文化人類学の最新の研究成果を総合した、世界的水準における初の学際的成果。

【執筆者】川田順造、青木健一、山極寿一、出口顯、渡辺公三、西田利貞、内堀基光、小馬徹、古橋信孝、高橋睦郎

四六上製　二四八頁　**二四〇〇円**

（二〇〇一年十二月刊）

◇4-89434-267-7

心理小説から身体小説へ

身体小説論

（漱石・谷崎・太宰）

石井洋二郎

遅延する身体『三四郎』、挑発する身体『痴人の愛』、闘争する身体『斜陽』。明治、大正、昭和の各時代を濃厚に反映した三つの小説における「身体」から日本の「近代化」を照射する。「身体」をめぐる読みのプラチックで小説論の革命的転換を遂げた問題作。

四六上製　三六〇頁　**三二〇〇円**

（一九九八年一二月刊）

◇4-89434-11-6

著者紹介

北沢 方邦（きたざわ・まさくに）

1929年静岡県生まれ。信州大学名誉教授。専攻は構造人類学，科学認識論，音楽社会学。著書に『構造主義』『知と宇宙の波動』『天と海からの使言』『日本神話のコスモロジー』『歳時記のコスモロジー』『メタファーとしての音』『近代科学の終焉』『感性としての日本思想』など多数。

風《かぜ》と航跡《こうせき》

2003年3月30日　初版第1刷発行©

著　者　北沢方邦

発行者　藤原良雄

発行所　株式会社 藤原書店

〒162-0041　東京都新宿区早稲田鶴巻町523

TEL　03（5272）0301
FAX　03（5272）0450
振替　00160-4-17013

印刷・製本　図書印刷

落丁本・乱丁本はお取り替えします
定価はカバーに表示してあります

Printed in Japan
ISBN4-89434-330-4